성경으로 배우는 심리학

Psychology in the Bible

성경으로 배우는 심리학

분석심리학으로 만나는
성경의 사람들

이나미 지음

모세를 통해 우리 아버지의 모습을, 마르타에게서 성숙한 언니의 리더십을, 요셉에게서 억울하게 고통 받고 박해 받는 우리 시대의 난민이나 이주자를, 자신의 존재에 대해 회의하는 욥의 인생에서 '철학하는 인간'의 전범을 찾는다

이랑
BOOKS

성경에서 찾는 우리의 원형적 모습

2 구약의 영웅과 선지자

3 우리 곁에서 만나는 신약의 사람들

절대적 고통의 순간,
종교성을 돌아보라

이 책은 90년대 생활성서사에서 상담에 대한 칼럼을 매달 써 달라는 부탁에서부터 시작되었다. 매일 하는 일이 상담이고 문답 형식의 칼럼 쓰기를 매우 싫어하는 사람이라, 상담은 싫고 아예 성경의 사람들에 대해 써 보겠다고 말씀드린 후 3년에 걸쳐 쓰게 되었다. 하지만 칼럼을 쓰면서 종교나 성경에 대한 지식이 턱도 없이 부족한 것을 절감하게 되었다. 마침 뉴욕 융 연구소에서 수학하게 되면서, 같은 지역의 유니언 신학대학원에서 종교심리학 석사 과정을 공부하게 되었다. 나이 마흔이 넘어 사춘기 아들 둘을 돌보고 환자도 치료해 가면서 두 가지 공부를 하는 일은 쉽지 않았다. 그 과정이 얼마나 힘든지 알고 있는 지금, 다시 하라고 하면 절대 못할 일이다. 원래 무식하면 용감하지 않은가! 그나마 14대 종부로 열두 번의 봉제사와, 한 번도 시부모로부터 독립해 집도, 자기 사생활도 가져 보지 못했던 아내를 안쓰럽게 생각한 남편이 적극적으로 유학을 오히려 독려했고, 아버지의 효심을 보고 자란 효자 유전자를 타고 난 아이들이 공부하는 어머니를 도와주면서 자기 일을 독립적으로 해주었으니 마칠 수 있던 기간이었다. 다른 사람들이 외국에 체류했던 시절에 대한 그리움을 이야기할 때 솔직히 별로 공감은 가지 않을 정도다. 그러나 뉴욕에서 공부하면서 내가 어떤 점에서 부족한지 더 많이 알게 되었고, 또 공부나 임상도 나만의 방향을 잡게 되어 참으로 다행이라고 생각한다.

한국에 돌아와 『성경에서 사람을 만나다』라는 제목으로 그동안의 칼럼을 묶어 새로 만들었지만 팔리지 않았다. 부족한 필력과 얕은 공부 때문에 독자의 사랑을 받지 않은 탓이라 생각하고 잊고 있었는데, 이 책을 새로 만들고 싶다는 제의를 받게 되었다. 마침 《경향잡지》에서 〈성경에서 만나는 리더들〉이라는 제목으로 1년 동안 칼럼을 쓰게 되어, 이 두 가지를 편집해서 넣겠다는 계획도 함께였다. 정말로 공부 많이 한 분들은 오히려 조용히 계시는데, 독자에게 책으로 말을 걸면서, 내 폐쇄적인 성격을 어느 정도 다듬는 데는 도움이 되었지만, 독자에게 과연 얼마만큼 즐거움과 보람을 주었는지 반성하게 되는 계기이기도 했다.

그동안 썼던 책에서는 내 전공인 분석심리학 이야기를 많이 한 편이다. 하지만 학파의 지향이나 방법론과 상관없이 모든 심리학은 결국 사람 마음의 상처를 치유하는 것이다. 나는 연구자가 아니라 임상가이기 때문에 아무래도 철저하고 과학적인 이론 그 자체보다는 실제 현장에서 환자가 더 행복해지는지 불행해지는지에 관심을 두게 된다. 물론 내가 바라보는 행복과 불행은 뇌파의 변화나 MRI에서 어떤 변화가 오는지로 검증되는 것은 아니다. 맛난 것을 먹고 멋진 풍경과 귀한 입성과 이부자리를 얻는 것으로 결정된다고도 생각하지 않는다. 화려하게 사는 사람들의 사생활이 실제로는 남들은 모르는 가시방석일 뿐이라는 사실을 임상가로서 너무 잘 경험해 왔기 때문이기도 하다.

분석심리자들은 행복은 육체적 쾌락이나 환경과 관련 없이 자신에 대한 내적 만족감에서 비롯된다는 것을 경험적으로 안다. 물론 주변 여건이 너무나 고통스러워도 정신 승리로 모든 것을 이겨나갈 수 있다는 비현실적인 주장을 하는 것은 아니다. 그러나 조건이 열악해도 스스로에 대한 자부심과 자신감이 있으면 불행에 빠지지 않고 자신의 운명을 개척하는 사람도 많고, 반대로 모든 조건이 완벽하게 주어져도 자신에 대해 만족스럽지 않고 살아가는 의미도, 자신감도 없이 불안한 사람도 너무 많다.

행복과 불행은 자신의 유전적 소인이나 환경 그 자체에 의해 완전히 결정되는 것이 아니라, 그 조건을 어떤 주관적인 자세로 보고 대응하느냐에 많이 좌우된다. 의사가 직접 환자의 조건을 바꾸어 주는 슈퍼맨 노릇을 하지 않아도 심리분석을 마치면 훨씬 더 행복하고 자신감이 생겨서 난관을 헤쳐 나갈 수 있게 되는 까닭이다.

한데 이런 분석 과정은 이른바 컨설팅, 혹은 인간관계 교육 등 구체적으로 대안과 실천 방향을 제시해 주는 기법 중심의 교육과는 매우 다르다. 어떤 행동을 취하고, 어떤 소통 방식을 취하면 상대방의 마음을 좀 더 쉽게 움직이고, 목표를 획득할 수 있다고 비법을 알려주는 것은 더욱 아니다. 그런 구체적 실천 방식을 제시해 주는 것이 아니라, 인간 영혼의 기저에 있는 고통과 좌절을 정면으로 다루는 작업이다. 지금 주어진 고통과 좌절이 당신의 인간적인 성장을 위해 어떤 의미가 있는지 같이 탐색해 나가는 것이다. 어떤 이는 그와 같은 분석을 거치면서 자신이 그 동안 너무 물질 지향적으로만 살았다는 점을 돌아볼 수 있고, 또 어떤 이는 자신의 의존성에 대해 알아차릴 수 있을 것이고, 또 다른 경우는 한 방에 무언가를 해 보겠다는 스스로의 성격적 취약점을 인지하게 될 수 있다. 시행착오와 좌절을 겪어야 더 성숙한 사람이 된다는 것을 자연스럽게 깨닫게 되는 것이다.

하지만 이런 과정으로 쉽게 진입하지 못하는 더 큰 시련이 우리에게 찾아올 수 있다. 예컨대 사랑하는 가족의 갑작스런 죽음, 모든 가족을 나락에 빠지게 하는 모진 질병, 억울한 정치적 고통, 본인의 불치병 등 엄청난 고통들이다. 심리분석이 어느 정도 도움이 되긴 하지만, 상처의 깊은 바닥까지 치유하지는 못한다고 느낄 때도 많다. 아무리 긍정적인 마음을 갖고 자존감을 고양시켜도, 극한 상황까지 심리학이 모두 치료해 줄 수는 없다. 20세기의 걸출한 정신과 의사인 프로이트나 융, 아들러 같은 이들도 깊은 우울감과 좌절감을 겪으며 극복하려 노력하지 않았던가.

이렇게 심리학으로서는 다루지 못하는 절대적 고통의 자리에 설 때, 나는 감히 우리에게는 종교성이 필요하다고 믿는다. 인간의 종교성은 궁극적으로 삶과 죽음이라는 근원적인 인간 실존의 한계를 초월하려는 지점에서 나온다. 하지만 여기서 종교성(Religiosity)은 구체적인 종교적 도그마나 혹은 교단과는 다른 의미다. 쉽게 말해 불교나 기독교 같은 특정 종교를 믿지 않아도, 이성으로서는 설명할 수 없는 삶과 죽음의 비의 앞에 겸손한 마음을 갖고, 자신의 내면과 본질 속으로 깊이 침잠하려 한다면, 그는 종교적인 사람이다.

사람들은 알게 모르게 자신의 종교성을 위해서 여러 가지 방법을 시도한다. 어떤 이는 참선을, 어떤 이는 묵상과 기도를, 어떤 이는 교회나 절을 다니고, 또 어떤 이는 종교 지도자의 말씀을 깊이 듣고 읽으며 공부한다. 그들이 만약 내 욕심에 사로잡혀 기복 신앙에 빠지지 않고, 아집에 빠지지 않고, 삶의 진정한 의미와 죽음 너머까지 깊이 고민한다면 모두 의미 있는 종교적 활동이다. 이런 마음 공부는 혼자 가만히 앉아 생각만 한다고 깊어지는 것은 아니다. 좁고 거만한 소견을 깨고 초월할 수 있도록 도와주는 좋은 스승이 있어야 한다. 하지만 그런 존경할 만한 스승을 일생 동안 만날 수 있는 확률은 생각보다 그리 높지 않다. 설령 그런 스승이 있다 하더라도, 그 주변에는 그 스승에게서 하나라도 더 배우고자 하는 이들이 또 많기 때문에, 내가 원할 때 편리하게 쉽게 만나 가르침을 받을 수도 없는 노릇이다. 그래서 우리에게는 책이라는 스승이 있다. 많은 종교 서적 중에서도 수천 년 동안 남아 있는 불경, 코란, 성경이 그 중에서도 가장 좋은 스승이 아닐까 싶다.

하지만 중세까지 성경은 일반인이 함부로 볼 수 있는 책이 아니었다. 라틴어와 그리스어, 히브리어를 제대로 공부한 수도자만이 오역과 오독의 함정에서 벗어날 수 있다고 생각해, 일반 신도는 성경을 구경조차 하지 못했다. 종교개혁과 인쇄 기술의 발전은 결국 성경을 시대를 관통하는 베스트셀러로 만들었으나, 과거의 교부들이 믿었던 것처럼, 실은 지금도 성경을 제멋대로 해석해서 독단과 오류에 빠지는 독자가 많기는 하다. 성경에 주석을 달고 해석해 주는 책들이 하늘의 별처럼 많은 이유일 것이다.

이 책도 어쩌면 그런 해설서의 하나가 될 텐데, 공부가 아직 부족해 여러 가지 오류도 있을 것이고, 신학을 전공으로 한 사람이 아니라 자의적이고 위험한 해석도 있을 수 있다. 비록 유니언 신학대학원에서 종교심리학으로 석사 과정을 마쳤고, 석사와 박사 논문 이후 종교와 심리학이 겹치는 부분에 관심을 가졌지만, 대부분의 비종교인들이 쓴 성경 해설서들처럼 어디까지나 하느님의 말씀과는 본질적으로 다른 주관적인 독후감에 가깝다고 해도 무방하다. 이 책의 독자들이 행여, 성경 해석에 대한 나의 아직 충분히 익지 않은 언급에 대해 고개를 갸우뚱하거나 불편해할까 봐 미리부터 용서와 이해를 빌어 본다. 칼 융이 언급한 대로, 심리학자는 어디까지나 임상가로서 종교적 문제에 대한 경험과 공부를 세상에 내놓는 것뿐이지, 하느님 그 자체에 대한 코멘트를 하는 것은 절대 아니라는 사실도 덧붙이고 싶다.

성경에는 하느님의 직접적인 말씀이 기록되어 있기도 하지만, 그보다는 인간적인 속성을 지닌 등장인물이 다양한 드라마를 통해 구체적으로 묘사되어 있기 때문에, 신학적인 해석을 떠나서라도 우리 수준에 맞는 여러 가지 지혜를 넌지시, 때론 아주 명백하게 알려준다. 대개의 훌륭한 고전이 그렇지만 특히 성경은 아무리 많이 읽어도, 읽을 때마다 또 다른 의미를 깨닫게 되고, 또 다른 감동을 받게 되기 때문에 성경을 반복해서 읽게 된다.

성경의 등장인물은 꼭 유대 문화에만 국한되는 것이 아니다. 예를 들어 모세에게서 우리 아버지의 모습을 보고, 유딧에게서 우리 역사 속의 걸출한 여성 영웅을 읽어 낼 수 있다. 요셉에게서는 억울하게 고통 받고 박해받는 우리 시대의 난민이나 이주자가 보이기도 한다. 인류 공통의 원형적 마음 밭을 건드린다는 점에서 성경은 나이, 성별, 국가 등의 개인적인 차이를 넘어서는 깊은 공감을 주는 것이다. 융의 분석심리학적으로 설명하자면 인간의 원형적 배열(Archetypal Constellation)을 읽어 낼 수 있다.

성경은 불경과 크게 다르지 않게 하느님을 겸허하게 듣고 적은 책이기에, 다른 일반 책과 달리 저자가 자기도 모르게 지니는 자아 팽창감, 설익은 자기만족, 자기과시의 오류에서 자유롭다. 이것은 무수히 많은 성경 기자들이 오랜 세월에 걸쳐 공들여 다듬어 만든 공동의 결과다. 성경을 공부해 본 사람은 아마도 '성경 기자들'이란 단어에 익숙할 것이다. 성경이 한 사람의 성인이 하느님께 빙의되어 마치 방언처럼 줄줄 써 내린 것이 아니란 뜻이다.

성경 기자들은 문자 그대로 하느님의 말씀을 듣고 나름대로 받아 쓴 사람들이다. 현대의 기자가 그러하듯이 어쩌면 아주 중요한 말은 빼거나, 자의적으로 해석할 수도 있었다는 뜻이다. 거의 모든 불경의 시작이 '여시아문(如是我聞)' 즉 '나는 이렇게 들었다'로 시작하는 것처럼, 성경도 예수님이나 야훼 하느님께서 직접 책을 펴내신 것은 아니었다. 해서 성경 속에 담겨진 하느님의 뜻을 우리가 어떻게 이해하는지에 대해서는 여전히 수수께끼 같은 부분이 적지 않다. 앞서 언급한대로 종교성은 인간의 근원적인 한계, 즉 머리에서 나오는 이성으로서는 해결할 수 없는 고통의 문제를 다루고 있는 것이기 때문에 책 속의 언어로는 다 말하기 어려운 부분이 있을 수밖에 없다. 살아 있는 존재가 가진 한계와 그림자를 영원성이란 문제와 씨름하면서 극복해 나가는 과정이 아무리 공부를 많이 해도 항상 불안하고 어려운 까닭이다. 이 책을 쓰면서 많은 공부가 되었지만, 내가 걷는 발걸음이 이제 막 걸음마를 배운 아이와 같다는 생각이 여전히 드는 것도 어쩌면 절대적 존재에 대한 근원적인 인식의 한계와 맞닿은 것일 수도 있겠다.

그럼에도 불구하고 이런저런 생각을 모아 놓고 다시 독자에게 말을 거는 까닭은, 내가 겪으며 배우고 있는 이 과정을 함께 나누고 싶은 마음에서다. 독자와 저자는 엄밀하게 말하자면, 하나의 목적을 향해 같이 고민하는 일종의 도반이다. 독자는 책을 읽으며 간접 경험을 하지만, 신랄한 비판적 관점으로 반응할 수 있다. 작가는 그런 독자의 비평을 직접 간접으로 체험하며 다시 또 생각의 지평을 넓히게 된다. 아무쪼록 귀한 시간을 내어 부족한 글을 읽어 주는 독자들이 조금이나마 행복하고 의미 있는 시간이 되었다고 느낀다면 작가로서 그보다 더 고마운 일이 있겠는가!

1

성경에서 찾는
우리의 원형적 모습

최초의
자유인
아담

우리가 지도자를 지도자로 대우하고 따를지 말지 가르는 가장 큰 기준은 그가 고비마다 중요한 판단을 얼마나 잘할 수 있느냐에 있을 것이다. 디테일한 것에 집착해서 직접 뭐든지 나서서 참견하고 사사건건 지시하는 지도자보다는, 큰 그림을 그려 주고 구성원이 책임감과 주권의식을 갖고 살 수 있도록 분위기를 만들어 주는 지도자를 우리는 바라고 있다. 그런 점에서 아담이 가지게 된 첫째 지혜가 무언가 좋은 것을 만들어 낼 수 있는 능력, 혹은 어떤 것을 많이 모으는 구체적인 능력이 아니라 선과 악을 구별해 내는 판단력이라는 점은 의미심장하다.

죄인을 용서하고 품은 미래형 지도자

성서를 전문적으로 연구하는 주석학자가 아니라도 조금만 주의 깊게 창세기를 읽는 사람이라면 창세기에는 앞뒤가 맞지 않는 부분이 많다는 것을 눈치 챌 것이다. 창세기를 포함해 '모세오경(구약성서의 맨 앞에 있는 5종의 책, 즉 창세기, 탈출기, 레위기, 민수기, 신명기)'은 네 가지 판본, 즉 J(Jahwist, 하느님을 야훼라 부르는 남유다계 계승), E(Elohist, 신을 엘로힘이라 부르는 북이스라엘 계승), P(Priestercodex, 사제층 저자 계승), D(Deuteronomist, 신명기계 전승)가 조합된 것이다. 성경은 창세기 1장부터 요한묵시록까지 차례로 한꺼번에 기록된 것이 아니라 나중에 이본이 덧붙여지거나 합쳐진 책이기 때문에 앞뒤 말이 서로 맞지 않을 수 있다는 뜻이다.

그중에서도 아담 이야기는 매우 복잡하다. 카인과 아벨의 신화적 이야기는 창세기 4장에 등장하며, 5장의 계보에서는 아담이 133세에 얻은 아들, 즉 셋(Seth)과 그 자손에 대해서만 언급되어 있다. 셋의 후손인 노아와 카인의 자손은 목자, 악사, 대장장이 등으로, 이들의 조상은 모두 아담이다. 창세기는 신화나 민담 형태의 전승이라고 해석할 수밖에 없는 대목이지만, 아담의 자손이 살인자를 비롯해 갖가지 직종을 가진 다양한 사람이라는 사실에서 현대 사회에서 가져야 할 지도자의 덕목을 생각해 볼 수 있다.

즉 카인 같은 열등한 죄인도 다시 품으면서, 카인의 자손이 나름대로 제 길을 가도록 문을 열어 주는 것이 지도자가 해야 할 과제라는 이야기다. 적지 않은 지도자가 주관적 판단하에 자신이 좋다고 생각하는 이들만 밀어주고 끌어 주며, 자신에게 반대하는 이들은 무시하고 억압한다. 그러나 완벽하지 않은 지도자일수록 주변 인물은 이른바 십상시(十常侍, 중국 후한 말 권력을 잡고 휘두른 환관 무리) 같은 아부의 천재나, 시키는 일만 억지로 하는 무능한 존재로 채워지는 경우가 많다. 힘 있는 입장에서는, 자신의 말에 토를 달고 자신의 위상에 위협을 가하는 이들이 마땅치 않겠지만, 조직 전체를 보면 매우 해로운 선택이 아닐 수 없다. 그런 면에서 아담은 카인이라는 죄인을 용서하고 품에 안음으로서 미래를 준비한 지도자라고 해석할 수 있다.

아담과 하와의 관계 역시 과거의 가부장제적 해석과는 다르게 들여다볼 필요가 있다. 창세기 1장 26절을 보면, "하느님께서는 우리(단수가 아니라 복수다) 모습을 닮은 사람을 만들자! 그래서 모든 집짐승과 들짐승과 길짐승을 다스리게 하고, 하느님의 모습대로 남자와 여자로 지어내시고…" 하는 부분이 나온다. 이 때문에, 과연 창세기가 기록된 시점에 남성적인 유일신으로 하느님을 섬기었는지에 대한 토론이 다양하게 전개되고 있다. 여성주의 신학자들은 하느님은 지금까지의 남성 중심 문화의 이콘(Icon, Eikon, Ikona)에 등장하는 남성의 모습은 아니라고 말한다.

하느님께서 먼저 아담을 만드시고 혼자 있는 것이 좋지 않아 아담의 갈빗대를 하나 뽑고 그 갈빗대로 여자를 만들었다는 대목(창세 2장)을 봉건적으로 해석해, 아담에게 하와는 하나의 부속물과 같은 존재라는 주장도 과거에는 있었지만, 요즘은 아담과 하와의 관계 역시 수평적이고 동등한 쪽으로 해석해야 한다고 주장하는 이들이 늘어나고 있다. 같은 시간에 창조되었건 자신의 몸을 재료로 만들었건,

: 신의 심판을 받는 아담(by William Blake) 〈출처 : (CC)Adam at en.wikipedia.org〉

아담은 하와가 시키는 대로 지혜의 열매를 먹었고, 하와와 그 자식을 부양하면서 죽도록 고생해야 먹고 살 수 있는 처지가 되었으니 과연 어느 쪽이 요즘 식으로 말하자면 갑이고 을인지도 잘 모르겠다.

이른바 'N포 시대'의 적지 않은 젊은이에게는 가족을 부양하기 위해 먼지로 변할 때까지 고생해야 하는 아담의 처지가 을처럼 보이지 않을까. 이마에 땀 흘리는 그 자체가 세상에 사는 이유와 방법, 그 자체인데 이를 노예적 상황으로만 이해한다면 인생 자체가 매우 외롭고 힘들 것 같다. 가족과 주변 때문에 골치 아프고, 힘든 일을 하느라 아프고 지치는 것도 사실이지만, 사람과 일에 대한 책임감 없이 자기 혼자의 쾌락과 만족을 위해서만 사는 삶 또한 얼마나 무의미하고 지루하며 자기 파괴적인지는 주변을 조금만 살펴보아도 또한 알 수 있다. 자신이 벌거벗었다는 것을 같이 깨닫고, 주변을 위해 힘들게 노동 하는 아담의 설정은, 벌거벗은 인간이 녹녹지 않은 지구라는 환경에서 어떻게 생존해 왔는지에 대한 상징으로 읽힌다.

선과 악을 구별해 내는 판단력

그럼에도 불구하고 아담이 과연 긍정적인 특징을 주로 갖고 있는지에 대해서 고개를 갸웃하는 이들을 위해 다시 텍스트로 돌아가 보자. 우선 아담이 가장 똑똑한 뱀의 유혹에 빠져, 먹지 말라는 동산의 한가운데 있는 열매만 먹으면 하느님처럼 눈이 밝아져 선악을 구별하게 되리라 기대하는 장면이다. 지혜의 열매를 따 먹고 옳고 그른 것을 판단할 수 있는 능력을 지니고 싶어 한 것이니(이 때문에 원죄를 저지른 것이라 해도), 이 시대 어느 누구가 아담과 같은 상황에서 뱀의 제안을 받아들이지 않을까 싶다.

우리가 지도자를 지도자로 대우하고 따를지 말지 가르는 가장 큰 기준은 그가 고비마다 중요한 판단을 얼마나 잘할 수 있느냐에 있을 것이다. 디테일한 것에 집착해서 직접 뭐든지 나서서 참견하고 사사건건 지시하는 지도자보다는, 큰 그림을 그려 주고 구성원이 책임감과 주권의식을 갖고 살 수 있도록 분위기를 만들어 주는 지도자를 우리는 바라고 있다. 그런 점에서 아담이 가지게 된 첫째 지혜가 무언가 좋은 것을 만들어 낼 수 있는 능력, 혹은 어떤 것을 많이 모으는 구체적인 능력이 아니라 선과 악을 구별해 내는 판단력이라는 점은 의미심장하다.

아담은 어떤 의미에서 중세 철학자 페트루스 아벨라르두스(Petrus Abeaelardus, 혹은 Pierre Abélard)와 비슷한 면이 많다. 아벨라르두스는 중세의 드문 여성 학자이자, 후에 수녀가 된 엘로이즈(Heloise)와의 사랑 이야기로 유명하다(이 사건을 재해석해 장 자크 루소는 『신 엘로이즈』라는 소설을 쓰기도 했다). 아벨라르두스는 일방적인 권위가 갖고 있는 모순이나 의심과 탐구가 진리에 이를 수 있다고 논쟁하고, 엘로이즈와의 사랑 때문에 신학자로서 많은 것을 잃었다는 점에서 하느님의 명령을 따르지 않고 지혜의 열매를 따 먹었을 때의 아담과 유사해 보인다. 인간이 하느님을 사유할 능력을 가졌다고 생각했던 그의 도발적 신학은 '새로움(Novum)은 나쁜 것'이라고 가르치던 보수적 신학자들과 갈등을 일으킬 수밖에 없었고, 여러 번 파문의 위험에 처하기도 했다. 어쩌면 아담 역시 지혜에 대한 호기심을 감출 수 없어서 결국 원죄를 저지른 것은 아니었을까.

자유 의지, 모르고 행한 죄, 자연적으로 타고난 본능과 쾌락 추구 행위를 과연 윤리적으로 단죄할 수 있는지에 대한 신학적 질문은 여기서 멈추기로 하자. 다만 지혜의 열매를 따 먹으면서 자기도 모르게 어마어마한 역사적 사건의 와중에 있었던 아담에게서 역사의 고비마다 크고 작은 잘잘못을 저지르는 지도자의 원형적인 모습을 본다. 한 사람의 업적에 대해 시각이 오랜 시간에 걸쳐 다양할 수밖에 없는 사실을 아담이나 아벨라르두스에 대한 평가에서도 읽어 볼 수 있다.

땅에서 와 땅으로 돌아가는 우리의 운명

단순하게 기록된 아담의 신화적 이야기에 이렇게 많은 논쟁거리가 있는 것과 마찬가지로, 아담의 지도자적 자질에 대해서도 고민해 볼 부분은 많다. 특히 아담은 무의식 상태에서 위험한 일을 한 인물이다. 많은 지도자가 중요한 결정을 할 때 명징하게 깨어 있기보다는 자신이 무슨 일을 하는지 모르는 채 일단 일을 저질러 버리는 모습과 사뭇 유사하다. 자신에게 주어진 운명을 따르며 나름대로 최선을 다했다고 주장하는 사실 외에는 별로 존경할 점이 없는 지도자가 실은 더 많다.

벌거벗었다는 사실을 알고 무화과 잎으로 부끄러운 부분을 가리는 장면, 주 하느님께서 사람을 부르시며 "너 어디 있느냐?"(창세 3,9)라고 물으시니, "동산에서 당신의 소리를 듣고 제가 알몸이기 때문에 두려워 숨었습니다"(창세 3,10)라고 답하는 비겁함, "당신께서 저와 함께 살라고 주신 여자가 그 나무 열매를 저에게 주기에 제가 먹었습니다"(창세 9,12)라며 자신의 죄를 감추려고 여자가 자신을 유혹했다고 핑계 대는 누추한 아담의 변명은 이 시대 많은 지도자의 민낯과 겹쳐진다. "주 하느님께서는 아담과 하와를 불쌍하게 여겨 가죽옷을 만들어 입혀 주셨다(창세 3,21)"는 설정이 어쩌면 이런 비루함에 그나마 위안이 될까. 지위나 권력 같은 외피, 즉 가면이나 페르소나는 하느님과 세상이 만들어 주는 것이지, 잘나서 혼자 이룩한 게 아니다. 우리는 어떤 지위에 대한 소유권도 갖고 있지 못하다. 내 것이 아닌 것에 집착하니 결국 남는 것은 허무와 분노일 뿐이다.

아담은 땅(Adama) 표면의 먼지(Apar)에서 나왔기에 땅(Adama)으로 다시 돌아가야 할 운명이었고, 우리 모두 그렇다. 인간과 인간이 만든 어떤 집단도 결국에는 먼지로 변한다. 문명도, 국가도, 학문의 전당도, 부의 제국도, 모두 영원하지 않다. 이 땅에 사는 이상, 생명의 나무로 이르는 길목은 영원히 봉쇄되어 있기 때문이다. 생명의 나무는 이곳이 아니라, 하느님의 나라인 저편에 존재한다는 엄정한 사실, 세상의 크고 작은 지도자들이 특히 잊지 말아야 할 가르침이다.

최초의 여자
하와의
재발견

뱀에 의해 유혹당하는 하와는 후에 많은 서양 문헌에서 해골을 안고 있는 모습으로 변형된다. 인간이 짐승과 다른 것은 '지혜'가 있기 때문이다. 이때 '지혜'는 순간적인 생존의 기술과 다르게, 유한한 자신의 존재에 대한 인식과 관련이 있다. 지식을 쌓고 출세하고 성공한다 해도 결국 마지막으로 바라보게 되는 종착점은 자신의 한계와 종말을 받아들이는 것이 아닐까. 하와가 들고 있는 열매가 해골로 변형된 까닭도, 지혜는 결국에는 죽음과 맞닿을 수밖에 없다는 사실을 인정하는 데 있다. 이렇게 볼 때, 하와가 열매를 따 먹은 행위는 '지혜의 역사'를 처음으로 연 의미 있는 사건이 아닐 수 없다.

긍정적인 모성성

IT 기술의 발전, 서비스 산업의 부상, 힘을 써야 하는 1차 산업의 상대적 비중 저하 등은 그동안 여성 인력이 갖고 있는 섬세함, 감성적 소통 등이 장점으로 발휘될 만한 환경을 조성했다. 남성에 비해 상대적으로 저평가 되었던 여성 인력을 잘 활용하고, 특히 여성의 리더십에 대해 좀 더 고민해서 성장시키는 것도 앞으로 우리나라가 성장하기 위한 필요조건이다. 수천 년 역사 동안 불세출의 능력을 발휘했던 여성 지도자가 적지 않지만, 오랫동안 축적된 노하우를 서로 전수해 역사를 만들어 갔던 남성에 비해 간헐적으로 등장했다 사라져 갔고, 파편화된 각 여성 개인의 역량에만 철저히 의지해야 하는 경우가 많았던 점도 역사적으로 좀 더 연구해야 할 것이다.

하와가 언제 탄생되었느냐 하는 점에 대해서는 오랜 논쟁이 있다. 창세기 1장 27절에는 아담과 하와가 하느님(Elohim)의 모상으로 동시에 탄생한 것으로 기록되어 있다("하느님께서는 이렇게 당신의 모습으로 사람을 창조하셨다. 하느님의 모습으로 사람을 창조하시되 남자와 여자로 그들을 창조하셨다"). 그러나 2장 22절에는 아담이 외로워 보여 갈비뼈의 재료로 하와를 만들었다고 말한다("주 하느님께서 사람에게서 빼내신 갈빗대로 여자를 지으시고"). 이런 불일치에 주목한 소수의 신학자와 역사가는 성경의 신화시대에는 유대인이 유일신이 아니라 당시 다른 중근동 지방의 종교와 비슷하게 남녀 신을 함께 모셨다고 주장하기도 한다.

또 여성이 남성과 동시에 창조되었으며 그 모상이 신이기 때문에, '하느님 아버지'라고 말하는 만큼 '하느님 어머니'라고 기도해야 한다고 강조하기도 한다. 나는 이런 논쟁에 대한 신학적 판단을 할 입장이 아니기 때문에 객관적인 사실만을 소개하는 정도로 그치기로 한다.

그런데 하와를 분석하기 전에, 지금부터 쓰는 글은 정통적 의미의 성경 해석과는 많이 다르다는 점을 먼저 밝히고 싶다. 성경 속에서 하느님 말씀의 원뜻을 찾아내고, 이를 통해 신심을 깊게 하려는 작업은 신학자의 임무이지 내가 감히 넘볼 영역은 아니다. 그렇다고 해서 성경 속 사람들의 병적인 부분을 드러내어 심리학적 진단을 내리려는 목표 또한 지향하는 바가 아니다.

오히려 이 책을 읽으며 성경을 하나의 예술 작품과 유사하게 이해한다는 느낌을 받는 사람이 있을지도 모르겠다. '대상의 입장에서 보면 미학이고, 방법에서 보면 해석학'이라는 유명한 말을 남긴 독일 철학자 한스 게오르그 가다머(Hans Georg Gadamer)의 입장과 비슷할까.

정신분석학적인 종교 이해라고 하면, 먼저 프로이트의 『토템과 터부』라는 고전을 떠올릴 것이다. 프로이트가 실제로 신(God)의 개념에 대한 정신분석을 한 바 있지만, 프로이트의 '신'은 소문자 'g'를 앞에 쓴 신화 속의 다신적(多神的) 개념과 비슷하다는 점을 식자들도 종종 잊고 넘어간다. 프로이트는 "짐승을 신으로 믿는 '토템'은 종교의 최초 형태고, 인간을 신으로 믿는 '그리스도교'는 종교의 마지막 형태다.[1] 양쪽 모두 신의 개념은 결국 아버지에 대한 심리적 상징의

---

1)   Ricoeur, Paul. Tr. by Savage, D.(1970), 『Freud and Philosophy : An Essay on
      Interpretation by Paul Ricoeur』, New Heaven and London, Yale University Press,
      pp.198~210

최초의 여자 하와(by Lucas Cranach the Elder)
〈출처:(CC)Eve at en.wikipedia.org〉

투사라고 이해할 수 있다"라고 했다. 그러나 프로이트의 이같은 분석만으로 프로이트가 신적 존재를 완전히 부정했다고 속단할 수는 없다. 이미 전술한 바 있지만 프로이트의 이런 분석은 종교 속에 나타난 '인간의 심리'에 대한 해석일 뿐이지, 신이라는 존재 그 자체에 대한 도전이자 분석은 아니라고 본다.

한 가지 짚고 넘어갈 점은 여성신학에 대한 나의 입장이다. 나 자신이 여성이기에 가부장제의 모순에 대해서는 분노를 느낄 때가 많고 다른 여성학자의 생각에도 공감하고는 있지만, 성경 속에서 여성 해방적 메시지를 주로 찾는다든가, 성경의 가부장적 면모를 거부하는 여성주의적인 명쾌한 태도를 가진 것은 아니다. 그렇다고 성경에서 때로 엿볼 수 있는 그 세대 유대인의 가부장적인 가치관에 충성스러운 태도를 지니고 있는 것도 아니다. 성경에서 여성의 우월성을 보여주는 구절을 찾아내거나 혹은 가부장적인 이데올로기를 강조해서 그것만을 절대시하는 극단적인 태도는 모두 찬성하지 않는다. 다만 신의 모습에 가부장제적 권위만 투사하는 것이 아니라 어머니의 여러 긍정적인 모성성을 발견하는 것은 개인과 사회의 성숙에 도움을 주고 균형감각과 깊이를 줄 수 있다고 믿는다. 혹자는 타협적인 절충주의라고 의심할 수도 있겠지만, 단 하나의 세계관의 틀로 성경을 이해한다기보다는 오히려 성경 그 자체와 나 자신의 직접 대면으로 하느님의 말씀을 이해하고 싶은 마음이 더 크다.

아담의 부속물이라는 시각에 대해서
가부장제적인 인식의 눈으로 보면, 하와는 아담의 일부에 불과하다. 유혹하는 하와만 없었다면, 아담은 에덴동산에서 하느님과 더불어 영원한 생명을 누릴 수 있었다는 해석도 가능하다. 이 때문에 종종 여자는 남자를 타락시키는 사악한 존재로 간주되기도 하며, 보수적 가부장제를 옹호하는 이들은 아담과 하와의 창조 설화를 자신의 신념을 옹호하는 이론적 틀로 이용하려는 경향도 있다. 그러나 세상의 모든 악의 근원이 하와의 원죄에서 기인한다는 식으로 모든 문제를 여성에게만 돌리는 것은, 자기 문제를 여성에게 투사하는 미숙한 남성의 자기 합리화에 불과하다. 다행스럽게도 요즘은 그런 식으로 모든 죄의 근원을 여성에게서 찾으려는 병적인 남성은 점점 줄어드는 추세다.

논리적으로도 아담의 보조적 역할을 하는 인물에 불과한 듯 보이는 하와가 자기의 독단적인 선택에 따라 아담을 타락시키는 악의 매개자로 표현된 것은 모순이며, 해석하기 모호한 부분도 많다. 실제로 이 때문에, 하느님의 말씀이 여성 해방을 부르짖는 여성들에 의해 여자를 억압하는 또 하나의 가부장적 도구로 비판받기도 했다.

그러나 나는 하와가 선과 악을 알게 하는 나무 열매를 따서 아담에게 주는 행위를 그동안 여성만이 갖고 있던 고유한 영역인 '먹여 살리고 보살피는' 행위를 상징한다고 보고 싶다. 땅에 뿌리를 내린 나무에서 그 열매를 따서 남자에게 선사했다는 것은, 오히려 선사시대의 모권적(Matriarchal) 흔적을 짐작하게 하는 대목이다. 최초의 농경활동이 어쩌면 여성에 의해 시작되었으리라는 가설 또한 여기서 짐작해 볼 수도 있다.

유대의 옛 경전 『랍비 여호수아(Rabbi Joshua)』에는 하와가 왜 하필이면 갈비뼈에서 태어났는지 자세히 설명하고 있다. 예컨대 귀에서 태어났으면 너무 많이 들으려고만 할 것이고, 눈에서 태어났다면 너무 많이 보려고만 할 것이며, 입이라면 수다스러울 것이고, 머리라면 생각만 하느라 골치 아플 것이기 때문에 남이 보지 못하는 갈비뼈에서 하와를 만들어 겸손하게 만들었다는 우스개 같은 이야기다.

그리스 신화에서도 비슷한 설정이 등장한다. 여신 아테나는 제우스의 머리를 뚫고 탄생했고, 디오니소스는 제우스의 허벅지에서 태어났다. 부처님 역시 마야 부인의 겨드랑이에서 태어났는데, 이런 상황을 심리학적으로 이해하면 의미가 있다. 아테나는 지혜의 여신이기 때문에 머리와 관련이 있을 것이고, 디오니소스는 향연과 술의 신이기 때문에 성기 근처에서 태어났을 것이다. 부처님이 마야 부인의 겨드랑이를 뚫고 태어난 것은 성스러운 존재이기 때문에 여자의 배나 아랫도리가 아니라, 심장 부근에 존재하다 세상으로 나왔다고 일반인이 추측한 점이 그런 전설로 전해지는 것이 아닐까 싶다. 비슷한 맥락으로 하와가 아담의 겨드랑이에서 태어났기 때문에 하와는 아담과 동등한 존재, 즉, 어깨동무를 하는 존재가 되었다는 일부 학자의 해석을 이해하면 될 것이다.

『벤시라의 지혜서(The Alphabet of Ben-Sira, 기원전 180년경에 쓰인 구약과 신약의 중간기 문헌이며 유대의 지혜서로 알려져 있다)』 같은 유대교의 여러 경전에서는 하와를 아담의 두 번째 부인으로 묘사했다. 첫 번째 부인 릴리트(Lilith)는 하와와 달리 아담에게 복종적이지 않았다는 전설이 전해진다. 릴리트는 아담과 결별한 후, 나중에 뱀의 형태로 다시 나타났다고 한다. 릴리트는 바빌로니아나 수메르 신화에도 나

타나는데 신화시대의 고대 유대인에게 직접 간접적으로 영향을 준 것이라고 추측해 볼 수도 있다.[2]

신화적 기원이나 릴리트라는 인물의 존재 여부에 관한 사실 확인과 상관없이 심리적 측면으로만 분석해 보면 원시적인 본능에 충실했던 릴리트에 비해 하와는 인류의 비약적인 의식의 확장과 발달의 상징이 될 수 있다.

심리적으로는 새로운 것, 혹은 금지된 것에 대한 호기심이다. 물론 짐승도 무언가 나타나면 호기심을 보인다. 그러나 짐승의 호기심은 상대를 이길 수 있는 것인지, 혹은 내가 먹거나 지니게 되면 내게 도움이 되는지, 아니면 내가 상대에게 먹힐 것인지 등 생리적 본능의 만족에만 국한된다. 짐승에게는 외부의 자극에 대한 관심을 추상적으로 이해하고 상상해서 상징하는 능력이 없다. 상징을 이해하고 소통하는 것은 기호나 메시지를 줄 때 즉각적으로 반응하는 것과는 전혀 다르다. 예컨대 돌고래나 개, 유인원 등도 몇 개의 언어 메시지를 이해하기 때문에 "빵!" 하면 빵을 갖고 오고, "앉아!" 하면 앉기도 한다. 그러나 "눈물 젖은 빵을 먹어 본 자만이…" 할 때의 '빵'이 삶의 고단한 진실을 은유적으로 표현하고 있는 것이라는 사실은 오로지 인간만이 이해하고 그 감정을 서로 공유한다.

이런 관점에서 하와가 사과를 지혜의 '상징'으로 이해하게 된 상황은 인류 역사상 매우 중요한 순간이다. 즉 사과에는 맛있는 과일,

---

2)   Koltuv, B.B.(1986), 『The Book of Lilith』, York Beach, Nicolas-Hays, Inc., pp.126~127

그 이상의 상징적 의미가 있다는 것을 알게 된 시점이 바로 인간이 짐승과 차별되는 순간인 것이다.

사과와 뱀의 상징

흔히 뱀은 징그러운 짐승으로만 인식되고 있지만, 분석심리학에서는 여러 가지 긍정적인 상징을 가지고 있다. 그 첫째가 뱀은 지혜를 상징한다는 점이다. 서양 의학에서는 의사의 문양을 새길 때 으레 지팡이와 뱀을 그린다. 중국의 인류 창조 신화에서도 뱀(여와)이 등장하고, 그리스 신화에서도 최초의 인간은 뱀(Kekrops)이다. 뱀은 흙에서 나와 흙으로 돌아가는, 흙으로 빚은 인간의 원형을 상징한다고 한다. 인류의 원조인 하와를 뱀으로 현신하는 페니키아의 지하 여신으로 보는 이들도 있다. 또한 뱀의 형상을 한 바빌론 대지의 신 에아(Ea)는 인간에게 세계의 질서에 관한 지식을 주었고, 인간이 다시 젊게 태어날 수 있게 하고자 불가피하게 죽음을 만들었다고 한다.[3] 고대 그리스에서 뱀은 지혜의 신 아테나의 상징이자 지혜라는 원형의 상징이다.

뱀과의 소통은 '뱀'에 물려 독이 퍼질 수도 있고, 뱀이 어느 방향으로 움직일지 예측 못하는 상황 때문에 "본능적으로 아주 위험한 동물인 뱀을 피해야 한다"라는 생리적 조건을 뛰어 넘는다. 즉 위험하고 고생스럽긴 하지만, 인간으로 태어난 이상 그 고통의 과정을 넘어

---

3)　　Baring, Anne. and Cashford,, Jules.(1993), 『The Myth of the Goddess : Evolution of an Image』, London, Arkana Penguin Book, p.277

'아는 것' 즉 '지혜'를 체득할 수 있게 되는 인간적 특징의 시발점이 바로 하와라는 뜻이다. 만약 하와의 호기심이 없다면 아담과 하와는 영원히 에덴동산에서 살았을 것이고, 아이를 낳아 키우는 수고 역시 겪지 않았을 것이다. 어쩌면 이러한 시나리오는 이미 인류가 시작된 그 시점부터 조물주께서 충분히 예견하고 있었던 것이 아닐까.

뱀에 의해 유혹당하는 하와는 후에 많은 서양 문헌에서 해골을 안고 있는 모습으로 변형된다. 하와가 딴 열매가 해골로 변형되어 등장하는 것이다. 인간이 짐승과 다른 것은 '지혜'가 있기 때문이다. 이때 '지혜'는 순간적인 생존의 기술과 다르게, 유한한 자신의 존재에 대한 인식과 관련이 있다. 지식을 쌓고 출세하고 성공한다 해도 결국 마지막으로 바라보게 되는 종착점은 자신의 한계와 종말을 받아들이는 것이 아닐까. 파우스트 박사가 지식으로 닿을 수 있는 세상의 모든 세계를 섭렵해 본 후 마지막으로 깨닫게 된 통찰은 '자신이 결국 죽는다'는 것이었고, 이 때문에 그는 악마에게 자신의 영혼을 판다. 하와가 들고 있는 열매가 해골로 변형된 까닭도, 지혜는 결국에는 죽음과 맞닿을 수밖에 없다는 사실을 인정하는 데 있다. 이렇게 볼 때, 뱀이 사과를 먹게 유도하는 행위는 '지혜의 역사'를 처음으로 연 의미 있는 사건이다.

'선과 악을 알게 하는 나무 열매를 먹고 눈이 열려서 오직 하느님만이 보시던 일을 보게 된다. 그리하여 부끄러움을 알게 되고, 이에 따라 하느님은 우리에게 옷을 입혀주신다'는 대목은, 하느님이 우리에게 다른 모든 동물에게서 볼 수 있는 순진무구함 대신 진리에 대한 탐구심, 자기반성의 능력, 그리고 본능을 통제하고 감출 수 있는

: 선악과를 따는 아담과 하와(by Peter Paul Rubens)
: 〈출처 : (CC)Adam and Eve at en.wikipedia.org〉

지혜를 주신 것이라고 이해하고 싶다.

창조 설화에서 '여성의 지혜'에 대한 부분은 이스라엘뿐만 아니라 다른 나라에서도 쉽게 찾아볼 수 있다. 단군신화에서도 비슷한 상징이 숨어 있다. 인간이 되고 싶다고 찾아온 곰이 쑥과 마늘을 먹으며 100일이라는 인내의 시간을 보내고 사람이 되는 과정은 신화 속 성인식(Initiation Rite)이다. 이런 성인식을 무사히 마친 곰이 남자가 아닌 여자가 된 것 또한 의미심장하다. '하와'나 '곰'에게서 볼 수 있는 새로운 것에 대한 호기심, 진보적인 태도, 발전에 대한 열린 자세 등은 현대 역사에서도 억압받는 여성에게서 찾아볼 수 있다. 일단 혁명적 변화나 진보의 봇물이 터진 후에는, 가장 약한 피지배 계층이 용수철처럼 튀어 올라 전위적 집단으로서 발전의 강력한 동인이 되는 것처럼, 여성이 발전의 행진에 앞장설 수도 있다.

우리나라의 경우도 20세기에 들어와 전통의 유교 이데올로기가 깨지고 서양의 그리스도교 신앙이 전파되는 시점에서 가장 앞장선 집단은 여성이었고, 그 중에서도 하위 계층이나 과부 등 가장 소외된 계급이었다는 점도 이런 맥락으로 이해할 수 있을 것이다.

그리스도교 일각에서는 현재 종교 활동이 주로 여성 신자에 의해 이루어진다는 점을 매우 걱정스러운 눈으로 보기도 한다. 물론 여성 신자가 많기 때문에 감당해야 할 부작용이 적지 않지만, 오히려 종교가 해야 할 원래의 기능과 목표를 되짚어 본다면 여성의 지위가 상대적으로 열악했던 나라에서 여성 신자가 많은 것은 충분히 이해할 만하다. 만약 그렇지 않다면, 이는 그리스도교가 소외되고 억압받는 자를 위한 종교가 아니라는 점을 의미할 것이다. 미국에서도 소수민족, 특히 흑인이나 중남미 계통의 신자가 숫자상으로 많을 뿐만 아니라, 그 활동 역시 활발한 까닭도 이와 비슷하다.

마지막으로, 자식을 낳는 고통을 여성에게 부여한 점을 살펴보자. 이 점 또한 원죄와 처벌로 이해하는 데서 그치지 말고 심리적으로 이해를 넓혀 보면 어떨까. 아이를 낳는 산고는 흔히 창조의 고통으로 비유된다. 여성은 출산과 육아로 많은 어려움을 겪지만, 그 이상의 기쁨과 보람, 그리고 사랑의 감정을 자식을 통해 맛보게 된다. 남성은 수고로운 땀을 흘리며 대지에서 일을 하고 여성은 아이를 낳아 키우는 고통을 맛보지만, 바로 그 고통 속에서 사람들은 보람을 느끼고 하느님의 뜻을 알아 나가게 된다. 하느님이 보여주신 창조의 행동을 감히 모방하고자 하는 게 고통스러운 자기 현실임을 어찌 외면할 수 있겠는가.

인간으로서의 '존재'를 열다

뱀이라는 사탄의 유혹에 의해 인간이 죄를 짓게 된다는 성경 속 이야기는, 창세기 이후에도 인물이 바뀌고 상황은 다르지만 우리에게 여전히 되풀이해 나타나는 주제다. 카인이 그랬고, 다윗이 그랬고, 베드로가 그랬다. 그리고 그들 모두는 자신의 죄로 말미암아 겪어야 했던 고통을 통해 성숙해 나갔다. 이는 거만한 우리 인간이 신과 진리 앞에 얼마나 연약한 존재인지에 대한 경종으로 받아들여도 틀리지 않을 것이다. 하느님을 닮은 인간에게 인간으로서의 자유와 통찰을 부여하시기 위한 하느님의 사랑이 계획한 면밀함이 바로 창세기에서 시작되었다고 이해하면 어떨까. 그렇다면 자유의지로 선과 악을 알게 하는 나무 열매를 따 먹은 '하와'는, 인류 역사에 인간으로서의 '존재 의미'를 부여한 인물이다. 가부장적 설정 뒤에 숨은 여성적 세계관을 읽어 내는 묘미는 창세기를 읽을 때 덤으로 얻는 즐거움이다.

물론 하느님의 금기를 어겼다는 점에서 하와는 원죄를 저지른 주모자가 되고, 바오로는 이런 점 때문에 여성에 대한 강력한 경고와 비난의 메시지를 남기기도 했다. 초기 교부였던 터툴리안(Tertullian)은 하와를 '악으로 가는 문'이라고 말했으며, 아우구스티누스(Aurelius Augustinus)도 인류가 죄악으로 떨어지게 된 책임을 하와에게 물은 적이 있다. 이런 반여성적 관점은 중세 마녀사냥 때 극단적으로 비약되고 발전해서 여성혐오와 대량 살상을 합리화하는 이론적 배경이 되었다.[4]

반대로 초기 기독교 시대 영지주의 경전들은 하와를 '생명(Zoe)'과 동일시하기도 하고 '지혜' 혹은 '빛의 여신(Sophia, Light Maden)'으로 이해하기도 했는데 이는 히브리어로 'Hawwah', 즉 '생명의 기원'이라는 단어와도 잘 연결이 되어 현대의 여성주의 신학자들에게 좋은 이론적 기반을 마련해 주기도 한다.

하와가 뱀의 유혹에 넘어가 아담을 유혹해서 지혜의 열매를 맺고 눈이 열려 자신들이 벌거벗고 있다는 사실을 알게 된다는 사실은, 하와가 자의식을 갖고 생각하며 독자적으로 행동하게 되는 의지를

---

4)　　　Ed, by Spretnak, C.(1982), 『The Politics of Women's Spirituality』, New York, Anchor Books Doubleday and Company Inc, pp.48~56

가진 최초의 인물이라는 뜻을 내포하고 있다. 여기에서 그치지 않고, 하와는 아담은 겪지 않아도 되는 아이를 낳고 키우는 고통을 품게 된다. 즉 자기의 독자적 의지와 결정에 따른 긍정적 책임과 부정적 책임을 모두 지고, 그에 따른 아픔도 죽을 때까지 받아들이며 살았다는 점에서 인류 최초의 '여성 리더'였다는 이야기를 들을 만한 충분한 자격이 있다.

하와는 하느님의 지시를 어기는 큰 잘못을 했지만, 자신의 죗값을 죽을 때까지 치르면서 결국 먼 훗날 예수님이 이 땅에 재림하는 근거를 마련해 주었다. 그러면서도 수천 년 동안 수많은 사람에게 인류를 원죄에 빠뜨린 죄인이라고 공격받고 비난받았다. 하와가 없었으면 인류가 존재할 수도 없었는데도 말이다! 현실의 우리도 마찬가지일 것이다. 새로운 것에 대한 호기심으로 새로운 세상을 여는 데 앞장서지만, 바로 그 점 때문에 많은 사람에게 원망과 분노의 대상이 되기도 한다. 하와의 추방과 고단한 삶의 역정은 지도자가 휘황한 조명과 찬사만 받는 행복한 존재가 아니라 채찍과 저주와 조롱을 더 많이 받게 된다는 비극적 실존에 대한 예언이다.

이스라엘 신비주의 카발라 경전 중 하나에는 아담이 쌍둥이였다는 이야기도 나온다. 마치 하와보다 먼저 아담과 결혼했고, 후에 뱀이 되었다는 유대 전설의 주인공 릴리트라는 존재와 쌍을 이루는 듯하다.[5] 나와 닮았지만 다른 이른바 도플갱어(Doppelgänger) 같은 존

---

5)   Baring, Anne. & Cashford, Jules.(1991), 같은 책, pp.508~532

재에 대한 의식은 우리가 내면을 바라볼 때 매우 유용하다. 즉, 신이 아닌 이상 우리 내면에는 악이 있다는 진실이다.

하와가 아이를 낳아 세상을 번성케 했지만 그 자손인 카인이 아벨을 죽였다는 설정은 그래서 어쩌면 필연적이다. 하와를 우리가 중요하게 봐야 하는 까닭도 이런 '악의 존재'에 대해 직면하는 태도가 필요하기 때문이다. 세상의 어떤 사람도 절대 선, 혹은 절대 악으로 포장되지 않는다. 독재자였지만, 그 주변 사람에게는 따뜻하고 진실되고 의리 있는 사람도 있을 수 있다. '인류의 스승'이라 불리는 간디나 만델라도 자신의 부인과의 관계가 꼭 이상적인 것은 아니었다. 하와를 통해 이 시대의 모든 사람이 유혹에 약하면서도 스스로의 완고함에 갇힐 수밖에 없는 어두운 부분에 대해 통찰할 수 있다면 얼마나 좋겠는가.

우리 내부에
숨어 있는
카인

카인과 아벨 이야기는 인간이 가지고 있는 증오심의 원형을
보여준다. 카인은 우리 내부에 숨어 있는 '어두운 원시적 인
간(Dark Primal Creature)'이라는 점을 이미 많은 사람이 지적한
바 있다. 우리의 질투심, 분노, 살인 충동, 그에 따른 두려움
과 공포가 카인이라는 인물에 복합적으로 투사되어 있기 때
문이다. 성실하게 일한 자신의 성과를 일단 권위적 존재
(Authority Figure)에게 바치거나 돌리는 태도를 인간의 성숙한
측면, 즉 초자아(Superego)라고 본다면, 그 권위적 존재에 반
항하고 그를 속이려는 카인의 유아 같은 측면을 인간의 동물
적 본능이라 할 수 있다.

잉태와 출산의 신비

에덴동산에서 쫓겨난 하와는 두 아들을 낳게 되는데, 그 중 형 카인이 동생 아벨을 죽이는 가정 내 살인 사건이 일어난다. 아담이 하와를 알자 하와가 잉태하면서 한 가족이 탄생하고, 자녀 세대에 이르러 다른 종류의 비극이 다뤄지는 것이다.

카인을 농부로, 아벨을 양치기로 설정한 것에 대해 고고학자들은 농경 민족과 목축 민족의 분화 과정에 대한 은유라고 지적한다. 농부 카인과 양치기 아벨은 똑같이 하느님께 제사를 드리지만, 정성이 들어 있지 않은 카인의 제물은 하느님이 존중해 주시지 않는다. 카인은 질투심과 분노로 아벨을 죽이고 하느님을 속이려 한다. 이 사실을 아시는 하느님은 카인에게 아벨의 피를 머금은 땅으로부터 저주받아 영원한 도망자가 되라고 명령하시지만, 카인은 뉘우침 없이 자신에 대한 벌이 지나친 게 아니냐고 여전히 불평할 뿐 아니라, 이제 방랑자의 신세가 되었으니 누가 해치기라도 하면 어떡하겠냐고 뻔뻔하게 투정까지 한다. 그런데 하느님은 놀랍게도 그런 카인에게 관대한 처분을 내리신다. "아니다. 카인을 죽이는 자는 누구나 일곱 곱절로 앙갚음을 받을 것이다"(창세 4, 15)라고 하시면서 카인에게 징표를 내리고 오히려 보호를 약속하신다.

성경에서 이토록 극적이고 상징적인 의미가 풍부한 이야기는 흔하지 않을 만큼, '카인과 아벨' 이야기는 우리에게 여러 가지 심리적 통찰을 주고 있다. 우선 첫 번째 주제는 잉태와 출산의 신비다. 이미 많은 언어학자가 지적한 대로, '안다'라는 동사는 성행위를 의미하기에 매우 적합한 단어다. 다른 동물과 달리 인간이 한 생명을 잉태하려면, 상대방의 영혼과 몸에 대해 제대로 알려고 노력해야 한다. 상대에 대해 관심이나 애정이 없으면서 순전히 본능에 따라 상대방에게 성을 강요하는 것은 매우 비인간적인 일이다.

간혹 부부간에 성적인 문제로 병원을 찾는 이들을 면담하다 보면, 배우자의 몸과 마음에 대해서는 물론 자기 자신에 대해서조차 제대로 알고 있지 못한 경우가 많다. 자신이 무엇을 원하는지, 또 상대가 무엇을 바라는지에 대해 진지한 호기심이나 따뜻한 관심은 보이지 않고, 오로지 그때그때의 즉흥적인 욕망에 따라 충동적으로 행동해 버리기 때문에 진실한 사랑이 생기지 않는 것이다. 남들 앞에서는 행복한 척하지만 실상은 고통의 지옥을 헤매고 있는 경우도 많다. 누군가를 제대로 사랑하기 이전에 반드시 자신과 상대의 몸과 마음에 대하여 올바로 알아야 하는데, 이런 과정이 결코 쉽지는 않다.

우리 안에 숨어 있는 '원시적 인간'

다음으로 인간이 바친 제물을 하느님이 존중해 주신다는 문장을 보자. 단지 우리가 땀 흘려 일했다는 점 하나만으로 그 수확물을 하느님이 존중해 주신다니! 얼마나 따스한 한 마디인가. 자식이 무언가를 열심히 만들거나 적어서 부모에게 보이거나 드렸을 때, 적지 않은 부모는 자녀의 소중한 성과를 그저 대수롭지 않게 생각한다. 아랫사람이 칭찬받을 일을 하면 당연한 것이고, 조금이라도 허점을 보이거나 잘못을 저지르면 호통을 치는 게 보통 윗사람의 태도다.

자녀가 성적이 떨어졌을 때, 입시에 실패했을 때, 아들과 며느리가 조금 서운하게 했을 때, 딸과 사위가 자신에게 무관심한 듯 보일 때, 많은 부모가 화를 내거나 서운함을 표시한다. 열 번 잘하다가도 한 번 못하면 불같이 역정을 내는 부모가 많다. 그런 인간 부모에 반해 진실한 마음을 갖지 못한 점에 대한 아쉬움만을 드러내시는 하느님을, 카인은 오히려 더 크게 원망하면서 아벨을 죽이는 죄를 저지르고 만다.

카인과 아벨 이야기는 인간이 가지고 있는 증오심의 원형을 보여준다. 카인은 우리 내부에 숨어 있는 '어두운 원시적 인간(Dark Primal Creature)'이다. 우리의 질투심, 분노, 살인 충동, 그에 따른 두려움과 공포가 카인이라는 인물에 복합적으로 투사되어 있기 때문이다. 성실하게 일한 자신의 성과를 일단 권위적 존재(Authority Figure)에게 바치거나 돌리는 태도를 인간의 성숙한 측면, 즉 초자아(Superego)라고 본다면, 그 권위적 존재에 반항하고 그를 속이려는 카인의 유아 같은 측면을 인간의 동물적 본능이라 할 수 있다.

분석심리학자 아니엘라 야페(Aniela Jaffé)는 "억압받고 상처받은 본능은 현대인을 위협하는 위험물인 반면, 억제되지 않은 충동은 원시인을 위협하는 위험물이다. 원시인이나 현대인이나 모두 동물적 정신을 제대로 받아들여 소화해 냄으로써 보다 원숙한 삶을 얻게 될 것이다"라고 했다. 또 이러한 본능은 상과 상징들에 등장하는 원형들에 의해 조절된다고 했다.[6] 원시인이 자신에게 숨어 있는 동물적 본성을 길들이듯이, 현대인은 자신의 내부에 있는 본능을 치료해야

---

6)	Jaffé, Aniela.(1999), 『An Archetypal Approach to Death Dreams & Ghosts』, Toronto Daimon Publishers, p.36

할 책임이 있다는 것이다.

고통은 우리 존재의 필연적 근원

'카인과 아벨' 이야기에서 또 하나의 중요한 주제는 형제간의 경쟁 심리(Sibling Rivalry)다. 정상적인 부모 자식 간에는 자식에 대한 부모의 무조건적인 사랑이 있는 데 반해, 형제간에는 처음부터 경쟁하는 부정적 감정이 공존한다. 물론 자식이 성장할수록 부모 자식 간의 관계에서도 서로에 대해 실망하고 원망하는 마음을 품기도 하지만, 처음부터 그런 것은 아니다.

그러나 형제간의 관계는 조금 다르다. 형의 입장에서는, 자기에게만 쏠리던 부모의 사랑이 아우가 태어나면서 분산될 수밖에 없기 때문에, 아우의 존재는 부모의 관심을 빼앗는 사악한 대상이라고 오해할 수 있다. 이러한 유아 시절의 기억은 시간이 흐르면 대부분 좋은쪽으로 윤색되기 때문에, 어린 시절의 분노와 증오는 무의식의 깊은 공간으로 묻히게 되어 잘 기억되지 않는다. 그러나 마음 한구석에 숨어 있던 형제간의 원색적인 경쟁 심리는 성인이 된 후에도 여러가지 형태로 드러난다. 동료나 이웃에 대한 지나친 질투, 경쟁에서 살아남는 자만이 우수한 존재라는 적자생존의 원리를 최고의 가치관을 삼는 오늘날의 교육 환경은 이런 원형적 경쟁심리의 한 변형일지도 모른다.

또 하나 재미있는 설정은 아벨이 흘린 피가 땅으로 스며듦에 따라그 땅으로부터 카인이 벌을 받고 유배된다는 내용이다. 이 때문에아벨을 죽인 카인은 자신의 죄로부터 도망치고자 방랑의 길을 나서

: 카인에 의해 살해당하는 아벨(by Peter Paul Rubens)
: 〈출처:(CC)Cain and Abel at en.wikipedia.org〉

지만 지구 어디에서도 자신의 죄로부터 자유로울 수가 없다.

샤머니즘적 측면에서 '피를 뿌림'은 불결한 육체 또는 영혼을 정화하는 신성한 제사의식(Ritual)이다. 우리나라의 옛 민담에서도 사람을 못살게 구는 도깨비가 오지 못하게끔 미리 피를 뿌려놓는 장면이 자주 등장한다. 피와 색깔이 유사한 팥으로 죽을 쑤어 그것을 뿌리면 귀신을 쫓을 수 있다는 민간신앙도 이런 상징적인 의미를 알면 훨씬 이해하기가 쉽다. '붉은 빛'은 또한 신의 성스러운 능력을 드러내는 상징이다. 생명의 모태인 자궁에서 나오는 월경혈은 그 상징과 일맥상통한다.

신에 대한 충성을 증명하기 위해 아들을 희생하려 했던 아브라함의 제사 의식과, 질투심 때문에 아우를 죽인 카인의 살인 행위는 하느님의 애정을 갈급하여 '피'를 흘린다는 면에서 기본적으로 같은 동기를 지닌다고 할 수 있을 것이다. 그러나 한쪽은 하느님이 손수 택하신 '많은 사람의 아버지'가 되고, 한쪽은 '영원한 죄인'이 된다는 점은 우리가 허투루 넘길 일이 아니다. 비록 하느님이 큰 죄를 지어 그에 따른 벌을 받아야 하는 카인을 용서해 주시고, 아벨의 피를 머금은 흙도 결국에는 카인이 농사를 지으며 자손을 낳아 기를 수 있는 터전이 되어 주기는 하지만 말이다.

성경이 아벨의 피와 관련된 이야기로 시작해서 십자가에 못 박히신 예수님의 피로 끝맺음을 한다는 사실도, 우리로 하여금 '피로 상징되는 공통'을 어떻게 보아야 하는지에 대한 깨달음을 얻게 해준다.

하느님은 사랑이시라면서 왜 우리 인간에게 이토록 큰 고통을 허락하시는가. 아프리카나 중동 등 지구 어딘가에는 전쟁이 끊이지 않아 아무 죄 없는 사람이 끔찍한 모습으로 죽어 가고, 다른 한쪽에선 굶어 죽는 불쌍한 어린이가 있는데, 선진국에서는 넘쳐 나는 물질을 낭비하며 사는 부자가 이렇게 많다니, 이 불평등한 현실을 어떻게 이해해야 하는가. 어찌 보면, 지구가 바로 모순 덩어리로 이루어진 지옥인 것 같고, 이런 지구를 만드신 하느님의 의도는 도대체 무엇인가 하는 의문을 가져 볼 만하다. 카인과 아벨 이야기는 바로 이런 미숙한 질문에 대해 쉽지는 않지만 통찰을 주고 있다. 그것은 고통이야말로 우리 존재의 필연적 근원이며, 또 그 고통을 경험하고 넘어서는 것이 종교의 핵심 역할이라는 점이다.

유혹에 굴하기 쉬운 우리의 컴컴한 정신세계에 대한 정직한 통찰은, 오히려 우리로 하여금 내면의 어둠에서 빠져나와 자유로이 절대자에게 가까이 가게끔 도와주는 힘이 된다. 그리고 바로 그런 태도가 절망에서 빠져나가는 첫걸음이 될 때도 있다.

자신의 존재를 있는 그대로 인정하고 들여다보는 작업은 언제나 큰 용기가 필요하다. 구약성경에서 인간 존재의 어둡고 사악한 면이 가장 먼저 등장하는 것은, 어떤 점에서는 우리의 무의식을 자못 불편하게 만든다. 그러나 그런 불쾌한 장면이 성경의 모든 부분에 등장하는 것은 결코 단순한 배치가 아니다. 우리가 바로 그런 모순과 추함을 갖고 있다는 사실을 직시해 보라고, 그런 후에야 인간과 우주에 대한 전면적 깨달음을 얻을 수 있다고 성경이 우리에게 말하고 있지 않은가.

파괴로부터 재창조를 이끌어 낸 노아

노아 이야기의 핵심 주제는 무엇보다 '파괴와 생명의 재창조'라고 할 수 있겠지만, 간접적인 성 경험 또는 성기라는 금기를 깸으로서 이루어지는 '성적 성숙 과정' 또한 매우 중요한 주제다. 구약에 나오는 다른 예언자에 비해 훨씬 더 인간적인 노아는, 바로 그런 약점 때문에 오히려 더 많은 사람에게 사랑을 받는지도 모른다. 총체적 위기 앞에서 우리는 때로 많은 것을 부수거나 버리고 새로 시작해야 한다. 그 과정은 노아와 그 가족이 대홍수를 만나 마른 땅의 끄트머리 하나 보이지 않는 상황에서 항해할 때의 먹먹한 마음과 유사할 것이다.

성경과 코란에 동시에 등장하는 노아

카인과 아벨 이야기가 비극의 정통적 요소를 갖추고 있다면, 노아의 방주 이야기는 대홍수라는 엄청난 재앙을 주제로 하고 있음에도 엉뚱하게 희극의 분위기를 강하게 풍긴다. 노아가 남이야 비웃건 말건 하느님의 명령대로 땅 위에 거대한 배를 만들어 마침내 살아남는 승리를 누리는 해피 엔드도 그렇지만, 술에 곤드레만드레 취한 후 벌거벗고 누워 자다가 아들에게 들키는 장면은 하나의 재미있는 소극(笑劇)을 보는 느낌마저 준다.

노아라는 인물이 만약 오늘날 우리에게 나타난다면 종말론을 외치고 다니는 기인이나 사이비 교주로 오해받지 않을까 하는 생각도 얼핏 든다. 팔레스타인의 지형 – 바다보다 낮은 지면, 좁은 협곡 등 – 으로 봐서, 성경에 기록된 대홍수는 충분히 가능하다. 팔레스타인 지방은 특히 겨울이면 우기가 계속되기 때문에 40일 정도의 비는 통계학적으로도 충분히 가능하리라 짐작된다. 게다가 요르단 계곡은 지층이 내려앉아 생긴 거대한 계곡의 일부로서, 급류의 계곡물이 만든 훌레 호수나 갈릴래아 호수 그리고 사해가 모두 해수면보다 낮은 편이다. 따라서 노아 시대에 홍수가 났다면 마치 세상 전체가 물로 덮인 것처럼 보였으리라는 유추도 가능하다.

유대에는 이밖에도 노아에 관한 흥미로운 전설이 많다. 전설에 의하면, 홍수가 났을 때 노아는 '아담의 무덤'이라는 보물의 동굴에서 아담의 시신을 방주로 옮긴다. 또한 동시에 노아는 아담이 남긴 '예술의 관(Table of Natural Arts)'을 간직하였다고도 한다. 대홍수 때 짐승과 곡식의 종자만 간직한 것이 아니라 조상의 시신과 예술품을 간직하였다니! 인간에게 가장 중요한 것이 무엇인지 말해주는 듯하다.

코란에 나오는 '노아'는 성경의 '노아'와는 조금 다르다. 코란 속의 노아는 하느님의 말씀을 전하는 예언자로서, 사람들에게 재앙이 내릴 것이라고 경고하며 얼마간의 유예 기간을 준다. 그러나 신앙이 없는 사람들은 노아의 말을 믿지 않고 그를 박해하기만 한다. 결국 분노한 노아는 절규하듯 이렇게 기도한다. "주님, 이 땅 위에 믿음 없는 자가 단 한 명도 남지 않게 해주십시오.…주님, 저와 저의 양친, 믿음을 위해서 제 집에 들어오는 자와 남녀 신자들을 용서해 주십시오. 그러나 의롭지 못한 자들에게는 오직 멸망만 내려주시옵소서."

성경의 노아에 비하면 코란의 노아가 훨씬 더 분노에 차서 복수의 화신처럼 기도한다. 하지만 성경이나 코란 모두에서 공통적인 것은 노아가 다른 사람보다 앞날을 빨리 예측하고 준비할 수 있었다는 점이다(후술하겠지만, 정의감에 찬 진보적 노아가 나중에는 지극히 가부장적인 아버지로 변해서 단지 자기의 벗은 몸을 봤다는 이유 하나만으로 아들 함을 저주한다는 점은 아이러니하다).

성경은 대홍수 후, 하느님이 우리에게 다시는 그런 재앙이 없을 것이라고 하신 약속의 징표로 하늘에 뜬 무지개를 기록하고 있다(창세 9,13-17). 그에 반해 코란은, 우렛소리는 알라의 영광을 칭송하는 것이며 번개는 신이 뜻하신 대로 명중시키는 분노의 상징이라고 말한다. 비를 잔뜩 머금은 잿빛 구름보다 무지개의 일곱 가지 현란한 색깔은 사람들의 정서를 고양하고 유쾌하게 해준다. 그러나 워낙 비가 드문 사막 지대에 사는 이슬람 민족에게는, 비를 내리는 천둥 번개가 생명 그 자체를 상징할 수 있다는 해석도 가능하다.

아라라트 산에 도착한 노아의 방주(by Simon de Myle)
〈출처 : (CC)Noah's Ark at en.wikipedia.org〉

홍수 신화에 드러난 신의 양면성

노아의 방주는 유대인에게만 해당되는 이야기가 아니다. 지금 현재도 지구촌 어디에선가 끊임없이 만화로, 소설로, 혹은 영화로 재생산 되는 홍수 설화다. 예컨대 바빌로니아의 문학 작품 중 남아 있는 대표작으로 꼽히는 길가메시 신화에서는 우트나피시팀(Utnapishtim)이, 힌두 신화에서는 마누(Manu)가 노아와 비슷하다. 또 플라톤의 『티마이오스(Timaeus)』에서는 그리스 신화 속 주인공 데우칼리온(Deucalion)이 인용된다.

우리나라에서도 전국에서 표집 되는 장자못 설화, 혹은 나무도령 설화, 또 고구려의 시조 주몽이 비류국과 싸움을 하면서 홍수를 기원해 비류국의 왕도가 물에 떠내려갔다는 설화가 있다. 또 대홍수에서 유일하게 살아남은 남매가 결혼하여 인류를 존속시킨다는 설화, 동냥 온 도승에게 똥을 퍼준 시아버지를 대신해 쌀을 몰래준 며느리만이 홍수에서 살아남게 되지만 뒤를 돌아보는 바람에 그만 돌로 변해 버렸다는 설화, 목(木)도령이 나무를 타고 가다가 한 사내를 구하였지만 오히려 위기에 처하게 된다는 설화 등 여러 유형이 있다. 이들 설화에서도 역시 대홍수는 징벌의 의미를 함축한다.

중국도 마찬가지다. 홍수가 일어나 의로운 한 남자만 '북' 속에 들어가 살아남게 되는데, 천녀와 결혼하여 화전을 일구고 사냥을 하는 등의 통과의식을 거친 후 자손을 번창시킨다는 설화가 있다. 또 천둥 번개 신인 뇌공의 복수로 일어난 대홍수에도 살아남은 복희와 여와가 중국의 조상이라는 설화와, 요 시대 황제의 손자 '곤'이 홍수를 다스리다가 천신의 진노를 사서 죽게 되었으나 죽은 곤의 몸에서

'우'라는 아들이 탄생해 우 임금이 되었다는 설화 등이 있다.[7] 이런 홍수 설화 이야기가 전 세계에서 전승되는 이유는 실제로 인류에게 대홍수가 있었기 때문이라고 주장하는 역사학자와 고고학자가 적지 않다. 충분히 그럴 법하다.

노아의 방주뿐 아니라 이런 설화는 절대자 혹은 신적인 존재의 양면성 - 즉 파괴와 재창조의 힘 - 을 드러낸다. 칼 융은 이를 '대극의 통합'이라고 표현했다. 즉 분노 등의 부정적인 감정에 의한 자기 파괴의 과정이 재생의 힘든 여정을 거쳐 마침내는 새로운 자기의 탄생으로 이어진다는 뜻이다.

분석심리학을 자세히 모르는 사람도 홍수가 인간의 죄를 씻는다는 상징을 이해하기는 어렵지 않다. 성스러운 물을 뿌린다든가, 그리스도교에서 물로 세례를 받으면 원죄를 용서받을 수 있다고 주장하는 것은, 물이 가진 '씻김'의 의미 때문에 가능한 것이다.

우리나라에도 물로 영혼을 씻는 샤머니즘적 관습이 있다. 호남 지방의 씻김굿에는, 우선 죽은 이의 옷을 싸서 몸체를 만든 다음에 무녀가 무가를 부르며 빗자루로 황톳물, 잿물, 맑은 물을 차례로 묻혀 머리에서부터 아래로 씻어 내리는 '이슬 털기'의 행위가 있다. 여기서 이슬은 이승의 때와 죽음, 또는 부정함을 상징한다. 인간의 세속적인 죄를 맑은 물로 씻어 내는 것이다. 씻김굿의 주요 등장인물인 바리공주에 설화에서도 바리공주는 저승에 있는 시왕산의 약수를

7)   Compiled, by Bonnefoy, Yves.(1983), 『Asian Mythologies』, Chicago & London, The University of Chicago Press

구해 죽은 지 3년이 된 아버지를 구한다. 이때의 약수가 생명과 재창
조를 뜻한다는 점은 명백해 보인다.

물이 생명의 의미를 함축한다는 점은 자연과학적인 측면에서도
의미심장하다. 지금은 그 사실 여부에 대해 많은 논란이 오가고 있
지만, 러시아의 생화학자 오파린(Aleksandr Ivanovich Oparin)의 저서
『생명의 기원』에 나온 것처럼, 물속에 있는 수소와 산소가 벼락의 전
기 에너지를 만나 생명체가 되었다는 가설이 한때 과학자들 사이에
서 거의 움직일 수 없는 정설로 간주되기도 했다.

사회적 금기에 대처하는 자세

홍수가 일어난 상황에서 노아가 어떤 역할을 하였는지 심리학적
고찰에만 집중해서 본다면, 재미있는 부분이 있다. 우선 노아가 홍
수가 나기 이전, 많은 사람들에게 홍수가 날 것이니 대비하라고 경
고하는 대목이다. 성경에는 노아 이후에도 많은 예언자가 등장하지
만 대부분의 사람은 예언자의 이야기를 무시한다. 노아는 예언자처
럼 홀로 방주를 준비한다.

사람들로부터는 외면당한 채 다가오는 재난에서 살아남기 위해
홀로 무언가를 하고 있는 이런 외로운 이미지는 꽤 많은 지도자들에
게 매력적으로 보일 수 있다. 언뜻 보면, 선한 의도를 갖고 있는 우월
한 지도자가 우매하고 악한 구성원 때문에 고립되어 있는 형상으로
보이기 때문이다. 인기가 없거나 무능한 지도자가 스스로를 노아와
동일시 할 가능성이 있다는 뜻이다. 예컨대 북한의 김일성 일가의
정권은 미국이라는 거대한 세력이 언제 북한을 침공할지 모르는 상

황에서, 북한 곳곳에 거대한 별장을 짓거나 외국에 계좌를 트고 돈을 빼돌리며 살아 왔다. 다른 부패한 독재자처럼 여차하면 자기와 주변 사람만 빠져 나갈 궁리를 하고 있는 것이다. 그러면서도 스스로에게 '노아'처럼 선구적 혜안이 있는 것이라 자부한다.

또한 노아의 이야기에서 특히 정신의학적으로 관심이 가는 대목은 노아가 술에 취해 벌거벗고 자고 있는데, 이를 훔쳐본 아들 함이 자신의 형제에게 이 사실을 발설하는 장면이다.(창세 9,21-26) 우선 가장 선한 사람으로 하느님께 선택받은 노아가 대낮부터 술에 취해 옷을 벗고 잠을 자고 있었다는 사실을 어떻게 해석할 수 있을까. 게다가 딸도 아니고 같은 성별의 아들이 아버지의 벌거벗은 몸을 보고 역시 같은 아들 형제에게 그 사실을 이야기했다는 점 하나만으로 저주를 내리는 아버지에 대해 이해할 수 없다는 주장도 납득할 만하다. 이 때문에 적지 않은 신학자들은, 아들이 본 것은 노아의 벌거벗은 몸, 즉 나신 그 자체가 아니라 노아가 그의 처와 성관계를 하는 장면이 아니었겠느냐는 의심도 한다.

부모가 성관계를 통해 자식을 낳는다는 점은 너무나 자명한 일임에도 자식으로서 그 비밀을 함부로 누설하는 것은 굳건한 사회적 금기를 깨뜨리는 일이다. 또 우연한 기회에 부모의 성생활을 보게 되면 어린 자녀들은 큰 정신적 충격을 받을 수도 있다. 따라서 "어린 아이나 청소년 시절에 부모의 성생활을 본 적이 있느냐?"라는 질문은 정신과 면담을 할 때 매우 중요한 질문으로 여겨지기도 한다. 정신분석학에서는 이를 성적인 '최초의 장면(Primal Scene)'이라는 용어로 표현하는데, 때로는 부모의 성생활을 처음으로 보는 경험이라는

술에 취한 노아(by Giovanni Bellini)
〈출처 : (CC)Noah at commons.wikimedia.org〉

뜻으로 사용하는 이들도 있다.

아이는 부모의 성생활을 보면서 성적 흥분을 느끼기보다는 아버지가 어머니를 괴롭히고 있다는 생각을 하게 된다. 따라서 이를 가학적 행위(Sadistic Behavior)와 혼동하게 되어, 성년이 되어서도 정상적인 부부생활을 못하는 사람이 있을 수 있다고 설명한다. 이 때문에 부모의 잠자리는 아이들에게 하나의 금지된 구역(Zone of Taboo)이기도 하다.

그러나 철저한 개인주의적 문화에서 독립을 최우선 목적으로 생각하는 서양과는 달리 동양에서는 부모가 아이와 잠자리를 함께하는 경우가 많다. 이런 자녀 교육법의 차이가 성생활에 어떠한 영향을 미치는지에 대한 정확한 자료는 아직 없지만, 부모 자식 간의 느슨한 경계가 오히려 성에 대한 지나친 금기에 따른 노이로제를 예방할 수도 있다는 가설과, 반대로 정신 건강에 해롭다는 가설 모두 가능한 것 같다.

부모의 성교 장면까지는 아니더라도 부모의 성기를 처음으로 보면 이것이 어떤 아이에게는 큰 충격으로 남는 경우도 있다. 특히 어머니의 경우 남근이 거세된 병적인 상태로 오해할 수도 있다고 주장하는 이들이 있다. 이 때문에 '성'은 '위험성'과 짝이 되어 성인이 된 다음에도 여러 가지 정신적인 갈등을 일으킨다는 것인데, '성'과 '정신질환' 사이에 연결 고리를 찾으려는 하나의 시도로 볼 수도 있을 것 같다.

노아 이야기의 핵심 주제는 무엇보다 '파괴와 생명의 재창조'라고 할 수 있겠지만, 간접적인 성 경험 또는 성기라는 금기를 깸으로서 이루어지는 '성적 성숙 과정' 또한 중요한 주제라고 보고 싶다. 구약에 나오는 다른 예언자에 비해 훨씬 더 인간적인 노아는, 바로 그런 약점 때문에 오히려 더 많은 사람에게 사랑을 받는지도 모른다. 성경의 기록이 마치 한 개인의 정신적 성장 발전의 은유 또는 암시처럼 읽히는 것은 성경을 읽는 또 다른 기쁨이다.

개인적 위기와 성장뿐 아니라 큰 규모의 총체적 위기 앞에서 우리는 때로 많은 것을 부수거나 버리고 새로 시작해야 한다. 그 과정은 노아와 그 가족이 대홍수를 만나 마른 땅의 끄트머리 하나 보이지 않는 상황에서 항해할 때의 먹먹한 마음과 유사할 것이다.

어떤 상황에서도 지도자의 역량을 믿고 따르며 고통을 참아 나간다면 파괴된 공동체가 다시 일어날 것이지만, 구성원이 서로에게 모든 책임을 미루고 자신이 할 일을 하지 않는다면 파괴는 재창조로 이어지지 않는다. 그런 와중에 완전하지 못한 지도자와 구성원의 서로에 대한 흠집 찾기가 끝없이 계속된다면 만인이 만인을 경멸하고 불신해 사회가 총체적인 냉소 사회로 바뀔 수도 있다. 대홍수의 소용돌이 속에서 방주가 침몰되는 상황이 이럴 것이다. 흠 많고 어리석은 노아와 그 가족을 지탱해 주었던 깊은 신앙이 현재 우리 사회에서는 과연 어떤 것으로 바뀌고 있는 것인지 궁금하다.

우리의
아버지
아브라함

아브라함은 세속적인 어떤 목적을 위해 아이를 바친 것이 아니라 더 큰 신성함을 위해 가장 사랑하는 무언가를 희생해야 한다는 일종의 정언명령에 답했다. 아들 이사악에 대한 사랑이 아브라함이라는 개인의 본능적 사랑이라면 하느님에 대한 사랑과 헌신은 이스라엘 민족, 더 나아가 인류에게 던지는 중요한 메시지다. 가장 사랑하는 아들을 희생하려 한 대목은 신약 시대에 와서 사랑하는 아들 예수님이 아버지와 인류에 대한 사랑과 의무를 다하기 위해 십자가에 매달리게 된 사건과 조응하기 때문이다.

종교적 교리와 윤리관이 충돌할 때

정신과 의사는 종종 자신의 과거나 현재의 잘못을 고백하는 내담자와 만나야 할 때가 있다. 때로는 마치 고해소에 앉아 있는 사제처럼, 스스로에 대한 죄의식으로 눈물을 흘리며 괴로워하는 내담자의 이야기를 들어주기도 한다. 이럴 땐 보속으로 "이런 기도를 하십시오. 그러면 당신의 죄가 사해질 것입니다"라는 말이라도 할 수 있다면 오히려 마음이 편해질 것 같다는 부질없는 생각을 할 때도 있다. 그러나 심리분석의 원칙상 그럴 때는 "당신은 죄인이다. 그러니 회개하라"라고 말하기보다는 우선 그들이 상처받은 마음을 충분히 표현하고 드러낼 수 있도록 도와주어야 한다. 내담자를 아프게 하는 죄의식을 덜어 주고자 여러 각도로 정신의 깊은 곳으로 다가가 원인을 밝혀낸 후 자신의 힘으로 설 수 있도록 자아 강도를 높여주는 접근법을 쓰게 된다.

그런데 이런 원칙으로도 나를 망설이게 하는 예민한 경우가 가끔 있다. 특히 부부간, 가족 간의 문제에는 관습상의 도덕 원칙이 잘 들어맞지 않는다. 남편의 바람기나 아내의 불륜으로 생긴 상대방에 대한 배신감, 또는 소유욕 등으로 지옥보다 더한 고통을 겪는 이들을 가끔 만나는데 윤리나 도덕의 잣대를 단순하게 들이대기가 어려울 때가 있다.

남편과 오랫동안 갈등이 있던 참에, 옛날 애인을 우연히 만나 남편에게서는 받지 못했던 사랑을 느끼고, 그 때문에 혼란스러워하는 사람이 있다 치자. 이때 "당신은 간음의 죄를 범했습니다"라고 단죄하듯이 말한다면, 치료는커녕 오히려 내담자에게 아픔만 더해줄 것이다. 반대로 질투 많은 아내의 병적이고 끈질긴 의심에 오랫동안 시달린 남편이 오기가 생겨서, "그렇다면 정말 네가 원하는 대로 바람 한 번 나보겠다"라며 다른 여성과 만나서, 아내와는 누리지 못한 따뜻한 사랑의 감정을 느꼈다면 그를 일방적으로 비난할 수 있을까? 이럴 때 단순히 성스러운 혼인 서약을 지키라는 주문을 하면서, 한 사람의 인생을 끝내 희생과 고통의 구렁텅이로 몰아넣을 권리가 과연 정신과 의사인 나 자신은 물론 그 누구에게라도 있을까 하는 의문이 들기도 한다. 그들의 혼외정사를 간음죄로 간주해서 자신 있게 돌을 던질 수 있을 만큼 죄 없다고 나설 수 있는 사람이 과연 우리 중에 있을까.

안정된 농경사회에서는 생활의 변화는 물론 평생 낯선 사람을 만날 기회가 별로 없기에 오로지 한 사람에게 일생 동안 충실할 수 있었겠지만, 생활 변화가 심한 현대 사회에서는 남녀 관계에서도 유혹과 배신이 많을 수밖에 없다. 이럴 때 자신을 속이고 경직된 윤리 의식으로 자연스러운 사랑의 감정을 억누르는 것이 과연 정직한 것일까. 또 자신의 감정이 아무리 강렬해도 남편 또는 아내와의 정절에 대한 약속만 지키면 죽어 버린 결혼 생활을 회생시킬 수 있을까 하는 의문이 들기도 한다.

종교적 교의와 의사로서의 윤리관이 어쩔 수 없이 충돌을 일으킬 때, 의사로서 방향을 찾지 못하는 자신에 대해 무력감과 인간적인 갈등을 느낀다. 이럴 때 나는 의학 교과서와는 다른 독특한 정신적 영감과 방향을 성경에서 찾는다. 신앙이 혼인과 관련하여 복잡하고도 미묘한 갈등을 일으킨다면 어떻게 해야 하는지 나름대로의 기준을 성경 속의 인물 아브라함과 사라 - 이 둘은 하느님의 사람으로 변화되기 이전에는 아브람("너는 더 이상 아브람이라 불리지 않을 것이다. 이제 너의 이름은 아브라함이다. 내가 너를 많은 민족들의 아버지로 만들었기 때문이다." -창세 17,5)과 사라이("너의 아내 사라이를 더 이상 사라이라는 이름으로 부르지 마라. 사라가 그의 이름이다." -창세 17,15)로 불렸다 - 그리고 하가르의 일생에서 찾아보았다.

열국의 아버지

아브라함은 이스라엘 민족 최초의 가부장적 인물이다. 그의 일생은 신화적이지만 현대인의 마음에 닿을 만한 인간적인 여러 일화로 가득하다. 아브라함은 아버지 테라의 세 번째 아들로서 형이 일찍 죽자 그 조카인 롯을 데리고 고향을 떠난다. 조카인 롯과 함께 살다가 이번에는 그 땅이 충분치 않자 롯을 소돔과 고모라 쪽으로 떠나보낸다. 하지만 후에 하느님이 소돔과 고모라를 멸망시키려 할 때 하느님께 "의로운 이들 10명만 있어도 살려 주시지 않겠느냐"고 청하기도 한다. 롯이 아버지를 일찍 여의었기 때문에 일종의 대부 역할을 해 준 셈이다. 그의 이름은 원래 아브람인데 여기에 '더 많다'는 뜻이 들어가 '여러 나라의 아버지'라는 뜻으로 이해할 수 있는 아브라함(Abraham)으로 변했다. 이는 아브라함의 자손이 무수한 전쟁과 재난을 겪게 된다는 일종의 암시처럼 보인다.

아브라함은 노아와 셈(Shem)의 자손이지만 조상과 달리 확실하게 다른 신을 섬기는 것을 멈추었기 때문에 히브리 전승의 첫 번째 가부장적 아버지로 간주된다. 또 가나안 땅에 정착하기까지의 여정은 이스라엘 민족의 기원과도 동일시된다. 아브라함의 존재는 기원전 2000년경 아시리아의 유적과 이슬람 경전인 코란에도 등장한다. 아브라함이 이동한 경로인 스켐, 베텔 동쪽의 산악 지방, 네겝, 요르단의 들판, 헤브론, 브에르 세바, 그라르 등은 소돔과 고모라가 있었던 사해와 큰 바다 사이에 존재하며 지금도 따라갈 수 있는 현실적 공간이다.

그러나 아브라함의 일생은 꽤 많은 부분 신화적 색채를 갖고 있기도 하다. 현대 의학으로는 설명할 수 없는 그의 장수 비밀과 고령의 부인 사라와의 사이에서 아이를 잉태하게 된 사실, 배다른 여동생을 아내로 맞은 점, 하느님을 온전히 믿기 이전 살렘의 임금 멜키체덱(Melchizedek)의 신인 엘 엘리온(El Elyon, 가장 높은 하느님)에게 복종의 서약을 했다는 점, 아들 이사악을 번제의 희생 제물로 바치려 했던 점 등은 역사시대가 아닌 신화시대라는 반증이 된다.

또한 아브라함의 일생은 유대 민족의 선조라고는 믿어지지 않을 만큼 통속 드라마식의 애증과 파란으로 가득하다. 수백 년 동안 살았다는 신화 속의 고대인도 현대인 못지않은 복잡한 사랑의 역정을 겪는다는 점이 재미있다.

아브라함은 미인 아내 사라를 데리고 고향을 떠나 풍요의 땅 이집트로 떠난다. 그러나 기회의 나라로 기대했던 이집트에서 그들의 생활은 힘들기 짝이 없다. 마치 오늘날 세계 어디에서건, 외국인 노동자들의 처지가 그 사회의 가장 밑바닥에 속하게 되는 것처럼 말이다. 아브라함 역시 예외가 아니었고, 급기야 아내를 이용해 비루하게 삶의 기반을 닦는다.

사라의 뛰어난 아름다움은 이집트 임금의 눈에 띄게 되고, 아브라함은 사라가 자신의 여동생이라고 거짓말을 하여 아내를 임금에게 내주고 그 대가로 재산을 불린다.(창세 12,12-16) 그러다 사라와 불륜을 저지른 파라오에게 - 적어도 문맥에서 보면 그렇게 읽힌다 - 하늘에서 재앙이 내리자, 파라오는 아브라함을 불러 사실을 다그친다. 결국 아브라함은 사라와의 혼인 관계를 털어놓고, 사라와 아브라함은 이집트에서 쫓겨나게 된다. 그러나 한때 살았던 정 때문인지 파라오는 그들에게 꽤 많은 재산을 건넸기에 아브라함과 사라는 그것을 들고 고향으로 돌아온다.

이런 과거 때문이었을까. 사라는 나이를 많이 먹도록 자식을 낳지 못한다. 여러 명의 남자와 상대한 경험이 있는 여자는 가임 능력을 잃는 경우가 종종 있다. 성병 등으로 복강 내에 염증이 생겨서 나팔관 등이 막히는 수도 있고, 잦은 유산으로 상처받은 자궁 내벽에 수정된 정자와 난자가 착상하기 힘들어지기도 한다. 또 여러 종류의 정자가 여성의 신체에 들어올 경우 정자 자체에 대한 항체가 생겨서 임신을 방해하기도 한다. 여성의 몸이 남성의 정자에 대해 일종의 거부 반응을 보이는 것이다. 이집트에서 사라의 삶이 구체적으로 어떠했는지 확인할 길이 없지만, 의사의 입장에서 감히 상상력을 동원해 보았다.

가난한 나라의 여성이 부자 나라에 원정까지 가서 몸을 팔거나 혹은 부자 나라에서 온 여행객과 군인을 상대로 성을 상품화하는 것은 아브라함 시절이 지금이나 여전한 현실이다. 오늘날 일본 경제의 부흥은 20세기 초, 러시아와 동남아시아 등지로 원정 가서 화대를 벌어 온 게이샤를 비롯한 여성의 힘에 상당 부분 기인한다고 주장하는 시각도 있다. 우리나라의 경우도 바로 얼마 전까지 기지촌 여성이나 기생 관광 종사자가 벌어들인 외화가 얼마나 많았던가. 태국, 필리핀 등 동남아시아에서는 지금도 윤락 산업으로 꽤 많은 관광 수입을 올리고 있다고 한다.

아이를 낳지 못하는 처지가 된 사라는 집안의 대를 잇고자 이집트에서 데려온 여종 하가르를 남편에게 보내 동침하게끔 배려한다. 그 자신이 이집트에서 파라오의 숨은 정부 노릇을 하였을 텐데, 이제는 이집트 여인을 남편의 첩으로 앉히는 사라의 심리는 무엇인가. 자기를 하찮게 여기고 무시했던 이집트 여인에 대한 분노의 표출이라고 해석해야 할까. 아니면 자기를 비천하게 대우했던 이집트 사람들을 한 가족으로 아우르려는 따뜻한 동기로 보아야 할까. 혹은 이제는 집안의 여주인으로서 자기가 갖고 있는 권력을 시위하는 것일 수도 있다.

그러나 사라의 의도와는 달리 여종 하가르는 자식을 잉태하자 마음이 거만해져서 사라를 무시하려 들고, 이 때문에 분노한 사라는 여종을 사막으로 내쫓는다. 이 대목은 바람둥이 제우스와 그의 여자 친구를 질투하는 헤라의 행각을 연상시킨다. 그래서 사라와 헤라의 전설이 한 뿌리에서 나온 것이 아니겠느냐고 보는 시각도 있다. 비천한 하가르가 아이를 갖게 되자 자신의 주인인 본처 사라를 경멸하는 태도를 보이는 것이나, 그런 여종을 물 한 모금 구할 수 없는 광야로 내쫓는 사라의 질투는 지금도 우리 주위에서 얼마든지 찾을 수 있다.

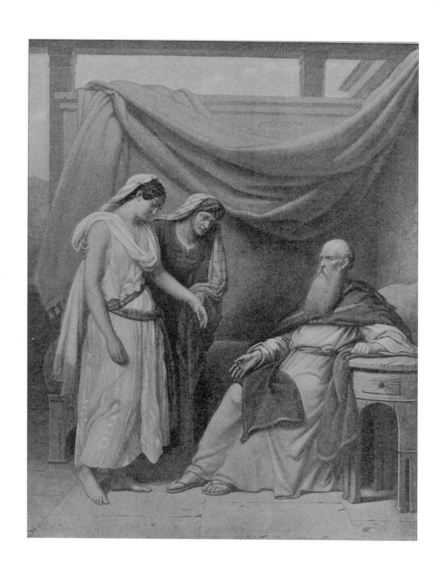

사라가 아브라함에게 여종 하가르와 동침하라고 권하고 있다(by Charles Foster)
〈출처 : (CC)Abraham at en.wikipedia.org〉

과거와는 다른 도덕적 윤리관이 필요하다

아브라함이 아내와 이집트 파라오의 불륜 관계를 묵인 내지는 적극적으로 방조한 일이나, 사라가 남편 아브라함에게 자신의 몸종을 들여보내 아들을 낳게 한 일 등을 경직된 가족 관계에서 오는 갈등에 대한 하나의 대안으로 받아들인다면 지나치게 진보적인 태도일까. 표면적으로는 일부일처제라고 하지만 실제로는 전혀 그렇지 않은 내담자들의 속사정을 자주 접하다 보면 교리와 현실 사이에서 딜레마를 느낄 때가 많다.

십계명 중 탈출기 20장 14절의 "간음해서는 안 된다"라는 구절, 레위기 20장 10절의 "어떤 남자가 한 여자와 간통하면, 곧 간통한 남자와 여자는 사형을 받아야 한다"라는 구절, 또 말라키서 3장 5절의 "나는 심판하러 너희에게 다가가리라. 나는 주술사와 간음하는 자…"라는 구절, 코린토 1서 6장 9-10절의 "불륜을 저지르는 자도 우상 숭배자도 간음하는 자도 남창도 비역하는 자도…하느님의 나라를 차지하지 못합니다"라는 구절을 돌아보면, 당시의 사회상은 이혼이나 혼외정사가 일상화된 요즘의 풍속과 분명 충돌한다.

평범한 현대인의 자유분방한 성의식을 적극적으로 인정하자니 도덕의 타락이 걱정되고, 어쨌건 금지하자는 쪽에 손을 들자니 그 통제의 실효성이 현실적으로 의심스러워, 이것에 대해서는 쉽게 결론을 내릴 수 없을 것 같다. 그러나 조금만 사고의 방향을 돌려 예수님도 바라사이와는 달리 창녀와 같은 이른바 타락한 많은 여성을, 사랑하는 제자들 못지않게 가까이 대하고 옆에 두고 지내셨다는 점을 상기한다면 뜻밖에 해결의 실마리가 쉽게 보일 듯도 싶다. 억압에 반발하는 욕망의 씨는 누구에게나 있고, 또 힘들고 외로울 때 사랑을 갈구하는 것은 인간의 자연스러운 본능이다. 전통 가족의 도덕적 의미와 영향력이 해체되는 지금 같은 시대에는 과거 수천 년의 도덕관념과는 또 다른 윤리 의식이 필요할 듯도 하다.

지금 서구에서는 가톨릭은 물론 개신교 신자까지 급격한 속도로 줄고 있다. 유럽에서 교회는 이제 하나의 관광 명소일 뿐 예전 같은 종교적 영화는 누리지 못하고 있는 것이다. 남아 있는 신자도 대부분 나이 많은 이들이고, 젊은이에게 교회는 거의 외면당하고 있다 해도 과언이 아니다. 낙태와 자위, 이혼, 동성애, 혼외정사, 약물 복용 등을 모두 금하고 죄악시하는 교회 방침도 사람들의 접근을 막는 요소 중 하나일 것이다. 과거의 윤리관으로 볼 때 현대인은 확실히 도덕적으로 타락했고 성적으로 문란하다. 그러나 그 때문에 교회 자체가 사회로부터 고립된다면 결국 평범한 사람을 구원할 기회를 놓치게 될 수도 있다.

지난 수십 년간 어마어마한 속도로 팽창을 거듭했던 한국 교회의 앞날도 그래서 마냥 낙관적으로만 볼 수가 없을 것 같다. 확실히 요즘의 젊은이는 성에 관한 윤리 의식이 개방적인 편이다. 따라서 교회가 순결이나 정조를 지키지 못한 것에 대해 너희는 죄인이니 회개하라는 식의 보수적인 입장을 취한다면, 교회와 신자를 서로 갈라놓는 결과를 초래할 듯도 싶다. 아브라함이 현대에 다시 태어난다면 자신을 어떻게 평가할까. 과연 하느님의 자녀라고 떳떳하게 밝히며 다닐 수 있을까.

신성을 위해 자신이 가장 아끼는 것을 내놓다

아브라함은 인간적인 약점이 많은 인물이다. 아들을 낳기 위해 종을 취한 것 역시 현대인의 눈으로면 보면 그리 존경스럽지는 않다. 여종 하가르를 통해 아들 이스마엘을 얻게 되었는데, 사라에게 거만한 태도를 보였다고 아들과 첩을 브에르 세바 광야로 내쫓는 행위 또한 현대인의 눈으로 보면 매우 비인간적이다. 역병으로 남자도 죽어가는 한계 상황의 공간에서 대를 잇기 위해 또 다른 여자를 취하는 것까지는 가문의 생존이라는 관점에서 보면 합목적적일 수 있다고 쳐도 말이다.

어찌 보면 자기 여자와 아이를 지키는 데도 비겁하고 무책임했던 아브라함이었지만, 아들을 희생 제물로 바치는 장면에서는 무척 용감하다. 하느님의 목소리에 따라 불을 지피는 가장의 모습은 요즘 식으로 보면 엄청난 살인마이자 가정폭력의 가해자일 수 있다. 만약 정말로 하느님이 희생 제물을 요구했다면, 아들을 바치느니 내가 제물이 되겠다고 하는 게 더 부모다운 모습이 아닐까. 자식이 먼저 가느니 차라리 내가 세상을 떠나고 싶다는 게 부모 마음이기 때문이다.

하지만 아브라함은 하가르와 이스마엘이 사막으로 내쳐질 때 방관했듯이 아들 이사악을 제물로 삼을 때도 차라리 내가 불 위에 올라가겠다고 하느님께 요청하지 않았다. 어쩌면 그래서 아브라함이 부족하고 이기적이며 비겁한 우리 인류의 조상에 걸 맞는 게 아닐까도 싶다. 아이들이 보는 위인전 속의 영웅은 그야말로 멋지고 완벽한 슈퍼 히어로지만, 실제 세계에서 만나는 영웅은 사실 얼마나 흠집과 허점이 많은가. 도덕적으로나 능력 면으로나 영웅은 절대로 어

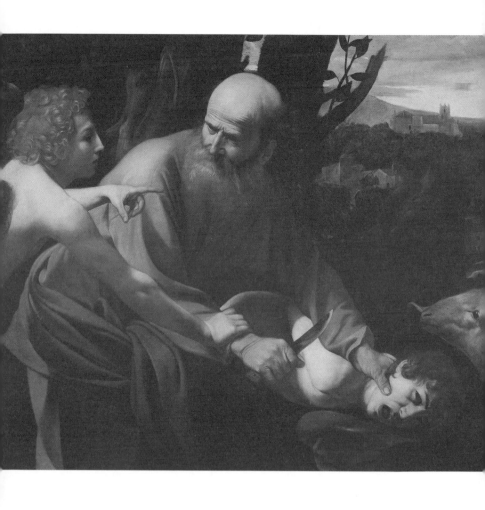

아들 이사악을 하느님께 제물로 바치고 있는 아브라함(by Caravaggio)

〈출처 : (CC)Abraham at en.wikipedia.org〉

떤 실수나 실패도 하지 말아야 된다고 믿고 따른다면 영웅에 대한 신격화일 뿐이다.

아브라함이 아들을 불태워 희생 제물로 삼는 장면은 물론 단순히 가족 내 사건은 아니다. 관중과 포숙의 이야기로 유명한 제나라 시대에 역아라는 요리사는 자신의 아이를 삶아 주군에 바쳤다. 하지만 역아의 의도는 하느님이라는 보다 큰 사랑을 위해 자식을 희생한 아브라함의 선택과는 완전히 다르다. 아브라함은 역아처럼 출세와 영달을 위해 죄 없는 아이를 바친 것이 아니기 때문이다.

자식을 희생한 신화는 다른 곳에서도 비슷하게 찾을 수 있다. 에밀레종을 만들기 위해 아이를 바쳤는데, 나중에 보니 아이가 아니라 산삼이더라 하는 유형의 신화들이다. 하지만 아브라함은 세속적인 어떤 목적을 위해 아이를 바친 것이 아니라 더 큰 신성함을 위해 가장 사랑하는 무언가를 희생해야 한다는 일종의 정언명령에 답한 것이다.

아들 이사악에 대한 사랑이 아브라함이라는 개인의 본능적 사랑이라면, 하느님에 대한 사랑과 헌신은 이스라엘 민족, 더 나아가 인류에게 던지는 중요한 메시지다. 가장 사랑하는 아들을 희생하려 한 대목은 신약 시대에 와서 사랑하는 아들 예수님이 아버지와 인류에 대한 사랑과 의무를 다하기 위해 십자가에 매달리게 된 사건과 조응하기 때문이다. 물론 아브라함이 아들을 희생하는 것과 하느님께서 예수님을 희생 제물로 삼게 하는 것은 그 차원이 다르지만 하느님의 뜻을 제대로 알길 없는 인간으로서는, 아브라함과 이사악의 사건을 보면서 예수님께서 십자가에 매달릴 때의 상황을 상상하고 유추해 볼 수밖에 없다.

나는 무엇을 희생할 수 있을까?

아브라함이 한 집안의 막내아들로 태어나 조카와 그 일가를 끝까지 보호하고 책임지려 했던 태도, 아내를 지키기 위해 파라오라는 어마어마한 권력 앞에 초라하게 스스로의 모습을 숨겨야 했던 굴욕적 상황, 바랐던 자식인 이스마엘을 첩이자 종인 하가르를 통해 얻었지만 가정의 평화를 위해 포기해야 했던 딜레마, 또 다른 아들이자 적장자인 이사악을 하느님의 뜻에 따라 포기하려 했던 극한적인 선택은 현대의 우리에게도 되풀이해서 일어날 수 있다.

쉽게 풀어 보자. 한국의 많은 지도자가 도덕적으로 문제를 일으킬 때 보면 거의 친지나 가족이 그 원인을 제공하는 경우가 많다. 공직자 생활을 오래 하느라 고생한 아내와 자녀를 위해 뇌물이나 특혜를 받았다고 변명하는 경우, 부모 형제인데 어쩌겠냐면서 슬쩍 부패를 덮게 되는 경우. 집안과 가문을 위해 국가를 팔아먹기까지 하는 경우 등 대부분의 지도자가 주변을 위하느라 거꾸러지게 된다.

이럴 때, 아브라함이 자식을 희생할 수밖에 없었던 상황을 깊이 묵상해 본다면 어떨까. 안중근 의사의 어머니는 이토 히로부미를 죽이고 감옥에 갇힌 안중근 의사에게 "항소하지 말고 그냥 죽으라"는 편지를 쓴다. 안중근 의사의 가문은 안 의사의 동생들과 살아 있는 안 의사의 자식과 조카들이 알아서 할 테니 너는 대의를 위해 선택한 의거를 장엄하고 존엄하게 마무리하라는 주문이었다. 어쩌면 안 의사의 어머니가 이 시대 어떤 지도자보다 아브라함의 모습에 훨씬 더 가까운 게 아닐까. 안중근 의사의 어머니는 부모보다 먼저 죽는 것을 절대로 불효라 생각하지 말고, 나라를 위해 먼저 가는 것을 영광으로 생각하라며 당부하는 피눈물 어린 편지를 썼다. 아브라함 역시 조카 롯, 아들 이스마엘과 이사악에게 벌어진 운명 앞에 피눈물을 흘렸을 것이다. 그의 피눈물을 닦아 주고 아브라함을 일으킨 존재가 하느님이고, 하느님에 대한 사랑이 바로 아브람을 아브라함으로 만든 것이다.

그렇다면 우리 시대 아브라함과 비슷하게 보다 큰 대의를 위해 자신과 자신의 가족, 자신의 친구와 가까운 정치적 동지, 자신의 고향 사람을 기꺼이 희생할 만한 진짜 큰 지도자는 누구인가? 또 나는 얼마나 나의 이기심을 희생하고 보다 더 큰 완덕을 위해 기꺼이 무엇을 희생하려 하는가? 죽을 때까지 나 자신을 부끄럽게 만드는 어려운 질문이 아닐 수 없다.

분노를
사랑으로 바꾼
큰사람 요셉

꿈을 정확하게 분석할 줄 아는 요셉은 앞날을 예측할 수 있는 직관력뿐 아니라 정직과 성실이라는 덕목을 두루 갖추고 있었기에 모든 유혹과 어려움을 이기고 큰 인물이 될 수 있었다. 하지만 요셉의 더 큰 미덕은 자신을 죽이려다가 팔아넘긴 형제들을 용서하고 품어 안은 데 있다. 요셉은 자기의 원수인 형제들을 거두어 먹였을 뿐 아니라 눈물을 흘리며 감싸는 애틋한 사랑을 보여주어 그들을 감화시킨다. 인간의 선택과 하느님의 선택이 그 얼마나 다른지 여실히 보여주는 대목이다.

꿈으로 시작된 인생역정

창세기 30장에서 50장까지 등장하는 요셉은 성경 속의 여러 영웅적 인물 중에서도 가장 빼어난 매력을 지니고 있는 사람이다. 아버지 야곱이 한눈에 반해 14년의 고행을 자청했을 정도로 미인인 라헬을 어머니로 둔 자식이라 그런지 외모도 출중하다. 또 그는 어머니가 오랜 불임 기간을 거쳐 어렵게 얻은 자식이기 때문에 아버지에게 특별한 사랑을 받는데, 바로 이 때문에 형들에게 질시를 받아 살해당할 위험에 처한다. 그 후 노예로 팔려가 고향을 떠나야 했지만 타향인 이집트에서 입지전적인 인물로 성공하였고, 흉년에 이르러 가족과 고향 사람을 포함해 온 세상 사람을 기근에서 구하는 그의 일생을 다시 읽노라면, 요즘 시대에는 왜 요셉 같은 인물이 나오지 않는가 하는 안타까움이 든다.

그러나 그도 처음부터 완벽하고 성숙했던 것은 아니다. 세상을 구할 지혜와 통찰을 지니기 위해 극복해야 할 장애는 결코 만만치 않았다. 우선 철없는 열일곱 살의 치기로 자신이 앞으로 얼마나 큰 인물이 될 것인지 예언하는 꿈을 털어놓아 형들에게 미움 받는 대목부터 보자. 말하자면 '천기누설'로 인한 혹독한 시련이다.

꿈속에서 요셉의 형제들은 밭에서 곡식 단을 묶고 있다. 한데 요셉이 묶은 단이 우뚝 일어서자 형들이 묶은 단이 둘러서서 요셉이 묶은 단에게 절을 한다. 또 해와 달과 별 열하나가 요셉에게 절을 하는 꿈은 형들뿐 아니라 아버지에게서도 꾸지람을 들을 정도로 불경해 보인다.(창세 37,6-11) 형들은 눈엣가시 같은 요셉을 죽일 음모를 꾸미지만, 르우벤의 만류로 요셉은 죽음을 면하는 대신 미디안 상인

에게 넘겨져 이집트인에게 노예로 팔리는 신세가 된다. 화려한 장신구를 단 옷을 입을 정도로 과잉보호를 받던 귀한 집 자제가 하루아침에 남의 집 노예로 전락하고 마는 순간이다.

그러나 명민한 요셉은 거기서 좌절하지 않고 노력하여 곧 주위의 신뢰를 얻고 주인의 모든 재산을 관리하게 된다. 그런데 워낙 미남인 요셉을 주인의 아내가 유혹한다. 그런 유혹을 뿌리친 요셉에게 앙심을 품은 여자 때문에 결국 요셉은 곤경에 빠져 감옥에 갇히는 죄수가 된다. 그러나 요셉은 여기서도 자포자기하지 않고 하는 일마다 최선을 다해 간수장의 눈에 들게 되고, 간수장은 마침내 감옥의 모든 일을 그에게 맡긴다(마치 영화 〈쇼생크 탈출〉의 주인공처럼 어떤 상황에서도 희망을 포기하지 않는 것이다).

그러던 어느 날 이집트 임금에게 술잔을 드리는 헌작 시종장과 빵을 구워 올리는 제빵 시종장이 죄를 짓고 요셉이 있는 감옥에 갇힌다. 이 두 사람은 기이한 꿈을 거의 동시에 꾸고 요셉은 이를 해몽해 앞날을 정확히 예언해 준다. 요셉의 말대로 헌작 시종장은 복권되어 다시 파라오 곁으로 가고, 제빵 시종장은 사형을 당한다. 하지만 임금 곁으로 돌아간 헌작 시종장은 요셉의 존재를 까마득하게 잊는다.

2년의 세월이 또 흐른 후, 이집트의 파라오가 이상한 꿈을 꾸고 이 때문에 매우 심란해한다. 못생기고 여윈 암소 일곱 마리가 살진 암소 일곱 마리를 잡아먹고, 바싹 마른 이삭이 잘 여문 일곱 이삭을 삼켜 버리는 내용이다. 파라오는 이를 해몽해 줄 사람을 여기저기 수소문하는데, 앞서 감옥에 갇혔던 헌작 시종장이 자기 꿈을 신통하게 해석해 준 요셉을 기억해 내 감옥에서 그를 불러낸다. 요셉은 그 내용을 듣자마자 앞으로 일곱 해 동안 이집트에 대풍이 들지만 다시 일곱 해 동안 흉년이 계속될 것이라고 예언한다. 그리고 풍년 기간 동안 흉년이 올 것을 대비해야 한다고 파라오에게 충고한다. 파라오는 그의 제안을 받아들인다. 그리고 현명한 요셉을 자신의 수하에 두어 나라의 모든 것을 맡기고, 풍년 동안 곡식을 비축하게 한다.

요셉의 예측대로 7년간의 풍년이 지나자 정말로 7년간의 흉년이 찾아오고, 이를 미리 알고 준비한 이집트의 비축 식량을 구하기 위해 온 세상 사람이 이집트로 몰려든다. 고향 가나안에 있던 야곱의 아들들 역시 이집트로 찾아와 식량을 구하기 위해 요셉을 찾는다.

요셉은 이들을 만나지만 자신의 진짜 모습을 처음부터 드러내지는 않는다. 대신 첩자의 임무를 띠고 이집트로 찾아온 것이 아니냐고 다그친 후, 친동생인 벤야민을 데려오게 하려고 그들 중 하나를 인질로 삼은 뒤에 돌려보낸다. 형들이 벤야민을 데리고 온 후에도 요셉은 벤야민의 자루에 은잔을 몰래 넣어 도둑 누명을 씌워서, 형들을 곤경에 빠뜨리며 자신들의 잘못을 충분히 반성하게 한다. 요셉은 그런 후에야 형들에게 자기의 정체를 알리고 아버지 야곱까지 이집트로 불러 모든 가족을 기근에서 구한다.

그 후 아버지 야곱이 죽자 요셉의 형들은 혹여 앙갚음을 당할까 두려워하며 형들을 용서하라는 아버지의 유언을 요셉에게 조심스레 전한다. 요셉은 그 말을 들은 후 "형님들은 나에게 악을 꾸몄지만, 하느님께서는 그것을 선으로 바꾸셨습니다. 그것은 오늘 그분께서 이루신 것처럼, 큰 백성을 살리시려는 것이었습니다. 그러니 이제 두려워하지들 마십시오. 내가 여러분과 여러분의 아이들을 부양하겠습니다"(창세

50,20-21)라고 오히려 그들을 위로하며 가족을 품에 안는다.

인간의 선택과 하느님의 선택

한 사람의 순진한 미소년이 곤경을 극복하고 큰사람으로 성장하게 되는 줄거리는 이스라엘뿐 아니라 다른 여러 나라의 민담에서도 공통적으로 찾을 수 있다. 학대를 받던 천덕꾸러기가 세상에 나가 자신의 실력과 주위의 도움으로 성공하는 내용은 우리 민담에도 많이 채록되어 있다. 머슴살이를 하다 중국 천자가 된다는 경기도 연천 지방의 이야기, 부잣집 딸이 머슴과 눈이 맞아 아버지에게 내쫓기지만 그 머슴에게 글공부를 시켜 장원급제해서 양주 목사가 되게 하였다는 이야기, 부모를 여의고 숙모의 학대를 받으며 지내던 소년이 집을 나온 후 호랑이의 도움으로 큰 벼슬을 하게 된다는 강원도의 민담 등은 요셉의 성공 신화와 비슷한 원형을 공유한다.

또 요셉이 여성에게 유혹을 당하고 억울한 일을 당했지만, 결국이를 극복하는 장면은 사실 신화시대 이후 많은 영웅이 여성에게 유혹당하다 곤경에 빠지는 모티프로 되풀이된다. 신화 연구의 대가 조지프 캠벨은 오이디푸스 신화도 어머니인 왕비의 아름다움에 끌려 결혼했다는 점에서 여성을 유혹자로 설정한 아형이고, 이집트의 테베 지방에 있던 성인 안토니우스도 여성 마귀가 등장해 관능적으로 유혹당하는 환각을 겪었다고 적는다.[8] 그러나 이런 영웅 신화를 보

---

8)   조지프 캠벨 지음, 이윤기 옮김(1999), 『천의 얼굴을 가진 영웅(The Hero with a Thousand Faces)』, 서울, 민음사, 161~166쪽

고 문자 그대로 남성은 영웅, 여성은 팜므 파탈 같은 도식으로 이해하는 것은 신화 읽는 재미를 줍게 한다. 이미 잘 알려진 분석심리학적 관점으로 보자면, 요셉을 유혹한 여왕은 남성의 무의식에 있는 파괴적인 여성성인 아니마로 이해할 수도 있고, 반대로 요셉을 여성 무의식에 있는 영웅적인 남성성으로 이해할 수도 있기 때문이다.

다른 분석심리학적 관점으로 보아도 의미 있는 것은 요셉의 인생이 바뀔 때마다 중요한 계기와 플롯으로 작용하는 요셉과 등장인물들의 꿈이다. 성경에는 여러 종류의 꿈이 나오지만 특히 요셉과 다니엘서의 꿈이 가장 유명하다(아무런 준비 지식 없이 하느님의 도움으로 꿈을 해석한 요셉에 비해, 다니엘은 아예 꿈 해몽을 전문적으로 해주는 예언자다).

원시시대부터 꿈은 신 또는 신성한 힘과 통하는 신비로운 길로 생각되어 왔다. 그래서 어떤 원시인들은 꿈속에 나온 내용을 곧이곧대로 믿어 꿈속의 일을 갖고 싸움을 벌이기도 했다. 우리나라에서도 전통적으로 해몽의 지혜는 점쟁이나 무당뿐 아니라 학식 있는 지식인들이 가지고 있는 것으로 간주되어 왔다. 현대에 들어와서는 원시시대 샤먼이 하던 치병과 예언 등의 역할을 담당하는 정신과 의사가 무의식으로 가는 통로인 꿈을 해석하여 앞날을 예측하고 설계하게 도와준다.

꿈은 과학주의에 빠진 현대인에게는 얼핏 지리멸렬하고 무의미해 보인다. 우리가 흔히 개꿈이라고 웃어넘기는 까닭이다. 합리적인 관점으로는 받아들이지 못하는 본능, 예측할 수 없는 감정, 파괴적인 폭력성, 금기를 뛰어넘는 비문화적 테마 들이 가득하기 때문이다. 하지만 이런 꿈속에 내재되어 있는 상징적 코드를 잘 더듬어 가다 보면 무의식에 있는 여러 가지 정신의 보고를 발견하게 된다. 분석심리학자가 내담자에게 꼭 꿈을 들고 오라고 청하는 이유다. 꿈은 의식 수준에 사로잡혀 있는 사람이 무의식에 들어가 있는 자기를 발견할 수 있고 숨은 능력을 찾아낼 수 있는 보고란 뜻이다. 그러나 어설프고 설익은 지식으로 꿈을 잘못 분석하다 보면 오히려 엉뚱한 길로 들어설 수도 있기 때문에 주의해야 한다.

분석심리학자는 아니지만 꿈을 직관적으로 이해할 수 있었던 탁월한 요셉은 앞날을 예측할 수 있는 직관력뿐 아니라 정직과 성실이라는 덕목을 두루 갖추고 있었기에 모든 유혹과 어려움을 이기고 큰 인물이 될 수 있었다. 하지만 요셉의 더 큰 미덕은 자신을 죽이려다가 팔아넘긴 형제들을 용서하고 품은 데 있다. 평범한 소인배 같으면 완전히 입장이 바뀌어 자신의 처분만 기다리는 형들 앞에 으스대며 앙갚음을 했을 것이다. 생각해 보라. 형들만 아니었으면 노예나 지하 감방 같은 것은 상상도 못했을 편한 생활을 하지 않았겠는가. 몬테크리스토 백작이나 할리우드 영화의 주인공이라면 그 눈물의 세월 동안 무수히 칼을 갈아 무자비한 복수의 길로 나섰을 것이다. 하지만 요셉은 정반대의 선택으로 자기의 원수인 형제들을 거두어 먹였을 뿐 아니라 눈물을 흘리며 감싸는 애틋한 사랑을 보여주어 그들을 감화시킨다. 인간의 선택과 하느님의 선택이 그 얼마나 다른지!

성경에서 요셉의 일생을 다시 읽다 보면, 시련과 고통 그리고 용서가 하느님의 사랑과 섭리를 깨닫게 하는 가장 좋은 기회라는 것을 알게 될지도 모르겠다. 좁은 소견에 갇혀 작은 손해에 연연해하며 별것 아닌 서운함에도 펄펄 뛰는 작디작은 그릇의 나 자신을 깊이 반성하게 만드는 큰 사람 요셉, 그는 각박한 현대인에게 특히 귀감이 되는 따뜻하고 멋있는 인물이다.

예수님의 탄생과 독립을 연상시키는 영웅담

요셉의 이야기는 전형적인 영웅담의 요소를 갖추고 있다. 지위가 불안정한 어머니 밑에서 태어나 시기하는 이복형제들의 함정에 빠지고 고향을 등지는 장면은 전 세계에서 비슷한 신화의 모습으로 전해진다. 우리나라에도 '주몽', '온조와 비류', '반쪽이 이야기' 등이 있다. 안데르센 동화의 '미운 오리 새끼', 민담 '장화 신은 고양이' 역시 형제들의 시기와 견제로 고아로 세상으로 나아가는 플롯이다.

요셉의 역경은 예수님의 탄생과 고초 그리고 부활을 미리 준비해 주는 구약의 플롯으로 이해할 수 있다. 요셉이 부모와 헤어지는 시점은 후에 예수님이 열두 살이 될 때 홀로 성전에 남아 학자들과 지내면서 부모로부터의 독립을 선언하는 사건을 연상시킨다. 요셉은 자신의 운명에 대한 각성이 아직 형성되지 않은 채 부모와 헤어지게 되었지만, 예수님께서는 부모의 걱정을 오히려 의아하게 생각한다. "저는 제 아버지의 집에 있어야 하는 줄을 모르셨습니까?"(루카 2,49)라고 반문한다. 예수님이 벌써부터 세속의 부모로부터 독립되어 하늘나라의 아버지와 만나고 있다는 사실을 당시 예수님의 가족은 알지 못했다. 고향을 떠난 요셉이 겪는 고초는 "예언자는 어디에서나 존경받지만 고향과 친척과 집안에서만은 존경받지 못한다"(마르 6,4)는 예수님의 상황과 연결된다. 요셉이 자신을 죽음의 위협에 몰아간 형제들을 용서한 장면은 신약 시대에 이르러 예수님께서 자신

요셉과 그의 형제들(by Willem de Poorter)
〈출처 : (CC)Willem de Poorter at commons.wikimedia.org〉

을 판 유다나 자신을 모른다고 부정하는 베드로를 배제하지 않은 채 제자들을 모두 축복하고 자신의 피와 살을 받아 마시라고 한 대목에서 완성된다. 진정한 지도자는 자신을 모함하는 정적, 자신의 의견에 사사건건 반대하는 잔소리꾼들, 자신의 진정성을 몰라주는 이들까지 아울러야 참으로 지도자다워진다.

예수님께서는 부활하신 후 다시 제자들을 만나 축복해 주셨고, 요셉은 살아 있으면서 가족과 해후해 다시 가족을 복원한다. 요셉을 죽인 벌을 받고 있다고 자기들끼리 떠들 때, 또 자신의 정체를 밝히고 이집트로 돌아온 형들과 해후했을 때 요셉이 몰래 우는 장면은 특히 영혼 없이 한풀이 할 생각만 하는 요즘의 지도자에게 보여주고 싶은 대목이다.

지위가 올라가고 힘이 커질수록 본래 가졌던 따뜻한 공감 능력은 사라지고 권력욕의 화신이 되어 피도 눈물도 없는 독재자로 변하는 경우가 많다. 자신의 성취에 도취되어 자신보다 낮은 위치에 있는 이들을 무시한다. 훌륭한 능력을 발휘할 수 있는 유전자를 물려받고, 괜찮은 교육도 받았고, 자질을 발휘할 수 있는 일을 하게 된 것 모두 운이 없다면 불가능한 일이다. 그럼에도 자신의 성취가 오로지 자신의 능력 때문이라며 몇 백배 보상받아야 한다고 믿는다. 끊임없이 파벌을 만들고, 원한 갚을 궁리와 이익만 계산한다. 진정으로 훌륭한 지도자라면 개인적인 편견에 사로잡혀 사람들 사이를 갈라 증오를 조장하지는 않을 것이다. 적과 원수를 용서하고 사랑을 실천하는 요셉 같은 지도자 상이 절실하게 필요한 시기다.

자신의
한계를 받아들인
모세

나는 모세라는 인물에서 우리 주위에서 흔히 볼 수 있는 가장, 기업체의 경영자 같은 평범한 이들을 떠올린다. 젊어서는 불의를 참지 못했던 열혈 청년이 중년에 이르러서는 재물을 모으며 현실에 적응하고, 때로는 자기 자신의 소명을 부정한 채 엉뚱한 방향으로 나아가며, 또 일정 위치에 오르면 자잘한 모든 일도 나만이 할 수 있다는 식으로 독선과 아집에 사로잡힌 생활을 하고, 목표를 향해서 끊임없이 자신을 채찍질하지만 끝까지 다다랐다는 성취감을 끝내 맛보지 못하고 삶을 마쳐야 하는 모세 같은 인생은 우리 주위에서도 얼마든지 만날 수 있다.

주위에 거름이 되었던 모세의 삶

20년 전, 건강하던 아버지가 갑자기 쓰러진 후 딱 3주일 만에 의식을 되찾지 못하고 돌아가셨다. 평소 매우 건강했던 데다가 외국을 자주 다녔던 분이기 때문에, 한동안은 아버지가 어디 잠깐 나들이를 간 것만 같은 느낌이었다. 3주일 동안 중환자실에서 혼수상태에 빠져 있던 아버지는 눈길 한 번 주지 못하고 떠나셨지만, 그 기간만큼 아버지에 대해 깊이 생각하고 사랑했던 적이 없는 것 같다.

비교적 아버지는 내게 속마음을 많이 털어놓는 편이었고, 성격도 나와 많이 닮아서 그저 술 한 잔 앞에 놓고 몇 마디 건네기만 해도 마음이 통하는 것을 느낄 수 있었다. 아버지가 훌쩍 떠나고 나니 가장 친한 친구와 든든한 배경과 스승을 한꺼번에 잃어버린 듯 애통했다. 그러나 그 와중에 받은 여러 사람의 위로와 따뜻한 사랑은 흔들리는 내게 정말로 큰 힘이 되었다. 아버지가 쓰러진 후 장례를 치를 때까지 평소 존경하고 따르던 신부님, 수녀님 들이 우리 가족을 찾아 도움의 말씀을 나누어 주고 기도해 주었는데, 그분들이 한 번 다녀갈 때마다 상처받아 지옥에 빠진 듯한 마음이 놀랍게 치유되는 것을 체험할 수 있었다. 못난 제자를 위해 장례식장에 찾아온 은사에게 "정말 이럴 때는 의학보다는 종교가 큰 도움이 되는 것 같습니다"라고 말씀드렸더니 그분도 진심으로 동감해 주었다.

평소에도 고통스럽고 어려울 때는 성경을 찾는 습관이 있는데, 중환자 대기실과 장례식장에서 무심히 펼쳤던 부분이 그때의 내 상황과 꼭 들어맞아 무척 감사했다. 사경을 헤매는 아버지를 위해 기도할 때는 코린토1서 15장 35-58절이 눈에 띄었다. "…썩는 것은 썩지 않는 것을 물려받지 못합니다. … 나팔이 울리면 죽은 이들이 썩지 않는 몸으로 되살아나고 우리는 변화할 것입니다.…"라는 구절은 정말 큰 위안이 되었다.

또 염습(殮襲)을 하고 난 후 퉁퉁 부은 눈으로 성경을 들자 마르코복음 15장이 우연히 펼쳐져서, 예수님이 돌아가시고 부활하시어 승천하시는 16장까지의 구절을 읽으며 비탄에 잠긴 마음을 가라앉힐 수 있었다. 예수님의 죽음 앞에 비통해하는 여자들, 시체를 내려 베로 싼 뒤 바위를 파서 만든 무덤에 모신 다음 큰 돌을 굴려 무덤 입구를 막아 놓는 구절, 흰 옷을 입은 젊은이의 모습을 보고 놀라는 대목 등이 마치 현실인 듯 다가와, 예수님의 죽음을 쉽게 이해할 수 있었다. 수십 번도 더 신약성경을 읽었지만 그토록 생생하게 구절구절들을 절감했던 적은 이제껏 없었던 것 같다.

아버지를 잃고 큰 슬픔에 잠겨 있던 중에, 구약성경에서 모세가 등장하는 부분을 죽 읽어 보았는데, 이번에는 아버지의 인생을 그 속에서 다시 발견할 수 있게 되어 또 한 번 놀라지 않을 수 없었다. '모세' 하면 언뜻 영화 〈십계〉에 나오는 낭만적이고도 멋있는 찰톤 헤스톤을 흔히 떠올릴지 모르지만, 실제 성경 속의 모세는 그런 이미지와는 참 다르다. 모세의 이야기는 분명 하나의 '영웅담'의 구성을 지니고 있지만, 그의 삶은 여타의 고대 소설이나 신화에 나오는 영웅의 일생과는 여러 가지 면에서 차이가 있다. 이를 테면, 우선 그의 인생의 여러 비밀이 성스럽게 윤색되기는커녕 오히려 모세라는 한 결점 많은 인간에 대해 냉정하고도 객관적인 서술이 이어진다는 점을 들 수 있다.

: 어린 시절 버려진 모세는 이집트 공주에게 발견돼 성인이 될 때까지 자신의 정체성을
: 모르고 자란다 (by Nicolas Poussin) 〈출처 : (CC)Moses at en.wikipedia.org〉

가시밭길 속에서 성장한 영웅

할리우드 영화 속 모세는 전형적 영웅이다. 이스라엘의 사내아이가 모두 살해당하는 와중에 작은 왕골상자 속에 담겨져 강에 버려지고, 이를 발견한 이집트의 공주가 키워 주는 전형적 영웅담의 시작부터 동족이 억울하게 죽는 장면을 보고 이집트인을 응징하기 위해 살인을 저지르는 전사의 풍모, 왕궁을 떠나 가시밭길을 걷는 대목 모두 영웅 모티프다. 수줍고 어눌한 성격을 극복하고 한 민족의 지도자가 되고, 절대 강자인 이집트와 맞서 아홉 개의 재앙을 내리고 이스라엘 민족을 해방시키며, 40년 동안 거친 광야의 시간을 견디게 한 민중을 마침내 고향에 돌아가게 하지만 본인은 끝내 고향에 잠들지 못하는 장면 역시 대하 드라마의 주인공이라 할 만하다.

당시 이집트는 여러 민족이 모여 사는 국제 사회였고, 이집트의 델타 지역은 주변의 다른 척박한 지역에 비해 높은 생산성을 지닌 비옥한 땅이었다. 이집트인은 자기의 부를 유지하고자 값싼 노동력이 필요했을 것이고, 히브리인은 바로 그 필요를 충족시켜 주는 육체 노동자였다. 사회의 하층 계급을 차지하는 대부분의 사람이 그렇듯이 그들도 열심히 일하고 자손을 불려 마침내는 이집트 본국인의 숫자를 능가하게 되었고, 이에 위기감을 느낀 이집트인은 민족 말살 정책을 써서 모세와 같은 사내아이는 모두 살해하기로 하고, 이를 법제화한다.

모세는 자신의 출신과 성장 과정을 알게 되면서 자신의 정체성에 대해 위기를 겪고 깊은 분노를 느낀다. 그 와중에 자기 동족이 이집트인에게 박해받는 것을 보고 격분한 나머지 살인을 저지르는 성급

함을 보이기도 한다(후에 모세가 받은 십계명 중에 "살인해서는 안 된다"라는 구절은 그래서 또 다른 감회를 준다. 그 말을 다른 사람들에게 건넬 때마다 모세는 자기의 과거와 얼마나 많은 갈등을 겪었을까). 다른 열렬한 젊은 테러리스트들과 마찬가지로 모세도 그런 큰 사건을 저지른 후 몸을 피해 한 사람의 평범한 생활인으로 돌아간다. 지역 사회에서 비교적 존경받는 사람의 사위가 되어 아마 열심히 재산도 모으고 평범하게 가정도 일구어 나갔을 것이다. 그런 모세가 중년이 되면서 또 한 번 인생에 큰 전환점을 맞는다. 우연히 하느님의 목소리와 존재를 영접하면서 하느님으로부터 동족을 구하라는 큰 사명을 부여받게 되는 것이다. 이 대목은 바오로의 회심 체험, 개신교의 창시자 루터의 천둥 체험 등을 연상시킨다.

성경에서는 짧게 언급되어 있지만, 모세가 외부 상황 때문에 친부모와 헤어지는 대목에서 평범한 사람은 많은 교훈을 얻을 수 있다. 이른바 수저 계급론으로 묘사되는 타락한 상황이 부끄러움 없이 범람하는 한국 현실에서는 특히 그렇다. 아이의 성장에 필요한 따뜻한 사랑과 돌봄보다는 부모의 물질적 풍요가 부모와 자식의 행복 조건으로 부각되고 있다는 것은 그만큼 사회가 병들었다는 뜻이다.

모세가 억압받는 민족의 억울한 상황을 바로잡기 위해 살인자가 되고, 또 자신의 그런 과거를 잊지 않고 실수로 살인한 사람들이 피할 수 있는 성을 마련해 주는 것(신명 19,1-13; 민수 35,9-34)은 독립 운동이나 민주화 운동에 목숨을 바친 수많은 선열들과 전쟁터에서 나라를 지킨 참전용사를 떠올리게 하는 부분이다. 이처럼 부모와의 분리와 독립을 완성한 후 다시 부모로 상징되는 전통과 뿌리를 찾고 자신의 정체성을 만들어 가는 과정은 심리적 성장에 꼭 필요하다. 어려운 시절, 혹은 자신의 어두운 그림자를 잊거나 부정하지 않고 잘 돌보는 태도 역시 참 자기를 찾아나가는 한 사람의 개성화 과정 (Individuation Process)으로 볼 수 있다.

소심한 인간에서 민족의 지도자로

하느님이 모세에게 이집트에서 고통 받고 있는 이스라엘 백성을 이끌고 '젖과 꿀이 흐르는 땅 가나안'으로 가라고 했을 때 겁 많고 소심한 모세는 "제가 무엇이라고 감히 파라오에게 가서, 이스라엘 자손들을 이집트에서 이끌어 낼 수 있겠습니까?" 하며 이를 거부하고 본다.(탈출 3,7-12) 그리고 "저는 말솜씨가 없는 사람입니다. 어제도 그제도 그러하였고, 주님께서 이 종에게 말씀하시는 지금도 그러합니다. 저는 입도 무디고 혀도 무딥니다"(탈출 4,10)라면서 자신은 말도 매끈하게 잘하지 못하는데다가 지도자로서의 자질이나 지혜를 지니고 있지 못하다는 핑계를 댄다. 이에 하느님은 형 아론을 그의 대변인으로 삼아주시며, 당신의 부름에 따를 것을 다시 명하신다. 그 후 오랫동안, 여전히 멈칫멈칫하는 모세로 하여금 그의 소명을 완성하게끔 도와주는 사람은 그의 형인 아론과 그의 누이이자 예언자인 미르얌이다.

40년 동안 광야에서 방황하는 유대 민족을 이끈 정치 및 종교 지도자 모세는 이처럼 한때는 지도자로서의 역할을 제대로 수행하지 못했다. 큰 영도자로서 전체적인 방향 제시를 하기보다는 동족 사이에서 싸움이 날 때마다 일일이 다 판결을 내리는 등 작은 일에 집착

하느라 정말로 큰 임무를 소홀히 한 것이다. 이때도 역시 모세는 현명한 장인의 도움을 받아 곧 잘못을 바로잡고 큰 영도자로서 성장하지만 말년에는 하느님이 약속하신 땅 가나안을 바로 눈앞에 두고 삶을 마감하고 만다.

모세가 유대인을 해방시켜야 한다는 자신의 소명을 파라오가 무시하고 받아 주지 않으면 어떡하냐고 하느님께 묻는 대목은 매우 의미심장하다. 자신 없고 의심 많은 소심남, 모세를 상상해 보자. 이런 모세에게 하느님이 먼저 보여주시는 기적은 의미가 있다. 모세가 짚고 있는 지팡이를 뱀으로 바꾸는 부분, 손을 품에 넣었다 꺼내 보니 문둥병에 걸리고, 다시 품에 넣었다 꺼내 보니 말끔해지는 장면, 또 나일 강의 물을 마른 땅에 부으니 피가 되는 장면을 보자. 언뜻 수수께끼 같지만 심리적으로 이해할 수 있다.

우선 지팡이는 다리를 절거나 힘들게 산을 올라갈 때 필요한 도구인데 왜 하필이면 뱀으로 변할까. 뱀은 당시 중근동 지방에선 벗긴 껍질을 제사 등에 쓰며 죽음과 재생 부활의 상징으로 이해가 되었다. 모세가 자신에게 느끼는 부적절감, 열등감 등을 벗고 새롭게 지도자로 다시 태어나라는 하느님의 메시지다.

손을 품에 넣으니 문둥병이 되는 대목도 의미하는 바가 있다. 무슨 일을 의식적으로 할 때 꼭 필요한 손을 제대로 쓰지 않고 몸속에 감추고 있으면 병이 들지만, 일단 밖으로 꺼내어 제대로 소명을 마치고 다시 품으로 거두면 병이 낫고 더 건강하게 의식적으로 활동할 수 있다. 지도자로서의 자질을 갖추고 있는데, 이를 발휘하지 않고 꽁꽁 숨기고 있다면 이 또한 일종의 책임 방기다.

한편 나일 강의 물을 마른 땅에 옮기니 피가 되는 대목은 원래 있던 자리를 떠나 이방에서 고생하고 있는 모세를 비롯한 이스라엘인의 운명이기도 하고, 정의롭지 않게 소수 민족을 괴롭히면서 자신의 세계에 갇혀 있는 이집트인을 상징하는 것일 수 있다. 현대인 역시 원래 있어야 할 곳에 있지 않고, 자신의 콤플렉스에 사로잡혀 있을 때 본인과 주변인을 괴롭게 하는 상황으로 이해할 만하다. 하느님께서 모세께서 보여주시는 이런 이적은 지금 우리 각 개인에게도 그대로 적용된다.

모세의 가족 관계를 살펴보는 것 역시 리더십의 요소와 조건을 살펴보게 만든다. 나일 강에서 아이를 발견한 이집트 공주는 동족을 죽이게 되는 원수를 데리고 보살핀 일종의 배신자 역할을 운명적으로 하게 된다. 세속의 잣대를 들이대어 이스라엘인의 입장에서 보면 은혜로운 여성이지만, 이집트인의 입장으로 보면 용서할 수 없는 여성이다. 하지만 애초에 이스라엘과 이집트 민족이 요셉의 리더십 아래 함께 이집트의 7년 가뭄을 견뎠던 과거를 생각하면, 이집트인이 이스라엘 민족을 박해하는 것 자체가 정의롭지 못하다. 일본인 중 어떤 사람이 스스로의 과거사를 반성하고 한국인에게 사죄한다고 해서 그가 일본을 배신하는 것이라고 공격할 수는 없지 않은가. 리더십이 최종적으로 지향해야 하는 곳은 민족과 민족의 불화가 아니라 좁은 공동체를 넘어서 정의로운 지구 공동체를 만들어 가는 것이다.

모세의 힘든 여정 하나하나는 리더십이라는 것이 얼마나 살얼음판을 걷는 것인지 환기시켜 준다. 예컨대 미디안 사제 르우엘(이드로)의 딸 치포라와 결혼하여 살다가 다시 이집트로 돌아갈 때 하느님께서 찾아오시어 모세를 죽이려 하는 수수께끼 같은 장면을 보자. 치포라가 아들을 돌칼로 할례하고 모세의 발에 대며 "나에게 당신은 피의 신랑입니다"라고 말하지 않았다면(탈출 4,24-26) 모세는 하느님 손에 죽었을 것이다. 미디안 지방에 살면서 그곳 문화에 익숙해 할례를 하지 않았을 수도 있고, 부주의해 이스라엘 전통을 실천하지 않았을 수도 있는데, 과연 이런 실수가 죽을 이유까지 되는가 하고 의문을 가질 만하다. 하지만 하느님은 타민족뿐 아니라 이스라엘 민족, 심지어는 지도자 모세에게도 예외 없이 죽음의 그림자를 드리울 수 있다는 메시지로 읽힌다.

민족적 정체성을 할례라는 표징에서 찾고, 할례와 관련된 여러 전쟁의 장면이 있으므로 당시 할례는 하느님에 대한 충성, 전통 보전의 상징으로 이해할 수 있다. 후에 모세의 여형제인 미르얌이 이방인이라고 비난하고 공격했던 모세의 아내 치포라가 다급하게 아들에게 할례를 한 후 모세의 발에 대는 상황은 이스라엘과 이방인이 어떻게 화합해야 하는지를 암시한다. 자신의 뿌리보다는 오로지 남편과 자식을 살리기 위해 할 수 있는 최선을 다하는 아내와, 아내를 살리기 위해 자신의 형제인 아론과 미르얌과 후에 맞서는 남편 모세의 태도는 서로 아름답게 조응한다.(민수,12 1-16)

부모와 형제 혹은 조상보다 자신의 가족과 하느님께 충실하게 사는 대목은 고대에서는 매우 예외적이다.

특히 효도, 임금으로 상징되는 국가에 대한 충성, 가문에 대한 책임을 가르치는 유교적 관점에서는 매우 생경한 장면이다. 자신의 내적 소명 의식, 집단 무의식으로부터 분리되어 진정한 개성화 과정,

자기 인생의 주인이자 공동체의 리더십을 추구하는 현대에 오히려
더 잘 들어맞는다.

'하느님의 작은 종'이라는 낮은 자세

모세가 내린 아홉 개의 재앙을 리더십과 결부하여 살펴볼 수도 있
다. 물이 피가 된 장면은 앞서도 언급했지만 정의롭지 않은 일을 할
때 결국 생명의 원천이 고갈된다는 교훈을 준다. 개구리와 등에, 메
뚜기가 갑자기 수가 늘어 재앙이 되는 장면은 실제 환경 재앙을 연
상시키지만, 병든 정신이 사회 전체를 오염시키는 집단적 상황으로
이해할 수 있다. 개구리나 등에는 모두 번식력이 매우 강하고, 집단
으로 서식하며, 시끄럽고, 죽은 다음에는 정말로 더욱 끔찍하게 썩
는다. 이는 현재 SNS에서 악플을 달며 사람들에게 증오와 경멸 원한
같은 것을 심어주는 이들, 또 매스컴이나 강연 집회 등으로 서로 반
목하고 파괴하도록 부추기는 이들과 유사하다. 진정한 리더라면 이
런 증오와 반목의 집단정신과 단호하게 맞설 것이다.

가족이 병에 걸려 죽고 피부병이 번지는 것은 인간을 보호해 주는
가장 기본적인 틀이 깨지고 사회적 인간으로 기능할 수 있는 최소한
의 장치에 고장이 난다는 뜻이다. 우박과 어둠 역시 인간의 의식과
무의식을 모두 캄캄한 혼돈으로 빠지게 만드는 설정이다. 하늘의 빛
이 사라지고 우박이 내려오는 것은 성령과 하느님 자비의 자리를 어
둠의 무리가 차지한다는 이야기다. 이런 상황은 국가를 비롯해 크고
작은 공동체를 나쁜 곳으로 인도하는 지도자의 행로와 유사하다. 분
노와 원한, 열등감, 실망감 등의 혼란 속에서 우리는 특히 나쁜 지도

자의 비도덕적인 유혹에 약해진다. 모든 것을 타인, 혹은 다른 공동체에 투사하고 끔찍한 폭력도 마다하지 않는 지도자다. 나치즘, 킬링필드, 난징 대학살 등 역사에 이런 말도 안 되는 대학살과 전쟁은 차고 넘친다.

모세가 시나이 산에서 하느님께 사십일을 지내면서 이스라엘 백성을 가르치고 다스릴 돌판을 하느님께 받는 시점에, 이를 기다리지 못한 백성이 우상을 만드는 장면을 다시 보자. 모세가 산에서 내려오자 그 새를 못 참고 백성이 아론에게 조종당해 우상을 믿으며 날뛰다 적들의 조롱거리가 되는 장면이다. 이를 보고 모세는 레위 후손들을 시켜 형제든 친구든 이웃이든 닥치는 대로 찔러 죽이게 한다. 3000명의 이스라엘인이 희생되는 사건이다.(탈출 32,24-32) 다른 종교를 믿는다고 해서 대량 살육을 한 것이라, 현대의 도덕으로 보면 상당히 당황스럽다. 신자가 아닌 경우엔 이스라엘인을 살리겠다고 죄 없는 이집트인에게 대재앙을 내린 것 역시 이해할 수 없다. 하지만 성경을 자구 그대로 해석해 버리는 근본주의자가 아니라면, 모세오경을 비롯해 성경에 등장하는 이런 폭력적인 상황을 일종의 상징으로 받아들여 내적 체험으로 변환시키려 할 것이다. 예컨대 모세의 재앙과 징벌을 선악의 이분법으로만 이해하는 것이 아니라, 파국으로 치닫는 갈등과 분열에 이르렀을 때 이를 어떻게 단호히 해결해 나가는지 배우는 것이 옳다. 특히 리더십에 꼭 필요한 과감한 문제의 직면과 실행 대목이다.

또 모세의 정치적 궤적 중 의문이 드는 대목은 민수기 31장 13-18절의 미디안 여성과 아이들을 죽이지 않았다고 지휘관과 천인대장,

십계명을 받아든 모세(Philippe de Champaigne)
〈출처 : (CC)Moses at en.wikipedia.org〉

백인대장 들을 질책하는 장면이다. 모세는 여자들이 이스라엘 백성을 꾀어서 하느님을 배신하게 하고 염병을 돌게 했다고 말한다. 이 때문에 모세의 가부장적 태도가 비난받기도 한다. 프로이트는 『모세와 유일신교(Moses and Monotheism)』라는 글에서 모세가 아버지 없이 자라 오이디푸스 콤플렉스를 잘 승화시키지 못한 사람이라고 비판하기도 했다. 이 대목 역시 약자인 여성에 대한 가혹한 측면이다. 『만들어진 신』 『이기적 유전자』 등을 쓴 리차드 도킨스도 모세가 현대인의 도덕적 관점으로 보면 그리 좋은 모범적 위인은 아니라고 했다.

실제로 모세가 법으로 선포한 여자의 재산상속법이나 지파 안에서의 결혼을 장려한 결혼법(민수 36,5-10) 등을 현대에서 실천한다면 동성동본과의 결혼을 금지한 우리나라의 윤리적 전통과도 위배될 수가 있다. 그러나 이런 도덕적 잣대를 들이대 불완전한 측면만 부각시킨다면 성경 속 사람들을 제대로 이해하기 힘들다. 심지어 교회의 반석인 베드로조차 '배신의 아이콘'으로 곡해할 수 있다. 바오로도 본인의 외모와 상황에 대한 열등감에 싸여 있으니 외모 지상주의에 빠진 현대의 멋진 인물과는 거리가 멀다. 할리우드 영화처럼 완벽하게 운 좋고 성숙한 인물을 성경에서 찾을 수 있다고 믿는 자체가 착각이다.

성경은 분명 하느님의 뜻을 기록한 책이지만, 성경의 주인공이 이해하는 하느님의 모습까지 그렇지는 않다. '무오류성'이라는 주장 자체가 각 개인의 머리에서 나왔다. 이 세상에 하느님 말씀과 동일한 완벽한 이론이 있는가? 모세를 읽고 체험하는 지향점은 그의 불

합리한 측면을 재판하고자 함이 아니다. 모세 역시 인간적 약점이 많았지만, 40년을 감내하며 나아가게 하는 추진력과 인내, 죽는 그 날까지 포기하지 않는 자기희생의 정신에 주목한다면 현대에도 귀감이 되는 사람이다.

다른 무엇보다 모세는 페르시아, 바빌론, 이집트 등의 무수한 고대의 제왕과 달리 하느님에 대한 경외감과 헌신을 끝까지 놓지 않았다. 권력과 부는 자아를 팽창시켜 마치 모든 것을 다 해낼 수 있다는 무한한 전능감에 빠지게 한다. 모세는 자신이 신적 존재가 아니라 하느님의 뜻에 따라야 하는 일종의 종이라고 생각했다. 하느님과의 관계에서 끊임없이 작은 자아(Ego)의 한계를 생각했던 태도가 어쩌면 지금까지도 유대인들을 지도적 위치에 서게 하는 비밀이 아닐까.

우리 주위의 모세들

나는 모세라는 인물에서 우리 주위에서 흔히 볼 수 있는 가장, 작은 기업의 경영자 같은 평범한 이들을 떠올리기도 한다. 젊어서는 불의를 참지 못했던 열혈 청년이 중년에 이르러서는 재물을 모으며 현실에 적응하고, 때로는 자기 소명을 부정한 채 엉뚱한 방향으로 나아가며, 또 일정 위치에 오르면 자잘한 모든 일도 나만이 할 수 있다는 식으로 독선과 아집에 사로잡히고, 목표를 향해 달리지만 끝내 성취감을 맛보지 못하고 삶을 마쳐야 하는 모세 같은 평범한 인생이다.

에릭슨, 설리반, 피아제 등 발달심리학자들의 입장에 기대어 모세의 인생을 다시 바라보아도, 조금 새롭게 그의 삶을 이해할 수 있을 것이다. 피압박 민족의 혈통으로 태어나 권력 집단인 왕가의 양자로 성장하면서 자아 정체감의 위기를 느꼈을 청소년 시기, 그런 갈등이 이집트인 살해라는 폭력적 형태로 폭발하는 열혈 청년 시기, 사회의 모순을 뒤로한 채 지극히 사적인 가정생활 속에 조용히 성장하는 중년 시기, 그리고 신의 부름을 받고 자신의 진정한 사회적 역할을 완성하는 장년 시기, 마침내 죽음을 눈앞에 두고 조용히 지난날을 회상하며 자기의 한계를 받아들이는 노년 시기로 압축할 수도 있을 것이다.

아버지를 여읜 직후 모세의 이야기를 꼼꼼히 다시 읽으며, 나는 모세와 아버지 사이에 비슷한 점이 참으로 많음을 느낄 수 있었다. 일제강점기에 태어나 학교를 다니며 박해받는 동족에 대한 의분을 느꼈던 그분, 사상싸움의 와중에 토굴을 파고 몇 달 동안 몸을 숨겨야 했던 그분, 옷 한 벌 제대로 살 수 없어 몇 년 동안 단벌로 지내며 가난을 해결해 달라는 부모 형제들의 요구를 오직 혼자서 감당해 내야 했던 그분, 사막과 동토(凍土)를 두려워하지 않고 자신의 길을 개척하였던 아버지에게서 나는 또 하나의 모세의 모습을 본다.

동족을 학대하는 이집트인을 죽이고 도망간 모세, 40년의 광야생활 속에 배고픔을 견디지 못하고 불평하는 동족을 위해 하느님께 만나를 구해야 했던 모세, 정상의 위치에서도 자기 자신의 부족함을 절감하며 죽는 그날까지 자기완성을 위해 노력했던 모세의 일생은 바로 우리 아버지들의 고단한 삶과 다르지 않다. 아무 걱정 없이 왕가의 사람으로 성장할 때나, 살인자가 되어 피신생활을 하던 시절, 또 양치기로 안분지족하는 시기에 모세를 만난 사람들은, 아마 그가 유대 민족의 위대한 지도자가 되어 수천 년이 흐른 뒤에도 그 정신적 광휘를 내뿜게 되리라고는 생각지 못했을 것이다.

어쩌면 지금도 우리 주위에는 완성되지 못한 많은 모세들이 있을지 모른다. 물론 그 중에는 세계사에 남을 만큼 큰일을 성취하는 위대한 모세도 있겠지만, 주위의 몇몇 사람에게만 작은 도움을 주고 세상을 떠나게 되는 이름 없는 모세가 더 많을 것이다. 그러나 어떤 사람이 정말로 성공적인 삶을 살았느냐 아니냐는 성취의 크고 작음, 재산의 화려하고 보잘것없음, 지위의 높고 낮음 따위가 아니라 얼마나 깊은 사랑을 실천했느냐에 따라 정해지는 게 아닐까.

아버지의 장례식에 와서 진심으로 슬퍼했던 많은 이들의 눈물을 통해, 나는 아버지의 인생이 아름답게 완성되었음을 볼 수 있었다. 비록 생전에 당신의 한계와 부족함을 통감하며 안타까운 심정에 괴로워했던 적도 많았지만 이제는 영혼의 평온한 안식을 얻었으리라. 아버지의 묘비에 쓰기로 가족이 머리를 모아 결정한 글귀는 "모두에게 누룩이었던 이정원(예로니모)에게 평화"다. 실제로 아버지는 너무나 많은 사람의 밑거름이 되느라 당신의 재능이나 소망은 한쪽에 밀어두었던 분이다. 모세 역시, 자신은 가나안에 다다르지 못한 채 고단하기만 했던 삶을 마감하지 않았던가. "나는 그저 거름 같은 존재로 만족한다"라는 말씀을 자주 하셨던 아버지의 모습이 그리워질 때마다 모세라는 인물이 떠오를 것 같다.

하느님의
사랑받는 종
여호수아

흔히 '지도자' 하면 뛰어난 지능, 창조적 영감, 멀리 내다보는
혜안 같은 비범한 덕목부터 생각하지만, 실상 조직의 지도자
에게 가장 필요한 것은 여호수아가 보여준 과묵한 임무 수행
의지다. 재능과 실력이 개인적인 영역에서만 폐쇄적으로 작용
한다면 주변에 별 다른 긍정적인 영향을 주지 못한다. 조직에
대한 선한 충성심 없이 좋은 지도자가 될 수 없다는 뜻이다.

강한 책임감으로 소통하다

모세가 하느님과 직접적인 관계를 맺으며 이스라엘 민족을 이집 트에서 이끌었다면, 여호수아는 그런 모세를 보필하면서 지도자로 성장해 간다. 모세를 섬기기 시작한 그에게 먼저 주어진 일은 가나 안 지방을 몰래 정찰하는 것. 정복 가능성을 낮게 본 다른 사람과 달 리 그가 자신감과 긍정적인 태도를 보이자 주변 사람은 그에게 생명 의 위협을 가하기도 한다.

나처럼 겁 많은 이들에게 여호수아의 기백은 국가의 명운을 건 무 모함으로 보일 수도 있다. 하지만 여호수아는 그의 전사적 자질을 알아 본 모세에게 발탁 된 이후 아말렉 전투, 여리고 전투, 아이 성 전투, 기브온에서의 전투를 용감하게 이끌어 간다. 전사(Warrior)의 원형적 이미지다.

여호수아는 성경에 등장하는 인물 중 비교적 세속적이고 현실적 인 성격을 가진 사람이다. 여호수아가 모세의 후계자가 되어 이스라 엘을 이끌게 된 가장 큰 덕목은 강한 책임감이라고 할 수 있다. 모세 가 진지로 돌아온 뒤에도 모세가 하느님의 말씀을 듣는 장막을 혼자 지키는 태도에서 이를 엿볼 수 있다.(탈출 33,11) 그는 묵묵히 주어진 일을 충실히 하는 사람이었다.

흔히 '지도자' 하면 뛰어난 지능, 창조적 영감, 멀리 내다보는 혜 안, 같은 비범한 덕목부터 생각하지만, 실상 조직의 지도자에게 가 장 필요한 것은 여호수아가 보여준 과묵한 임무 수행 의지다. 재능 과 실력이 개인적인 영역에서만 폐쇄적으로 작용한다면 주변에 별 다른 긍정적인 영향을 주지 못한다. 조직에 대한 선한 충성심 없이 좋은 지도자가 될 수 없다는 뜻이다. 삼국지의 장비나 조자룡을 연상시키기도 하는 여호수아는 특히 위험한 적진으로 몰래 잠입하는 척후병 노릇도 잘 해낸다. 이는 평화 시에도 적용될 수 있다. 개인적인 몸보신에 급급한 사람은 하지 못하는 새로운 영역을 개척하는 이노베이션형 지도자의 모습을 여호수아는 보여준다. "가만히 있으면 중간이나 가지" 하는 식으로 매사를 안전함과 이익 챙기기에만 치중하는 이들에게서 찾아볼 수 없는 지도자로서의 기상이다.

두 번째 우리가 배워야 할 여호수아의 강점은 긍정적 태도다. 온 이스라엘 백성이 모세와 아론을 원망하며 차라리 이집트나 광야에서 죽는 게 나았을 텐데 적군의 칼에 맞아 죽게 생겼다며 모세와 아론을 원망하고 울며불며 난리 칠 때 그는 홀로 "그들은 이제 우리의 밥입니다"(민수 14,9)라며 여론을 뒤집는다. 물론 근거나 논리가 없는 긍정적 태도는 큰 참사를 가져 오지만, 지도자가 "기왕이면 되게 한다" 혹은 "하면 된다" 같은 긍정 정신을 갖고 있지 않는다면, 곤경에 빠져 있거나 정체된 구성원을 새로운 곳으로 인도해서 발전시킬 수는 없다.

도덕적으로 아무리 성숙해도, 일단은 매사를 부정적으로 보고 주변 사람의 기를 꺾고 주저앉게 만드는 사람은 집단을 몰락시킬 가능성이 높다. 그동안 내가 만난 성공하고 존경받는 경제인이나 정치인, 지식인의 공통적인 특징은 아무리 힘들어도 치고 나가는 긍정적 태도를 가졌다는 점이었다. 그들은 어려운 상황에서도 장점을 찾아내어 다른 상황에서 어떻게 적용할지, 또 곤경의 와중에도 희망의 길은 어디인지 포기하지 않고 찾아내는 태도를 보여주었다. 여호수아도 이런 사람이었던 것으로 보인다.

여호수아의 세 번째 능력은 소통이다. 모세가 비교적 소심하고 약간은 내향적인 성품을 타고난 반면에, 여호수아는 민심이 어지러운 와중에 불쑥 불쑥 나와 민심을 수습하는 비범한 능력이 있었다. 그는 앞서 언급한 대로 모두가 좌절하고 있는 상황에서도 "주님께서 우리와 함께 계십니다. 그들을 두려워하지 마십시오"(민수 14,9)라고 외쳐 백성의 불안을 가라앉힌다.

어쩌면 SNS의 홍수 속에서 역설적으로 불통의 정치인 때문에 민중이 분노하는 요즘 한국 상황에 더 절실한 장점이 아닐까 싶다. 일이 잘 풀려 자신이 화려한 스포트라이트를 받기 좋은 상황이 오면 그 공을 자기에게 돌리기 위해 앞으로 나서길 좋아하는 지도자가 많다. 거창한 운동 경기를 유치해서 승리하는 경기를 했다거나, 국민 영웅으로 떠오른 스포츠 스타나 화려한 예술인, 세계적인 인물을 옆자리에 세우고 사진 한 장 찍는 지도자의 마음이다. 실적이 좋으면 "다 내 공이다" 하는 식이다.

반대로 나쁜 일이 있으면 비겁한 지도자는 뒤로 숨고 절대로 앞에 나서지 않는다, 대신 자신의 부하나 다른 이들을 내보내 자기 대신 집중포화를 받게 한다. 한 마디로 책임을 떠맡기 싫은 태도다. 철저하게 공은 내 것, 화는 너희 몫, 하는 식이다. 이런 겁 많고 치사한 지도자를 누가 존경하고 따르겠는가. 하지만 여호수아는 정반대로 민족이 절망의 구렁텅이에 있을 때에도, 심지어는 자기가 벌인 전쟁에서 졌을 때도 책임 전가를 하지 않고 끝까지 백성을 격려하며 소통을 멈추지 않았다.

초월적 지도자 예수, 세속적 지도자 여호수아

네 번째는 이런 혁혁한 공을 세웠음에도 불구하고 자신을 신적인 존재와 동일시하는 이집트의 파라오 같은 제왕과 다르게 자신은 어디까지나 주님의 명령을 따르고 순종하는 하인의 입장에 섰다고 강조한 점이다.(여호수아 3장;8장;24장)

사람들은 보통 어렵고 힘들 때는 겸손하고 신중하지만 잘 나가고 성공해서 주변으로부터 칭찬 받고 우러름까지 받을 때는 우쭐해서 자아가 팽창(Ego Inflation)되기 쉽다. 스스로 매우 특별하고 잘났기 때문에 이제껏 모든 것이 잘 풀렸다고 생각하고 고통 받는 사람들이나 실패한 사람들은 열등하고 무능해서 그런 것이라고 단순화한다, 그러니 특별한 자신과 자신이 편애하는 특별한 주변 사람만 행복과 호사를 누릴 권리가 있다고 착각한다. 낙하산 인사를 거듭해서 결국 공기업이나 국영기업을 망하게 하는 정치인, 가족주의에 빠져 기업을 농단하고 사회에 해악을 끼치는 부자가 빠지는 도덕적 해이요 스스로 판 무덤이다.

'남이 아닌 우리'만이 특별하기 때문에 '남이 아닌 우리'만 중요한 것을 결정해야 하고, 좋은 것도 폐쇄적으로 누려야 한다고 생각하는 이면에는 이와 같은 편협하고 이기적인 '자아(Ego)' 집착하는 마음이 있다. 자아를 하느님보다 더 중요하게 생각하고 자신의 생존본능을 삶의 궁극적인 의미에 앞선 더 소중한 것으로 섬기다 보니 나오는 태도다.

보다 성숙하고 온전한 자기를 지향한다면, 그래서 인간을 훨씬 뛰어 넘는 절대자 앞에 겸손한 태도를 지닌다면, 자연스럽게 좁은 의미

기브온 전투를 승리로 이끈 여호수아(by John Martin)
〈출처 : (CC)Joshua at en.wikipedia.org〉

의 '나' 혹은 배타적인 '우리'에게로만 향하는 마음을 버리려 노력할 것이다. 이런 사람은 나만 잘 되는 것이 아니라 낯선 타자와 나누고, 나보다 어려운 약자를 배려하는 성숙한 개성화 과정(Individuation Process)을 거친 사람이다.

반대로 세속적인 성공이 만들어 주는 가면(Persona)을 참된 자기와 동일시하게 된다면 "짐이 곧 국가다"라고 말하는 프랑스의 전제군주나, 민족의 구세주 운운하는 김일성 일가와 다름없이 타락하게 된다.

여호수아는 자기의 성공과 실패와 상관없이 먼저 하느님을 섬기고, 지도자인 자기를 우상화하지 말고 하느님을 경배하라고 강조했다는 점에서 다른 민족의 임금과 명백한 차이를 보이는 것이다.

물론 성경에는 여호수아의 인간적인 약점도 기록되어 있다. 예컨대 아이 성 공략 때 신중을 기하지 않고 자만심에 빠져 실패하고(여호 7,2-7) 기브온 주민에게 속아 땅을 보존하게 함으로써 두고두고 괴롭힘을 받게 되는 장면(여호 9,3-15) 등이다. 이스라엘 민족을 중심으로 세상과 역사를 기록한 성서 내용은 현대의 평화주의자들 눈에는 여호수아 등 이스라엘 영웅이 타민족과 끊임없이 전쟁을 벌이는 장면들이 이해가 잘 가지 않을 수가 있다.

오직 이스라엘 민족만이 선택받았다고 강조하는 태도 역시 받아들이기 힘든 대목일 수 있다. 예수님의 가르침이 폐쇄적인 유대주의를 넘어 이교도와 이민족까지도 아우르는 것과는 상반된 대목이다. 이스라엘이란 나라를 만들기 위해 팔레스타인을 몰아내고 지금까지도 반인권적인 일이 벌어지고 있는 터라 시오니즘을 어떻게 해석할지 막막할 때도 있었다.

하지만 성서를 자세히 들여다보면, 이스라엘인은 하느님의 사랑을 독차지한 것이 아니라 오히려 하느님이 보내는 메시지를 전하기 위해 '아프고 힘든 방식으로 도구가 된' 민족일 뿐이다. "우리를 하느님의 도구로 써 주소서" 하는 기도의 참 뜻이다. 여호수아도 온 몸으로 하느님의 실재를 증거하는 역할을 했기에 여호수아가 한 명이 아니라, 전쟁 영웅 이야기의 다양한 변주라 주장하는 시각도 있다.

예수님(Jesus)과 여호수아(Joshua)의 이름이 비슷하다는 점 때문인지 예수님은 하느님의 왕국을 건설하는 초월적 인도자로, 여호수아는 이민족에 대항해 이스라엘 왕국을 건설하는 세속적 지도자로 대비된다. 예수님이 하느님의 아들인 동시에 하느님 그 자체라면, 여호수아는 하느님의 사랑받는 종인 셈이다. 나라를 위해 목숨을 바쳤으나 역사에는 이름조차 남기지 못한 무수히 많은 우리의 전쟁 영웅이 여호수아와 더불어 하느님의 사랑을 듬뿍 받고 있는 모습을 상상해 본다.

삼손에게서 보는
우리의
자화상

화가 나면 자기 감정을 절제하지 못하고 미련하게 물리적 힘에만 의지하여 결국 자기 파괴의 지경에 빠지고 마는 미숙한 남성은 겉으로 보기에는 매우 강한 사람인 것처럼 행동한다. 싸움도 잘하고 어디 가면 큰소리로 기선을 제압하며 좌중을 사로잡기도 한다. 이들은 자신을 엄격한 아버지, 혹은 강한 남편으로 간주하면서 으쓱대는 기분에 빠지기도 한다. 그러나 미숙하고 공허하기 짝이 없는 정신세계를 갖고 있기 때문에 학대의 대상인 자녀나 아내에게 병적으로 의존하고 집착하는데, 바로 이런 심리적인 취약성 때문에 강한 척하고 권력을 휘두르려는 경향이 더욱 두드러진다.

금기로부터 벗어나고자 했던 삼손

핑핑 돌아가는 초고속 인터넷 시대라서 자신이 발전하는 사회를 따라가지 못한다는 불안감에 힘들어 하는 사람이 많기 때문인가. 정보의 양은 폭발적으로 늘어나는데 자기 자신이 어디에 서 있는지, 또 어디로 가고 있는지, 앞으로 무슨 함정이 기다리고 있을지 몰라서 생기는 공포감, 바보가 될지 모른다는 불안감은 더욱 큰 것 같다.

과거처럼 문명이 덜 발달한 농경사회나 유목사회도 물론 나름대로 여러 가지 정신질환을 유발하는 요소들을 갖고 있었지만, 산업이 발달할수록 더욱 다양한 정신질환이 발생한다는 이론은 이미 정설이다시피 되어 있다. 쉽게 말해 세상이 발전하면 할수록 우리가 광인이나 '바보' 취급을 당할 가능성이 훨씬 더 크다는 얘기다.

이런 시대에, 성경 속 인물 가운데 힘은 가장 셌지만 동시에 가장 미련했던 삼손의 이야기를 읽으면서 그를 비웃게 되기보다는 오히려 안타까운 기분에 잠기게 된다.

성경에 나오는 '3대 바보'를 꼽으라면, 아마 장자 상속권을 죽 한 그릇에 팔아먹은 에사우, 여자의 유혹에 두 번이나 넘어가 두 눈을 잃는 고통을 받고 결국 죽음에 이른 삼손, 그리고 예수님을 판 유다를 들 수 있지 않을까. 그중 삼손의 이야기는 인간의 본능과 남성성 및 여성성, 또한 집단과 개인의 갈등 등의 문제에 복합적으로 접근하면서 우리 인간이 얼마나 어리석고 미련한가를 명쾌하게 밝히고 있다.

판관 삼손의 일생은 정신분석학 교과서에 나온 무의식의 정신분석 이론이 그대로 적용된다. 삼손은 태어날 때부터 여러 가지 금기 사항을 지니고 있었다. 하느님께 바쳐진 사람(나지르인)이기 때문에 술을 마셔도 안 되고, 부정한 것을 만지거나 먹어도 안 되었으며 머리털을 잘라도 안 되었다. 그러나 그 대신 삼손은 하느님이 주신 큰 힘을 가진 엄청난 장사였다. 바로 여기서부터 삼손의 비극은 시작된다.

'육체적 힘'이란 정신적 욕망, 즉 리비도의 상징이다. 남달리 강한 에너지를 가진 삼손에게 금기(Taboo)가 많이 주어질수록 그가 겪어야 할 정신적 긴장과 갈등, 반항심 등은 강해질 수밖에 없다. 그가 나이가 들면서 곧장 낯선 곳으로 떠나 외지인인 팀나 여자의 외모를 보고 결혼을 결정하여 부모에게 간청하는 것은, 단순한 우연이 아니라 그런 억압과 간섭으로부터의 독립 선언에 다름 아니다.

그러나 부모에게서 떠나 홀로 선다는 것은 결코 쉬운 일이 아니다. 도중에 사자가 나타나 그의 생명을 위협한다. 하지만 그는 사자를 찢어 죽인다. 이는 고난을 통해 시험받는 성인식의 한 부분으로 파악된다. 자신의 소명을 완성하며 한 사람의 성인으로서 제 몫을 다하려면 이렇게 무수한 난관을 거치면서 강해져야 한다. 일단 삼손은 자신의 전리품인 사자의 시체를 다시 찾는다. 그리고 자신의 승리에 거만해진 삼손은 시체에 생긴 꿀을 보고 좋아하면서 시체를 만지거나 접촉하면 안 된다는 나지르인의 금기를 깨게 된다. 뿐만 아니라 그 꿀을 아주 맛있게 먹고는 의기양양하게 부모에게 가져다주기까지 한다.

이렇게 자신의 능력을 과신한 삼손은 팀나 여인의 집에 혼자 가서는 보무(步武)도 당당하게 낯선 이들 사이에서 홀로 혼인 잔치를 치른다. 보나 마나, 젊은 혈기에 낯선 이방인의 마을에서 마셔서는 안 될 술에 취하게 되었을 것이고, 취한 객기 끝에 잘난 척깨나 하였을 것이다. 내친김에 자신의 현명함을 자랑하며 수수께끼를 낸다. "먹는 자에게서 먹는 것이 나오고 힘센 자에게서 단 것이 나왔다"(판관 14,14)라고 하는 내용이다.

언뜻 이 부분은 오이디푸스가 맞혔던 스핑크스의 수수께끼를 연상케 한다. '수수께끼'는 어린 아이들이 가장 좋아하는 놀이로서 자신의 지혜를 겨루기 위한 하나의 도구가 된다. 남들이 모르는 내용을 자신만은 알고 있다는 식의 이런 유치한 뻐김은 어른의 세계에서도 곧잘 관찰된다. 특히 정보화 사회에서는 '지식'이 하나의 무기와도 같아, 상대적으로 많은 지식을 가진 사람이 그렇지 못한 사람을 깔보고 무시하면서 자신의 지식을 과시하기도 한다. 삼손 역시 이렇게 거만한 태도로 팀나 사람들을 시험하였을 것이다. 그러나 삼손은 거꾸로 제 꾀에 제가 넘어가 그 비밀을 아내에게 말해 버려, 오히려 역공을 당해 패배하고 만다. 분노한 삼손은 아내를 버리고 자기 집으로 돌아간다.

정신적 독립에 실패한 인간의 최후

'개성화(Individuation)'의 한 과정에서 실패한 삼손이 일단 후퇴하여 유년 시절의 자신으로 돌아가는 셈이다. 그러나 삼손은 아름다운 아내를 잊지 못하여 선물을 가지고 다시 장인을 찾는다. 하지만 아내는 이미 다른 남자의 여자가 되어 있다. 이에 격분한 삼손은 필리스티아인들의 포도원과 농원을 태워 버리고, 이 사실을 알게 된 필리스티아인들은 팀나 여인과 그 일족을 모두 불태워 죽인다. 이를 안 삼손은 또다시 당나귀 턱뼈로 필리스티아인들을 닥치는 대로 죽인다.(판관 15,14-17) 흡사 무협지의 한 장면과도 같은 피비린내 나는 복수의 혈전이 벌어진 것이다.

이때 삼손이나 필리스티아인들의 행동은 미숙한 남성성인 폭력성, 충동성, 복수심, 자기중심적 사고 등을 보여주고 있다. 이런 위험성을 경고하는 설화는 세계 어느 나라에서나 흔하게 만날 수 있다. 헤라클레스나 시시포스의 전설, 길가메시 서사시, 우리나라의 아기장사 설화, 또 베스트셀러 소설로 재구성되었던 임꺽정이나 장길산 이야기 등은 바로 그 전형이 될 것이다.

재미있는 사실은 이들 장사의 최후는 거의 돌이나 불과 연결되어 있다는 것이다. 즉 미련함을 응징하는 수단이 똑같이 아둔함의 상징인 '돌'이 된다든가, 불같은 분노가 역시 분노의 상징인 '불'로 마감된다는 것은 결코 우연이 아니다. 돈의 힘을 빌려 입신한 사람은 결국 돈으로 망하고, 권력으로 올라간 사람은 결국 권력에 의하여 파괴되고, 무력으로 남을 밟고 올라간 사람은 결국 그 힘 때문에 죽고 만다는 경고가 아닐까.

화가 나면 자기 감정을 절제하지 못하고 미련하게 물리적 힘에만 의지하여 결국 자기 파괴의 지경에 빠지고 마는 미숙한 남성은 지금 우리 주위에서도 얼마든지 만날 수 있다. 정신과 용어를 빌려 말하자면, 이런 사람을 '폭발성 인격 장애자' 또는 '가학적 인격 장애자' '반사회성 인격 장애자' 등이라고 할 수 있다. 이들은 겉으로 보기에는 매우 강한 사람인 것처럼 행동한다. 싸움도 잘하고 어디 가면 큰소리로 기선을 제압하며 좌중을 사로잡기도 한다.

이들 가운데는 특히 약한 사람에게 더욱 강한 부류가 있다. 아내

: 삼손과 들릴라(by Rubens)
: 〈출처 : (CC)Samson and Delilah at en.wikipedia.org〉

를 쥐 잡듯 잡으면서 윽박지르거나 구타한다든지, 또는 어린 자녀를 정신적으로 혹은 육체적으로 학대한다. 이들은 자신을 엄격한 아버지, 혹은 강한 남편으로 간주하면서 으쓱대는 기분에 빠지기도 한다. 그러나 미숙하고 공허하기 짝이 없는 정신세계를 갖고 있기 때문에 학대의 대상인 자녀나 아내에게 병적으로 의존하고 집착하는데, 바로 이런 심리적인 취약성 때문에 강한 척하고 폭력을 휘두르려는 경향이 더욱 두드러진다. 힘센 장사 삼손도 이런 미성숙함 때문에 번번이 함정에 빠지게 되었던 것이다.

팀나 여인과의 결혼 생활에 실패한 삼손은, 이제는 좀 현명한 판관으로서 제자리를 잡아 주면 좋으련만, 또다시 이민족 여인 들릴라를 사랑하게 됨으로써 결국 수많은 필리스티아인들과 함께 비극적인 최후를 맞이하게 된다. 물론 이를 하느님의 힘을 드러내기 위한 하나의 순교라고 받아들일 수도 있겠지만, 미숙함으로 말미암은 '개성화의 실패'라고 보면 이해가 더 빠를 듯하다.

오래된 할리우드 영화 〈삼손과 데(들)릴라〉를 본 기억이 있는 사람이 아니더라도, 들릴라는 남자를 철저하게 파괴한 요부의 이미지로 사람들 마음에 각인되어 있다. 특히 들릴라에게 배반당하고 눈까지 뽑힌 삼손의 비참한 생은, 여자에게 유혹당해 눈이 먼 남자의 불행에 관한 하나의 경종으로 예시된다.

그러나 성경을 다시 읽어 보면, 들릴라는 단지 자기 부족의 남자들에게 이용당한 채 자신의 행복을 희생해야 했던 불행한 여자일 뿐이고, 삼손 역시 부족과 부족의 싸움에서 희생당한 가련한 남자에 불과하다는 것을 느끼게 된다. 마치 우리나라의 '호동왕자와 낙랑공주' 이야기를 보는 것 같다. 고구려 왕자로 낙랑 태수의 사위가 된 남편 호동왕자를 위해 조국을 배반했던 낙랑공주는 아버지에 의해 살해당하고, 낙랑은 결국 고구려에 패하고 만다.

물론 이 두 사건을 아득한 과거에 있었던 부족간의 갈등에서 비롯한 젊은이의 희생이라고 볼 수도 있겠지만, 지금도 얼마든지 우리 주위에서 볼 수 있는 가족 내 갈등으로 파악해 보면 훨씬 쉽게 이해할 수도 있다. 즉 혼인 후에도 자신의 본가와 적절한 분리나 개성화를 이루지 못한 채, 문제가 있으면 친정이나 본가로 달려가 자녀의 역할만 고집하는 이들, 또는 부부간에 해결해야 할 문제를 부모에게까지 확대시켜 일을 더욱 꼬이게 만들어 마침내 파경에 이르는 미숙한 젊은 부부는 삼손과 딤나 여인 혹은 들릴라 이야기의 중심 모티프인 '정신적 독립'에 실패한 셈이다.

앞서 삼손을 '3대 바보 중 하나'라고 표현하였지만, 그러는 나 역시 삼손보다 현명하다고는 결코 생각하지 않는다. 아니, 그의 우둔함에 더하여 비겁함까지 갖추고 있으니, 사실 삼손에 대해 이러쿵저러쿵 말할 자격이 있는지 모르겠다. 자기를 즐겁게 하는 상대에게 유혹당해 눈먼 노예의 비참한 생활을 해야 했던 삼손은, 그리 길지 않은 인생 동안 무수히 되풀이했던 자신의 우둔한 결정 때문에 괴로워하면서도 남을 원망하는 우리의 자화상이라고 할 수 있다.

나오미와 룻의
아름다운
자립

현대 여성의 자신에 찬 얼굴 뒤에는 봉건시대 여성보다 오히려 훨씬 미숙한 의존성, 사랑과 결혼에 대한 환상, 이기심과 강함을 구별 못하는 탐욕 등이 숨어 있는 경우가 많다. 치장만 요란할 뿐 영혼은 보잘것없는 현대 여성의 의존적 얄팍함이 초라하게 다가오는 만큼, 나오미와 룻의 아름다운 일대기는 더더욱 그 강렬한 빛을 발한다. 자신의 삶을 적극적으로 개척해 나간 나오미와 룻은 아주 독특한 매력을 가진 인물이 아닐 수 없다.

가부장제 굴레를 벗어나서

정신과 의사로 다양한 내담자와 만나다 보면 가만히 앉아 있어도 세상 변하는 것을 절감할 때가 많다. 요즘 여성의 지위 변화도 그렇다. 몇 년 전만 해도 고부간 갈등의 희생자는 주로 며느리였는데, 요즘은 그 역학 관계가 반전되어 시어머니, 시아버지가 오히려 학대받는 경우도 적지 않다. 이는 남편도 마찬가지인데, 자기 부모 형제의 위세를 등에 업고 아내에게 큰소리치는 경우는 가물에 콩 나듯 드물어졌다. 오히려 자신의 부모 형제 때문에 아내 앞에서 꼼짝 못하고 쩔쩔매는 남편이 대부분일 정도로 여성의 목소리가 급격하게 커지고 있다.

물론 아직 매 맞는 아내, 강간당하는 여성, 매매춘 문제 등 개선해야 할 여성들의 비인간적인 상황은 적지 않다. 경제력도 있고 강한 목소리를 낼 만큼 당당한 일부 중상류 이상 여성의 행복한 겉모습만 보고 마치 남성과 여성의 불평등한 관계가 모두 개선된 듯 생각하는 시각은 사실 지나친 속단이다.

이런 점에서 구약성경 룻기에 나오는 다윗의 조상인 나오미와 룻 이야기는 남성과 여성의 성차별 문제, 여성끼리의 반목, 가난과 부의 갈등에 대한 하나의 실마리를 우리에게 제시해 준다고 생각한다.

기근이 들어 모두가 어려운 시절, 시어머니 나오미와 며느리 룻 그리고 오르파는 과부 신세가 된다. 그들은 오랜 세월 뿌리내렸던 모압에서 겪게 된 굶주림을 피하고자 풍년이 든 나오미의 고향 유다 베들레헴('빵의 집'이라는 뜻)으로 길을 떠난다. 이때 나오미는 어려운 형편에서 두 며느리를 자유롭게 떠나보내 개가시키려 한다.

시어머니 나오미는 "내 뱃속에 아들들이 들어 있어 너희 남편이 될 수 있기라도 하단 말이냐?…남편을 맞이해서 아들들을 낳는다 하더라도, 그 애들이 클 때까지 너희가 기다릴 수 있겠느냐?"라고 며느리들에게 이른다. 현대인의 상식으로는 매우 당황스러운 이야기지만, 유대인의 오랜 혼인 풍속을 알면 나오미의 말을 이해할 수 있다. 이 풍속의 성서적 근거로는 신명기 25장 5-10절의 '후손에 관한 규정'을 들 수 있다. 그 법은 다음과 같다.

"형제들이 함께 살다가 그 가운데 하나가 아들 없이 죽었을 경우, 죽은 그 사람의 아내는 다른 집안 남자의 아내가 될 수 없다. 남편의 형제가 가서 그 여자를 아내로 맞아들여, 시숙의 의무를 이행해야 한다. 그리고 그 여자가 낳은 첫아들은 죽은 형제의 이름을 이어받아, 그 이름이 이스라엘에서 지워지지 않게 해야 한다. 그러나 그 남자가 자기 형제의 아내를 맞아들이기를 원하지 않으면, 그 형제의 아내가 성문으로 원로들에게 올라가서 이렇게 말해야 한다. '제 시숙이 이스라엘에서 자기 형제의 이름을 이어 주기를 거부합니다. 저에게 시숙의 의무를 이행하려고 하지 않습니다.' 그러면 성읍의 원로들이 그를 불러서 그에게 타일러야 한다. 그래도 그가 고집을 부리며 '나는 이 여자를 맞아들이고 싶지 않습니다' 하고 말하면, 그 형제의 아내가 원로들이 보는 앞에서 그에게 다가가 발에서 신을 벗기고 그의 얼굴에 침을 뱉은 다음, '자기 형제의 집안을 세우지 않는 사람은 이렇게 된다' 하고 말해야 한다. 그러면 이스라엘에서 그의 이름은 '신 벗겨진 자의 집안'이라고 불릴 것이다."

내가 공부했던 유니언 신학대학원 출신의 필리스 트리블(Phylis

Trible)이라는 여성 신학자는 이 법이 가부장제의 극단적인 예라고 지적하기도 했다.[9]

조금 거슬러 올라가 창세기 38장의 유다와 그의 며느리 타마르의 이야기를 보자. 타마르는 남편이 죽자 자신의 시동생 오난과 재혼한다. 그러나 이 재혼은 타마르와 시동생의 의사가 아니고 순전히 가문의 혈통을 이으려는 시부모의 뜻이었다. 마치 우리나라 고구려 시대의 형사취수(兄死娶嫂) 풍습과도 비슷하다. 그러나 시동생 오난은 형수 타마르와 성관계만 갖고 정액을 바닥에 흘려 형에게 후손을 남겨주길 거부한다. 재산에 대한 자신의 권한이 흔들린다는 생각에서였을까. 결국 하느님은 오난의 행동을 못마땅하게 여기시어 그를 죽게 하신다.

시어머니 옆에 친구로 남은 룻

남편과 아들이 모두 죽어 타국에서 비참한 상태에 빠진 나오미는, 이러한 전통을 뛰어넘어 늙은 자신에 대한 의리 같은 것은 생각 말고 새 삶을 시작하라고 며느리들을 독려한다. 이에 다른 며느리 오르파는 시어머니를 떠나지만, 룻은 시어머니 곁에 남아 자신의 이름 '룻'이 뜻하는 대로 '동료' 혹은 '친구'로서의 역할을 다한다.

나오미와 룻은 베들레헴에 도착해 나오미의 남편 엘리멜렉의 먼 일가인 보아즈라는 재력가의 땅에 자리를 잡는다. 룻은 보아즈의 땅

---

9)　　Trible, Phyllis.(2009), 『Naomi : Bible(Jewish Women : A comprehensive Historical Encyclopedia 20)』, Jewish Women's Archive

﹕ 보아즈의 땅에서 이삭줍기를 하고 있는 룻(by Julius Schnorr von Carolsfeld)
﹕ 〈출처﹕(CC)Ruth at en.wikipedia.org〉

에서 이삭 줍는 일을 시작한다. 중국의 고전 『시경』의 「대전(大田)」 편에도 "이삭줍기는 과부들의 차지 – 피유유병(彼有遺秉)하며 차유 체수(此有滯穗)하니 이과부지리(利寡婦之利) – 로다"라는 비슷한 상황이 언급된다. 서양이건 동양이건 땅도 없고 노동력도 시원찮은 과부가 농경사회에서 할 수 있었던 일이라고는 일꾼들이 일하다 남긴 이삭을 주워 식량으로 삼는 정도가 아니었을까.

남편이 죽은 다음, 시어머니를 모시고 자신의 삶의 터전이었던 모압 땅을 떠나 낯설지만 남편의 고향인 베들레헴에 돌아와 이삭을 주워서 시어머니를 극진히 봉양한다는 룻의 소문을 들은 보아즈는 특별히 룻을 배려해 준다. 룻에게 술과 빵, 밀청대까지 주는 등 세심한 관심을 보이는 보아즈에 대한 이야기를 전해 듣자 현명하고 경험 많은 시어머니 나오미는 그가 자신의 며느리 룻에게 관심이 있다는 것을 알아챈다.

이에 시어머니는 며느리 룻에게 목욕을 하고 향유를 바른 후 보아즈의 잠자리로 몰래 들어갈 것을 명한다. 룻은 시어머니의 명을 따른다. 이 부분은 시어머니와 며느리, 즉 같은 여성끼리도 극한적인 상황에서 함께 어려움을 극복해 나간다는 사실을 시사해 준다.

룻은 보아즈와의 잠자리에서 "어르신의 옷자락을 이 여종 위에 펼쳐 주십시오. 어르신은 구원자이십니다"(룻 3,9)라고 구혼한다. 그러나 보아즈는 나오미와 룻을 돌보아주어야 할 의무를 지닌 자기보다 더 가까운 '고엘(친척이라는 뜻)'이 있음을 상기시킨다. 고엘을 단순히 가장 가까운 친척으로 생각하면 그 의미가 드러나지 않는다. 고엘을 파생시킨 동사 '가알'은 '되사다, 되찾다, 가업을 되사 줄 친족이 된다. 친족의 권리를 행사하다, 구속하다, 속량하다, 원수 갚다' 등의 다양한 의미를 갖고 있다.

이 고엘에 대한 이해를 넓히기 위해 레위기 25장 47절 이하를 읽어 보자.

"너희 곁에 사는 이방인이나 거류민이 넉넉해졌는데, 그 옆에 사는 너희 형제가 가난해져, 너의 곁에 사는 이방인이나 거류민, 또는 이방인 씨족의 후손에게 자신을 팔 경우, 팔린 다음에라도 그는 자신을 되살 권리를 지닌다. 그의 형제 가운데 한 사람이 그를 되살 수도 있고, 그 씨족의 다른 살붙이가 그를 되살 수도 있다. 그 자신이 넉넉해지면 스스로 제 몸을 되살 수도 있다."

보아즈는 룻에게 끌리는 마음을 어쩔 수 없었지만 그래도 자기보다 그 친척에게 우선권을 줘야 했다. 보아즈는 그에게 "룻을 책임져야 하며, 룻의 남편 이름을 이을 사람을 낳아주어야 한다"라는 고엘의 의무를 일러 준다.

하지만 고엘의 의무를 꺼린 이 익명의 친척 덕분에 보아즈는 순조롭게 룻과 결혼하게 된다. 그리고 약속대로 룻과의 사이에 낳은 자식을 나오미의 남편 집안인 에프라타 사람의 자손으로 입적시켜, 나오미가 그 아이를 자식 삼아 기르게 한다. 그런데 재미있는 것은 룻기 4장 17절이다. "이웃 아낙네들은 그 아기의 이름을 부르며, '나오미가 아들을 보았네' 하고 말하였다. 그의 이름은 오벳이라 하였다." 그 당시 이스라엘의 형사취수법에 따르면 룻이 낳은 아들은 룻의 남편 마흘론의 아들이 되어야 하는데 나오미의 아들이 된 것이다. 이는 형사취수법의 본래 정신과도 달라 보인다.

이 결과를 볼 때, 형식적으로는 부권 중심적인 세습을 따랐지만, 내용적으로는 모권 중심의 가문 잇기가 된 셈이다. 이 때문에 나오미와 룻은 여성 신학자들과, 가난한 이들을 배려하는 해방신학자들에게 긍정적인 평가를 받는 인물로 자리매김 된다.

삶을 개척한 나오미와 룻

성경에는 남성에 의해 그저 좌지우지되는 의존적인 여성도 물론 등장하지만, 모세의 동생 미르얌처럼 자기주장이 강하고 능력 있는 여성도 많이 보인다. 또 아벨의 여인 혹은 트코아 여인으로 불리는 한 여성은 아벨이라는 도성이 전쟁의 잿더미로 변할 뻔한 순간에 자신의 역량을 발휘해 도성에 평화를 가져오기도 한다.(2사무 20,14-22)

사실 적극적으로 가난을 물리치고 가문을 다시 일으킨 룻과 나오미는 여성들뿐 아니라 가난한 사람들에게 힘을 주는 존재다. 물론 신약성경에서 예수님이 부자와 힘 있는 사람들에게 경고의 말을 많이 하여서 부를 축적하는 것에 대해 오해하기도 하지만, 구약성경에는 열심히 일하여 재산을 모으면 그 자체가 하느님의 축복인 것으로 이해하는 관점을 시사하는 구절이 적지 않다.

"너 게으름뱅이야, … '조금만 더 자자. 조금만 더 눈을 붙이자. 손을 놓고 조금만 더 누워 이있자!' 하면 가난이 부랑자처럼, 빈곤이 무장한 군사처럼 너에게 들이닥친다."(잠언 6,9-11) "후하게 나누어 주는데도 더 많이 받는 이가 있고 당연한 것마저 아끼는데도 궁핍해지는 이가 있다.…곡식을 내놓지 않는 자는 백성에게 저주를 받지만 그것을 내다 파는 이의 머리 위에는 복이 내린다."(잠언 11,24-26) "의

인은 배불리 먹지만 악인의 배는 허기가 진다."(잠언 13,25) 이와 같은 구절이 유대인의 생활 지혜가 담긴 속담 모음에 매우 현실적으로 나타나 있다.

룻은 자신의 처지에 좌절하지 않고 이삭줍기나마 남보다 열심히 하여 결국에는 그 땅의 주인과 결혼하고 시어머니 나오미를 거두었다. 여성 신학자들의 눈에는 이런 마지막 결말이 어쩌면 조금 마음에 들지 않을지도 모르겠다. 친절한 부자 남성에 의해 비참한 여성이 가난에서 구원받는다는 식의 이야기는 조금은 상투적인 또 하나의 신데렐라 이야기일 수도 있기 때문이다. 그러나 여기서 정말로 주목해야 할 점은 나오미와 룻의 적극적인 생활 방식이다.

흔히 고대 여성은 현대 여성보다 다소곳하고 수동적이라는 선입관을 갖기 쉽다. 현대식 교육을 받은 여성은 당당하고 자신만만하지만, 보수적인 집안에서 전통적인 가르침에 따라 자란 여성은 그렇지 못하다는 식이다. 그러나 현대 여성의 자신에 찬 얼굴 뒤에는 봉건 시대 여성보다 오히려 훨씬 미숙한 의존성, 사랑과 결혼에 대한 환상, 이기심과 강함을 구별 못하는 탐욕 등이 숨어 있는 경우가 많다. 치장만 요란할 뿐 영혼은 보잘것없는 현대 여성의 의존적 얄팍함이 초라하게 다가오는 만큼, 나오미와 룻의 아름답고도 강인한 일대기는 더더욱 그 강렬한 빛을 발한다. 자신의 삶을 적극적으로 개척해 나간 나오미와 룻은 그만큼 성경에서 독특한 매력을 가진 인물이 아닐 수 없다.

시대가
그리는 지도자
사무엘

요즘처럼 너무나 많은 사람이 인생의 목표를 잃고 좌절감으로 우왕좌왕하는 시기에는 '큰 어른' 즉 '우리의 마음을 진실로 움직일 수 있는 지도자'를 절실히 기다리게 된다. 소소하고 비본질적인 것들만 시시콜콜 왈가왈부하는 작은 지도자보다는, 큰 그림을 그려주어 길을 잃고 헤매는 어리석은 대중에게 불을 밝혀주는 영적인 지도자가 더욱 그립다.

어떻게 말하고 행동할 것인가

글을 발표하거나 생각을 말해야 할 자리가 늘어나면서, 그 무게가 버겁게 느껴질 때가 많다. 그럴 때마다 과연 이런 주제넘은 짓을 앞으로 얼마나 더 계속할 수 있을까 생각해 본다. 무엇보다도 걱정스러운 점은 나 자신의 허위의식과 위선적 태도다. 공적인 자리에서, 내게 이러이러한 문제가 있어서 괴로워 죽겠다거나, 나는 어떤 약점이 있는 사람이고 그동안 했던 후회스러운 일들은 무엇 무엇이었다는 등의 신세타령을 주접스럽게 해댈 수는 없다는 게 핑계라면 핑계일 것이다. 그러니 누가 나에게 제대로 알지도 못하는 공자의 말씀만 하고 있다고 비난해도 반박할 수 없을 것 같다. 그럼에도 나 자신의 지식을 자랑하거나 설익은 생각 따위를 장황하게 늘어놓는 악덕을 저지를 기회가 생기면, 그렇게 원하였건 아니었건 간에 어느 틈에 다른 사람에게 크고 작은 영향을 줄 수 있다는 사실이 두렵고 부담스럽다. 모든 말에는 책임이 따르지만, 특히 대중 앞에서의 글이나 말에는 얼마나 큰 책임이 실려 있는가.

거침없이 앞으로 나아가려는 나의 미숙한 만용과, 이를 반성하고 제지하려는 잔소리꾼인 또 하나의 나와 빚는 갈등은 아마 내가 죽는 날까지 멈추지 않을 것이다. 자신의 한계에 대한 인식과 그 한계를 넘어 보다 성숙하고 지혜로운 사람으로 거듭나기를 원하는 소망이 벌이는 싸움은 인간 존재의 근본적인 속성이 아닐까?

이런 고민에서 온전히 자유로워질 수 있는 경지는 아마도 완전한 침묵의 상태일 수도 있다고 짐작해 보기도 한다. 그러나 '그 침묵이 과연 살아 있는 자의 것일까, 또 그런 자기로의 칩거가 과연 얼마 동안이나 가능할 것인가, 또 그런 모습은 자신에게 주어진 소명을 회피하려는 비겁한 자에게서나 볼 수 있는 게 아닐까' 하는 회의도 드는데, 이는 읽고 쓰기를 배워 어느덧 자유로운 사고가 몸에 익었거나, 더욱 진보된 새로운 것에 대한 동경을 가진 모든 이의 고민이기도 할 것 같다. 이렇게 어떤 말과 행동을 언제 어떻게 해야 할지를 망설이는 나 같은 사람들에게 구약성경에 등장하는 사무엘('하느님의 이름' '그의 이름은 하느님이다'라는 뜻)은 많은 것을 깨닫게 한다.

사무엘 시대는 부족장이 부족을 다스리는 부족 동맹제에서 왕정제로 넘어가는 시기이며, 청동기시대에서 철기시대로 넘어가는 과도기였다. 사무엘기는 이런 격변의 시기에 이스라엘 최초의 임금 사울과 그의 뒤를 이은 다윗이 어떤 경로로 사무엘에 의해 임금으로 임명되어 그들의 역할을 수행하였는지, 또 왕정 하에서 일반 백성이 어떤 사회적 변화를 겪게 되었는지에 대해서 다루고 있다.

사무엘은 아이를 낳지 못해 천대받던 한나에게서 아주 어렵게 태어난 자식이다. 가부장제의 그림자가 너무나 짙게 드리워진 우리나라의 경우, 오늘날까지도 아들을 낳지 못하는 일부 어머니는 아들을 점지 받으려고 무당 집으로, 절로, 한의원으로, 산부인과로 헤매고 다닌다. 요즘은 호주 상속제 같은 불평등한 가족법이 여럿 폐지되어 사람들의 의식도 많이 바뀌었음에도, 남아를 낳아 대를 이어야 한다는 강박관념이 일부 여성뿐 아니라 일부 가정을 괴롭히기도 했다. 과거에 전 세계적으로 태아 성감별이 기승을 부리고 그에 따라 남녀 성비가 기형적인 형태를 띠게 되는 이유도, 바로 이런 가부장적 남성 중심 문화 때문이다.

사제 엘리에게 그의 아들 사무엘을 바치는 한나(by Gerbrand van den Eeckhout)
〈출처:(CC)Samuel at en.wikipedia.org〉

한나 역시 아들을 얻은 후 '한나의 기도'를 드리며 기뻐했다. 이는 후에 '마리아의 노래(마니피캇, 루카 1,46-55)'의 기초이자 원형이 된다. 특히 가난하고 힘없는 사람, 학대받는 여자들의 편에 서신 예수님의 행적과 맥을 같이하는 성경의 기본 정신이기도 하다. 한나는 기도 중에 하느님께 약속드린 대로 아들을 성전에 바친다. 기도 중에 자신의 소원을 하느님께 아뢰면서 이것만 이루어지면 무슨 일이든 하겠다고 큰소리치지만, 소원이 이루어지고 나면 그 약속을 아주 쉽게 잊어버리는 것이 우리 평범한 사람의 모습이다.

이렇게 말하는 나 자신도 그동안 곤경에 처했을 때, 그 고통에서 벗어나게만 해주신다면 무엇이든 하느님이 원하시는 일은 다 하겠다고 맹세한 적이 여러 번 있었다. 지금도 기억에 남는 부끄러운 기도 중 하나는 대입 준비 때의 기도였다. 거의 1년여를 이부자리 한 번 제대로 펴고 잔 적이 없을 만큼 공부에 몰두하다, 문득문득 입시에 불안감을 느끼고 자신 없어질 때마다 '제가 원하는 대학에 붙게만 해주신다면 이제부터는 하느님을 위해 살겠습니다' 하는 기도를 했다. 참 한심스럽다. 결국 나는 소위 좋다는 그 대학에 무사히 붙었지만, 그 후 40년 가까운 세월이 지난 지금까지 나의 삶은 그때의 약속과는 어긋나고 비켜난 세속적인 진흙탕에 불과했다.

하느님의 목소리에 충실했던 사제

그래서 아마 나처럼 하느님께 지은 죄가 많은 보통 사람은 사무엘 같은 인물을 성경에서 만날 때 두려움과 자기반성에서 비롯된 괴로움을 느낄 것이다. 약점 투성이의 인간적인 지도자와 극명히 대비되게, 사무엘은 하느님의 목소리에 충실했던 완전한 사제로 그려지고 있기 때문이다(아마 지금도 평신도들은 성직자들이 그런 역할을 해주길 기대하지 않을까). 물론 사무엘도 처음부터 완벽한 인간은 아니었다. 어린 사무엘은 성전에서 자라지만, 하느님의 말씀을 듣고도 그것이 하느님의 목소리라고 짐작하지 못한다. 다만 자신이 섬기는 사제 엘리의 부름인 줄로 착각하여 여러 번 어리석은 대답을 할 뿐이다(지금도 나 자신을 포함해 얼마나 많은 사람이 하느님의 진정한 부름을 제대로 인식하지 못하고 헛발질만 하고 있는가).

사무엘은 결국 그 소리가 하느님의 말씀이란 사실을 깨닫고 나서도, 그 내용이 자기가 감당하기에는 너무나 끔찍하고 어마어마한 일이라 차마 엘리에게 사실대로 전하지 못한다. 그러나 예언의 내용을 숨기게 되면 큰 벌이 내릴 것이라는 엘리의 다그침에, 사무엘은 비로소 예언자로서의 자기가 누구인지 깨닫고 하느님의 사업을 시작하게 된다. 아마 어린 사무엘은 앞으로 자신이 얼마나 큰일을 하게 될 것이며, 지도자로서 자신의 역량에 따라 이스라엘에 어떤 역사적 사건이 일어날지 상상하지 못했으리라.

사무엘은 이스라엘의 마지막 판관으로, 죽는 날까지 이스라엘을 다스렸다. 성경은 사무엘의 직무를 이렇게 전한다. "그는 해마다 베텔과 길갈과 미츠파를 돌며, 그 모든 곳에서 이스라엘을 위하여 판관으로 일하였다. 그런 다음 자기 집이 있는 라마로 돌아와, 거기에서도 이스라엘을 위하여 판관으로 일하였다. 그는 그곳에 주님을 위하여 제단을 쌓았다."(1사무 7,16-17)

사무엘의 인격은 당시 사람들에게 강한 인상을 남겼고, 오늘날 우리에게도 그러하다. 그러나 그의 임무와 개성 그리고 왕국 수립 초기에 행한 그의 역할은, 전설적인 요소가 포함되어 있고, 또한 복잡한 전승 안에서 서로 어긋나고 있기 때문에 확실하게 드러나지 못하고 가려져 있다.

사무엘은 이스라엘이 부족 국가에서 왕정 국가로 옮겨 가는 데 결정적 역할을 했던 것이 분명하다. 학자들은 사무엘기가 다른 구약성경과 마찬가지로 대략 네 가지 자료로 편집되었다고 본다(앞서 간단히 언급했지만, 성서학자들은 구약성경을 서로 다르게 전승되어 온 네 가지 자료가 편집되어 이루어진 책이라고 보고 있다. 이 때문에 구약성경 안에서 서로 어긋나는 내용이 발견된다. 그 네 자료는 각각의 이름 첫 글자를 따서 J, E, P, D 문헌이라 한다).[10]

이 중 특히 사무엘기에서 중요한 자료는 J문헌과 E문헌인데, 문제는 E문헌에서는 하느님과 사무엘이 지상의 왕권에 반대했다고 하는데 반해, J문헌은 그에 동조적이었다고 하는 데 있다. 어떤 학자는 사무엘이 처음에는 왕권의 도입을 반대했으나, 후에 필리스티아 세력이 확장되어 철을 독점하는(1사무 13,19-23) 등 위협적인 상황이 되자, 입장을 바꾸어 왕국 설립에 능동적인 태도를 보였다고 한다.

사무엘은 왕권을 이스라엘을 통치하시는 하느님 왕권의 지상 대행(Theocracy, 神政)이라 믿었다. 그러므로 사무엘은, 사무엘기 상권 13장과 15장의 두 가지 '거부(拒否) 설화'가 나타내고 있는 것처럼, 하

---

10)   원저의 뿌리(Sorce)가 무엇이냐에 따라 성경을 이해하는 것을 'Source Criticism'이라고 하며 J(Jahwist), E(Elohist), P(Priestercodex), D(Deuteronomist)로 나눈다.

느님 말씀에 대한 절대적인 복종을 임금에게 요구했다. 하지만 사울이 이를 어기자, 사무엘은 사울에 대한 지원을 철회한 후, 신정의 또 다른 대행자로서 유명한 군사 지도자 다윗을 발견했다.

그런데 이 두 가지 '거부 설화' 중 특히 사무엘기 상권 15장 3절에서 사무엘이 사울에게 전한 주님의 말씀인 "그러니 너는 이제 가서 사정없이 아말렉을 치고, …남자와 여자, 아이와 젖먹이, 소 떼와 양 떼, 낙타와 나귀를 다 죽여야 한다"라는 대목에서는 잠시 어리둥절해질 수밖에 없다.

게다가 사울의 군대가 "쓸모없고 값없는 것들만 없애 버렸다"라는 소식을 듣고 사무엘이 크게 노하여 역정을 내는 대목에서는, 군인들이 아무 죄 없는 아이와 젖먹이를 칼과 창으로 무참히 죽이는 것이 진정 주님이 원하시는 일이었을까 하는 의심이 들 정도로, 나로서는 어떤 결론을 내려야 할지 혼란스러운 심정이 되어 버린다.

학자들에 의하면, 이는 이스라엘의 전통인 '헤렘(헌신이라는 뜻)' 법에 따른 것이라 한다. 특별히 하느님께 이미 바쳐져서 일상적인 목적으로는 더 이상 사용할 수 없는 것을 일상적인 목적으로 사용한 데 대한 징벌이라는 것이다. 마치 제사에 바쳐야 할 음식을 미리 나눠먹으며 경건함을 잃어버리면 조상이 노여워한다는 옛 어른의 이야기와 유사하다. 성전(聖戰)에서는 특히 이렇게 행하도록 규정되어 있었다. 즉 전쟁에서 승리하기를 바라며 생명이 있는 모든 전리품을 하느님께 바치겠다고 서원한 대로(민수 21,2-3), 전쟁이 끝난 후에는 숨 쉬는 것은 모두 죽여야 했다(신명 20,16). 이 '헤렘' 법은 원래 이민족의 우상 숭배로부터 이스라엘인을 보호하고자 한 데 그 목적이 있

사울에게 하느님의 말씀을 전하는 사무엘(by Salvator Rosa)
〈출처 : (CC)Samuel at en.wikipedia.org〉

었다고 한다.

모든 권력은 하느님과 백성을 섬기는 데 사용해야

이러한 과정에서 사무엘이 지상의 최고 권력을 지닌 임금에게 당당할 수 있었던 것은 그의 용감성과 신정에 대한 강한 신념 때문이었으리라. 모든 권력(힘)의 원천은 하느님이시다. 하느님이 그러하시듯 모든 권력은 하느님과 백성을 섬기는 데 사용되어야 한다. 모든 능력(힘)은 하느님의 다스리심이 이 땅에서 이루어지도록 돕는 도구로서의 역할이어야 한다. 그러나 현실에서는 그 권력을 자신의 권력 유지를 위한 방편으로만 사용하게 된다.

그 중에서도 사무엘의 예언자 정신을 아직껏 잃지 않고 있는 그리스도교의 역할과 영향력은 어떤 지도층과도 비교할 수 없을 만큼 크다고 본다.

우리가 경계해야 할 가장 무서운 적은, 바로 우리 자신이라는 진실을 깨닫게 해주는 사람이야말로 참 지도자가 아닐까 하는 생각도 해 보았다.

힘 있는 정치 지도자보다는 사무엘 같은 헌신적인 종교 지도자에게 기대고 싶은 마음이 더 큰 것은, 그동안 너무나 이기적이고 약아빠진 세속의 정치인에게 많이 속고 상처 받아서일까.

불행한
지도자
사울

자신의 능력에 대한 지나친 과대평가로 일생을 불만 속에 사는 사람이 적지 않다. 물론 자기 자신에 대한 자부심과 긍지의 근원이 권력이 돈 같은 가시적 조건이 되어서는 안 된다. 진정한 내적 자신감은 그런 사회적 껍질이 아닌 영혼 깊은 곳에서만 소중하게 찾을 수 있는 '사랑'의 힘에서 비롯되어야 그 힘을 발휘할 수 있다. 그런 의미에서 사울의 일생은 우리가 행운과 불행을 어떻게 받아들여야 하는지, 또 주위 사람들과 어떤 관계를 유지하면서 겸손을 잃지 말아야 하는지에 대한 좋은 지침이 된다.

버림받은 임금 사울

성경에는 참으로 많은 인물이 등장하지만 사울은 특히 정신과 의사가 각별한 관심을 기울일 만한 인물이다. 사울이 일생 동안 겪은 정신적 방황과 좌절감은 읽는 이의 눈시울을 적실 만큼 아프게 다가온다. 물론 사울에 대한 성경의 기록이, 사울의 뒤를 이어 임금이 된 다윗 시대 사람에 의해 이루어져 명확하게 묘사되지 않은 부분도 다소 있지만, 여기서는 일단 성경의 기록을 따라 사울이란 인물을 살펴보겠다.

사울이 이스라엘을 다스린 시대가 기록된 사무엘서는 대략 기원전 11세기(기원전 1020~1000년)쯤에 만들어진 역사서의 일종이다.[11] 이 시기에 전 세계의 여러 민족은 청동기시대에서 철기시대로 넘어가는 격동의 역사를 겪는다. 생산력이 급속히 증대되고 잉여 생산물이 늘어남에 따라 부족간의 전쟁이 빈번해지면서, 힘센 부족은 약한 부족을 정복해 점차 왕정 국가의 형태를 갖추게 된다.

또 이 시기에는 신과 조상에게 바치는 제사를 주재하면서 앞날에 대해 예견하는 등 인간의 모든 생활을 관장하던 종교 지도자로부터 정치 지도자가 분리되기 시작한다. 비록 전설 속의 인물이긴 하지만 단군이나 요 임금, 순 임금도 신에게 직접 제사를 지낼 만큼 종교적인 인물이었고, '유덕수명설(有德受命說)' 즉 임금다워야 임금으로서의 운명을 다할 수 있다는 정신에 따라 보위에 오르고 때로는 내쫓

---

11)   Nelson, R.D.(1998), 『The Historical Books』, Nashville, Abingdon Press, p.35

기기도 했다.

사울은 이런 변화의 시기에 임금의 자리에 오른 사람이다. 따라서 아직 강력한 왕권은 확립되지 않은 상황이었으며, 그렇다고 종교 지도자에게 순명만 하면 모든 것이 잘 돌아가는 평화로운 시기도 아니었다. 또한 이때만 해도 절대 왕권이 확립되어 있지 못해 오히려 부족장의 힘 또한 결코 무시할 수 없었을 것이다.

사울은 그러한 과도기에 사무엘이란 판관에 의해 이스라엘의 첫 번째 임금이라는 어마어마한 자리에 오른 인물이다. 하지만 그는 다윗이나 솔로몬이 지녔던 뛰어난 지략이나 남다른 인간적 매력을 지니지는 못했던 것으로 보인다. 성경에 따르면 그는 오히려 다윗이나 사무엘이란 인물의 신앙과 능력을 부각시키기 위한 조역에 불과한 것처럼 보인다.

그렇다고 해서 사울의 역할과 그가 이룬 업적을 결코 무시할 수만은 없다. 그는 판관이 다스리던 이스라엘에 왕정 시대를 연 첫 번째 인물이었으며, 사무엘과의 갈등이 시작되기 전까지만 해도 불같은 열정으로 사람들을 감동시키기까지 한 인물이었다. 그러나 성경은 그를 철저히 버림받은 임금으로 묘사한다.

정통성 시비에 시달리다

사울은 권좌에 있던 시기 내내 임금으로서의 권위나 정통성에 대한 시비에 시달렸다. 그래서 성경에 두 번이나 "사울도 예언자들 가운데 하나인가?"라는 질문이 기록된 것은 예사롭게 들리지 않는다. 당시 자기들보다 더 강력한 철제 무기와 경작 도구를 갖고 있던 필

: 다윗의 음악을 들으며 우울함을 달래고 있는 사울(by Julius Kronberg)
: 〈출처 : (CC)Saul at en.wikipedia.org〉

리스티아인들에 대적해 그들을 물리쳐 줄 이가 이스라엘 민중에게는 매우 절박했으리라 짐작된다. 따라서 사울은 자신이 원해서라기보다 상황에 의해 수동적으로 임금이 된 사람이다. 결국 사울은 사무엘에게 버림받고 민중에게도 외면당하게 된다. 그가 심한 우울증에 빠지게 된 결정적인 원인은, 이렇게 사면초가의 상황에서 홀로 남고 주위 사람에게 버림받았다는 느낌에서 비롯되었을 것이다.

이런 사울의 우울증을 달래준 것은 그의 부하 중 하나인 다윗의 음악이다. 그러나 사울은 다윗의 능력과 인간적인 매력을 시기하여 오히려 그를 죽이려고 모략을 쓴다. 그러나 그때마다 다윗의 절친한 친구인 사울의 아들 요나탄이 다윗을 구출한다. 결국 사울은 자신의 자식에게도 버림받은 셈이다. 왕좌에 오른 후 일생을 불안감과 우울증에 시달린 사울이 임금으로서의 명예를 되찾는 유일한 길은 전쟁터에서 장렬하게 전사하는 길뿐이었다. 아버지의 인간적인 약점을 알고 있던 아들 요나탄이 그나마 아버지와 최후를 같이함으로써, 외로운 사울을 끝까지 보필하며 감싸준 인물로 남는다.

사울은 우울증뿐만 아니라 주변 사람을 의심하고 죽이려는 피해의식과 망상이 있었다. 또 사무엘이 죽은 뒤, 엔 도르의 무당을 찾아가 사무엘의 혼백과 접신하고는 졸도하여 여러 가지 정신병적 증상을 보인다. 이런 점으로 보아, 아마 사울이 지금 현대에 다시 태어난다면 우울성 정신병이나 정동성 정신분열증이라는 진단을 받게 될지도 모르겠다.

가문의 배경이 전혀 없었음에도 한 나라의 임금이 된 사울은, 어찌 보면 처음에는 이 세상에서 가장 운이 좋은 사람이라는 소리를 들었을지도 모른다. 그런 사울을 보면서 주위의 많은 이들이 질투와 시기심을 느꼈을 것이다. 사울도 아마 그런 사람들의 따가운 시선을 느끼면서 자신의 권좌가 매우 위태로워질 것이라는 생각을 했을지도 모른다. 따라서 그는 주위의 신하 중 누가 충신이고, 누가 간신인지 의심하고 불안해하면서 살 수밖에 없었다.

우리나라의 경우도 임금이 된 후 자신의 위치에 불안감을 느끼고, 그 때문에 포악한 군주로 전락한 이들이 여럿 있다. 그 대표적 인물이 궁예다. 궁예도 처음에는 전장에서의 용맹스러운 활약 때문에 세력을 모으게 되고, 삼국 통일을 꿈꿀 만큼 강력한 후고구려의 제왕으로 우뚝 서게 된다. 그러나 자신의 그릇보다 훨씬 더 큰 역할을 수행해야 하는 권좌라는 위치에 점점 불안감을 느끼면서 신하를 의심하기 시작한다. 자신이 상대방의 마음을 그대로 읽을 수 있는 미륵보살의 환생이라면서, 역모의 누명을 씌워 지극히 잔인한 방법으로 신하를 죽이기도 한다. 처음에 궁예가 갖고 있는 힘의 위세에 눌려 궁예에게 무조건적인 복종을 했던 백성은 이런 군주에게 차츰 염증을 느끼고 하나둘씩 떠나게 된다. 이에 점점 더 불안해진 궁예는 그 포악의 도가 더 심해지는 악순환을 되풀이하다 결국 자신의 신하 중 능력 있고 덕망 있는 왕건과의 싸움에서 패한 후, 부양(지금의 평강)으로 쫓겨 가 평범한 백성에게 맞아 죽는다. 광해군이나 영조 역시 종류는 다르지만 자신의 적통성에 불안을 느꼈다.

사울은 물론 궁예만큼 잔인한 행동을 한 폭군은 아니었지만, 자신의 권좌에 불안감을 느끼고 또 자신이 가장 경계하던 부하에게 그 자리를 내주고 비참한 최후를 맞는다는 점에서 궁예와 너무나 유사한 점이 많다. 사울이나 궁예는 아마도 무의식적으로는 결국 다윗이나 왕건이 자신을 축출하고 임금이 되리라고 예견했을 가능성이 많다. 그런 무의식적인 예측 때문에 더욱 불안감을 느꼈을 것이고, 그 불안감은 비정상적인 행동을 하게 만드는 원인이 된다.

나를 지나치게 과대평가하지 마라

사울이나 궁예 같은 군주의 입장에 있지 않은 평범한 사람에게도 이런 비슷한 사건이 얼마든지 일어날 수 있다. 자기가 갖고 있는 작은 권력이나 재물에 대한 집착 때문에 불안감을 느끼곤 결국 주위 사람을 의심하여 그 사람과 싸움을 일으키고 고립무원의 지경에 빠진 후 비참한 최후를 맞는 이들은 우리 주위에서 얼마든지 볼 수 있다. 또 실패할 것이 뻔히 예견됨에도 끝까지 고집을 부려 투자를 한다든가 엉뚱한 일을 벌여 결국 패가망신하는 이들도 많다. 이들이 자기의 무의식적인 예견 능력에 조금만 귀를 기울였다면, 그리고 조금만 더 겸손하게 신과 양심의 소리에 귀 기울일 수 있었다면 그런 불행한 결과를 낳지는 않았을 것이다. 그러나 안타깝게도 많은 사람이 스스로 자신을 파탄의 지경에 빠뜨리고 만다.

평범한 이들은 자신에게 불행한 상황이 닥치면 대부분 신을 원망하고 주변을 탓한다. 물론 자신의 잘못과는 상관없이 천재지변을 당하거나 갑작스러운 사고를 당하는 등 불운에 처하는 경우도 없지는 않다. 그러나 나쁜 상황을 이미 충분히 예견할 수 있는 것도 있다. 그럼에도 과욕과 집착, 거만한 마음, 또 요행을 바라는 심정 같은 것들 때문에 뻔히 보이는 함정에 빠지는 것이 우리 인간이 아닌가 싶다.

⋮ 사울의 죽음(by Elie Marcuse) 〈출처 : (CC) Saul at en.wikipedia.org〉

임상에서도 많은 이가 자신의 능력 이상의 무언가를 바라다가 결국에는 실패하고, 또 그 때문에 깊은 상처를 받는 것을 많이 본다. 때론 자신의 능력에 대한 지나친 과대평가로 일생을 불만 속에 사는 사람도 적지 않다. 자기 자신에 대한 자부심과 긍지의 근원이 권력이 돈 같은 가시적 조건이 되어서는 안 된다. 진정한 내적 자신감은 그런 사회적 껍질이 아닌 영혼 깊은 곳에서만 소중하게 찾을 수 있는 '사랑'의 힘에서 비롯되어야 그 힘을 발휘할 수 있다. 그런 의미에서 사울의 일생은 우리가 행운과 불행을 어떻게 받아들여야 하는지, 또 주위 사람과 어떤 관계를 유지하면서 겸손을 잃지 말아야 하는지에 대한 좋은 지침이 된다.

선거 때만 되면, 경선 정국이니 대권 구도니 하며 신문과 텔레비전에서 흘러나오는 정치 뉴스가 우리 마음을 불안하고 불편하게 한다. 누가 대통령이 되건, 어느 당이 정권을 잡건 가장 중요한 것은 인덕과 리더로서의 능력이다. 이 두 가지를 겸비하지 못했다고 생각하는 사람은 가만히 있어야 한다. 후대의 평가에 대한 두려움은 논외로 하더라도, 자신의 능력 이상의 위치에 억지로 서게 되면 주위 사람들은 물론 본인에게 훨씬 더 불행한 일임을 성경 속의 사울을 통해 깨달았으면 좋겠다.

2

구약의 영웅과
선지자

인간적인
영웅
다윗

다윗은 오늘날의 우리와 다르지 않은, 친숙한 이미지의 현실적이고도 대중적인 영웅이다. 우리가 보기엔 역사상 위대한 지도자로 자리매김 되는 위인과 평범한 민중 사이에는 어마어마한 차이가 있지만, 하느님의 눈에는 별다를 바 없을지도 모른다. 편안할 때는 끊임없이 잘못을 저지르고 절망에 빠졌을 때는 염치 좋게도 절대자에게 기대어 도움을 청하는 우리의 미숙함을 다윗에게서 발견하는 것은 한편으로는 위안이지만, 다른 한편으로는 인간의 본질상 죄를 피할 수 없는 시시포스의 고통을 떠올리게 한다.

헐벗고 소외된 사람의 롤 모델

텔레비전에 나오는 연예인에게 열광하는 청소년이 우리 주위에는 많다. 때로는 엑스터시에 빠져 눈물을 흘리거나 심지어 졸도까지 하는 그들을 보고 어른들은 말세라며 혀를 차기도 한다. 그러나 실은 그처럼 뜨거운 흠모를 받는 스타와 그런 스타를 사랑하는 평범한 대중은 아주 오랜 옛날부터 인류 역사에 존재해 왔다. 다윗이 바로 그런 대중의 스타이자 영웅의 하나이다.

분석심리학자 융은 '영웅'을 성숙한 정도와 발달 과정에 따라 나누어 놓았다. 아이처럼 깔깔 웃고 장난하며 자기에게 관심을 가져 달라고 하는 유아적 영웅에서부터, 예수님이나 부처님처럼 자기뿐만 아니라 다른 사람의 구원에 책임을 느끼는 성숙한 영웅까지 네 단계가 있다는 이야기다.

그 영웅 중에서도 가장 매력적인 타입은, 성격적인 약점을 많이 지녔음에도 주어진 고통과 어려움을 혼신을 다해 극복해 나가고 인간에 대한 신뢰와 절대적 존재에 대한 사랑을 잃지 않는 이들이다. 다윗이 바로 그런 특성을 지니고 있다. 다윗의 이야기는, 후대에 쓰이면서 그를 이상화하려는 편집자의 수식이 첨가된 면은 있으나, 역사적 실존 인물이기도 하다는 게 중론이다.

다윗은 형제가 많은 집안에서 막내로 자라며 사실 별다른 주목을 받지 못하고 성장한다. 그러나 그가 제왕이 될 운명은 골리앗과의 싸움에서 상징적으로 드러난다. 어마어마한 거구에 중무장한 골리앗을 그저 단순한 돌팔매로 물리치면서, 다윗은 힘없는 민중의 각광을 받는다. 창과 칼과 튼튼한 말로 무장한 상류 계층의 무사와는 달리

가진 것이라고는 돌밖에 없는 맨몸의 그가 전쟁을 승리로 이끌었다는 사실만으로도, 헐벗고 소외된 대다수 민중은 큰 힘을 얻게 된다.

게다가 다윗은 전쟁에서 매번 승리하면서도 사울에게 까닭 모를 질투와 미움을 사서 핍박받고 쫓기는 신세가 되어 억압받는 민중의 처지를 속속들이 이해할 기회를 가지게 된다(요즘 식으로 말하자면 일종의 반체제 민주 투사인 셈이다). 결국 하느님의 뜻에 충실히 따른 그는 모든 싸움의 승리자가 되어 임금의 자리에 오른다. 민중의 지속적인 지지와 계속되는 전쟁에서의 승리 후 다윗 앞에는 탄탄대로만 열릴 것 같지만, 사실 다윗이 진정한 의미의 시련을 겪는 시기는 바로 이때부터다.

먼저 다윗은 자신이 임금이 되도록 도와준 여러 공신의 암투 속에서 곤란에 빠진다. 특히 다윗이 사무엘이나 다른 판관처럼 좋은 가문에서 태어나 훌륭한 교육을 받은 임금이 아니라 평범한 집안에서 태어나 든든한 배경이 없다는 점 때문에, 신하들은 더욱 격렬한 권력 다툼을 벌였을 것이다. 이를 무마할 수 있는 가장 손쉬운 방법은 그 신하들, 혹은 각 족장들의 딸과 결혼하는 것이었으리라. 사실 과거 왕권 시대, 국가끼리의 화해를 도모한다든가 힘을 합해 더 큰 제국을 만들 때 결혼처럼 손쉬운 통일 방법은 없었다. 그러나 이러한 결혼이 후일 분열의 씨앗이 되어 처절한 권력 다툼이 일어나게 되는 것이 또한 인류의 역사였다.

그런 맥락에서 다윗과 사울 임금의 딸 미칼의 불화 역시 단순한 부부간의 문제라기보다는 가문 간의 싸움, 또 원래 권력을 잡고 있던 훈구 세력과 새롭게 권력을 지니게 된 신진 세력 간의 갈등으로

다윗과 골리앗의 싸움(by Osmar Schindler)
〈출처 : (CC)Goliath at en.wikipedia.org〉

읽을 수 있다. 미칼은 아버지인 사울이 다윗을 죽이려 할 때 기지를 발휘해 다윗을 살려주어 후일을 기약하게 한 일등 공신이다. 비록 사울과 요나탄은 죽었지만 이전 왕실을 따르던 많은 신하가 있었을 테고, 미칼은 그런 세력에게는 상징적인 존재일 수 있다.

임금의 자리를 어느 정도 공고히 한 후 사울과 요나탄에 대한 의리 때문이었는지 아니면 옛정 때문인지, 다윗은 이미 다른 남자에게 시집간 미칼을 잊지 못하고 데려온다. 그러나 미칼은, 통일 국가의 임금이 된 다윗이 하느님의 궤가 도성으로 들어올 때 기쁨에 겨워 덩실덩실 춤추는 것을 보고 비웃으며 그가 건달처럼 경망하게 군다고 책망한다. 다윗은 이런 미칼의 태도에 단호히 자신의 입장을 밝힌다. "주님께서는 당신 아버지와 그 집안 대신 나를 뽑으시고, 나를 주님의 백성 이스라엘의 영도자로 세우셨소. 바로 그 주님 앞에서 내가 흥겨워한 것이오. 나는 이보다 더 자신을 낮추고, 내가 보기에도 천하게 될 것이오"(2사무 6,21-22)라고 말하고는 미칼을 내친다. 이런 일화는 다윗이 사울 집안으로부터 완전한 독립을 성취해 내고 그들의 영향력을 벗어났다는 의미로 해석할 수 있다.

다윗의 실수를 꾸짖은 하느님

분명 다윗은 여러 가지 의미에서 그 당시 민중의 사랑을 받은 영웅이었으나, 몇 가지 결정적인 실수를 하면서 더욱 인간적인 모습으로 우리에게 친숙하게 다가온다.

우선, 다윗이 우리야의 아내 밧 세바를 얻는 과정은 그리스도교 신자가 아닌 사람에게도 잘 알려졌을 정도로 유명한 이야기다. 목욕을 하고 있는 밧 세바를 보고 반한 다윗은 그를 궁전으로 몰래 불러들이고 아이를 갖게 한다. 다윗은 거기서 그치지 않고 밧 세바의 남편을 전쟁터에 보내 의도적으로 죽음에 이르게 한다. 그러자 지금까지는 다윗 편에 서셨던 하느님도 예언자 나탄을 보내시어 이 일만큼은 엄중히 꾸짖으시고 후에 일어날 끔찍한 일을 미리 알리시며, 둘 사이에 태어난 아이를 죽게 하신다.

"이제 네 집안에서는 칼부림이 영원히 그치지 않을 것이다. 네가 나를 무시하고, 히타이트 사람 우리야의 아내를 데려다가 네 아내로 삼았기 때문이다.…이제 내가 너를 거슬러 너의 집안에서 재앙이 일어나게 하겠다. 네가 지켜보는 가운데 내가 너의 아내들을 데려다 이웃에게 넘겨주리니, 저 태양이 지켜보는 가운데 그가 너의 아내들과 잠자리를 같이할 것이다. 너는 그 짓을 은밀하게 하였지만, 나는 이 일을 이스라엘의 모든 백성 앞에서, 그리고 태양이 지켜보는 가운데에서 할 것이다."(2사무 12,10-12)

이런 예언은 얼마 후 그대로 무서운 현실이 된다. 다윗의 셋째 아들 압살롬은 배다른 형제 암논이 자신의 누이 타마르를 욕보인 후 잔인하게 내쫓아 버린 일에 앙심을 품는다. 이 일을 알고 있던 다윗은 아들 암논을 사랑한다는 이유로, 암논의 이같이 끔찍한 근친상간의 죄에 대해 더는 묻지 않고 덮어둔다. 이에 압살롬은 속으로 매우 서운함을 느낀다. 결국 압살롬은 암논을 죽이고, 이웃 그수르 임금 암미홋의 아들 탈마이에게 가서 3년 동안 머물다 온다. 자식 사랑이 지극한 다윗은 총애하던 암논을 죽인 또 다른 아들 압살롬을 용서하고 받아들인다. 그러나 압살롬은 이런 아버지를 배신하고 반란을 일

목욕하는 밧 세바(by Artemisia Gentileschi)
〈출처 : (CC)Bathsheba at en.wikimepia.org〉

으킨다. 결국 다윗은 사랑하는 아들에게 쫓기는 비참한 신세가 된다. 이때 백성은 아들에게 권력을 찬탈당한 후 맨발로 쫓겨 가는 다윗 뒤를 울면서 따른다.

그러나 백성이 모두 다윗 편은 아니었다. 사울의 친척 하나는 "사울 일족을 죽이고 나라를 빼앗았다"며 다윗에게 욕을 한다. 신하들이 분개해서 그를 죽이려 할 때 다윗은 "내 뱃속에서 나온 자식도 내 목숨을 노리는데, 하물며 이 벤야민 사람이야 오죽하겠소? 주님께서 그에게 명령하신 것이니 저주하게 내버려 두시오"(2사무 16,11)라고 말한다. 바닥까지 닿은 완전한 절망의 마음을 느낄 수 있는 말이다.

한편 압살롬은 궁궐에 남아 있는 다윗의 후궁을 차례로 욕보인다. "임금께서 부왕에게 미움 받을 일을 한 것을 온 이스라엘이 듣게 되면 임금님을 따르는 모든 이가 손에 힘을 얻을 것입니다"(2사무 16,21)라고 말하는 신하 아히토펠의 의견대로 온 이스라엘이 보는 앞에서 부왕의 후궁과 관계를 한다. 나탄의 예언이 그대로 실현되는 무서운 순간이다. 이런 패륜을 저지르고 아버지를 배반했으며 백성의 신의도 얻지 못한 압살롬은 결국 다윗에게 패하고 만다. 다윗의 신하들은 원한이 사무쳐 압살롬과 그의 부하를 소탕하려고 하나, 다윗은 젊은 압살롬만은 꼭 보호해 달라고 당부한다. 하지만 전쟁의 와중에서 압살롬은 상수리나무에 매달린 채 요압의 창에 맞고, 다른 군인 열이 달려들어 그를 쳐 죽인다.

마침내 반란은 평정되고 다윗은 다시 임금의 자리로 돌아오지만 압살롬이 비참하게 죽었다는 소식을 듣고 몹시 애통해한다. 너무나 상심이 커서 신하들이 "…압살롬이 살고 저희가 모두 죽었더라면,

임금님 눈에 옳게 보였을 것이라는 사실을 깨달았습니다"(2사무 19,7)라고 이야기하자 그제야 겨우 아픈 마음을 추스른다.

우리의 미숙한 모습을 다윗에게서 찾다

다윗은 이후에도 북방 종족의 반란, 사울의 후손과의 대립, 필리스티아인과의 싸움 등 계속 어려움을 겪는다. 마침내 모든 반란이 평정되던 날 다윗은 가슴속에서 우러나오는 아름다운 찬양을 드린다. "주님은 저의 반석, 저의 산성, 저의 구원자, 저의 하느님, 이 몸 피신하는 저의 바위, 저의 방패, 제 구원의 뿔, 저의 성채, 저의 피난처, 저를 구원하시는 분, 당신께서는 저를 폭력에서 구원하셨습니다"(2사무 22,2-3)라고 노래한다.

하지만 이런 기도를 올린 다윗은 평화 시대에 또다시 거만함으로 잘못을 저질렀으니, 병적 조사(병사 모집을 위한 호적 조사)를 하기 시작한 것이다. 이는 세금을 착취하고 전쟁을 벌이겠다는 야심이 들어 있는 행동이었기 때문에 하느님은 다시 재앙을 내리시고, 다윗이 참회하여 번제와 친교제를 드린 후에야 오랜 비극이 끝나게 된다.

위대한 지도자인 다윗은 춤과 노래를 좋아하는 천재적인 시인인 동시에, 아들들에게는 맹목적인 사랑을 주었던 자상한 아버지였고, 많은 여성에게 사랑을 받은 매력적인 남성이기도 했다. 성경에 등장하는 많은 인물이 신의 이미지와 가까운 권위적인 얼굴을 하고 있는 종교인이라면, 다윗은 바람도 피운 부도덕한 남편이었고 근친상간의 무서운 죄를 범한 암논을 벌하지 않고 내버려 두었던 사감에 굴복한 판관이기도 했다. 이렇듯 지극히 인간적인 다윗은, 비슷한 잘못을 또다시 저질러 그 죗값을 혹독하게 치르기도 하지만, 그런 실수를 되풀이할 때마다 하느님께 용서를 빌고 자비를 구하였다.

다윗은 어쩌면 오늘날의 우리와 별로 다르지 않은, 매우 친숙한 이미지의 현실적이고도 대중적인 영웅이다. 우리가 보기엔 역사상 위대한 지도자로 자리매김 되는 위인과 평범한 민중 사이에는 어마어마한 차이가 있지만, 하느님의 눈에는 별다를 바 없을지도 모른다. 편안할 때는 끊임없이 잘못을 저지르고 절망에 빠졌을 때는 염치 좋게도 절대자에게 기대어 도움을 청하는 우리의 미숙함을 다윗에게서 발견하는 것은 한편으로는 위안이지만, 다른 한편으로는 인간의 본질상 죄를 피할 수 없는 시시포스의 고통을 떠올리게 한다.

지혜로웠지만
불행했던 사람
솔로몬

솔로몬은 상상도 못할 찬란한 영화를 누렸지만 그 영광을 단한 세대에게도 물려주지 못한 채 우매한 말년을 보냈다. 그는 무수한 여자를 만나 정열적인 사랑을 나누었으나 그 갈망이 끝내 채워지지 않아 외롭기만 했다. 하느님의 사랑을 넘치도록 받았지만 그 만남을 더 큰 사랑으로 끝내 승화시키지 못한 솔로몬에게서 성공과 실패, 사랑의 기쁨과 아픔, 그리고 신앙과 비신앙의 갈림길에서 현명하지 못한 선택을 되풀이하는 인간을 본다.

출생과 도덕성 시비에 시달리다

지혜로운 철학자, 성전과 궁전 건축이라는 대역사의 주인공, 강력한 영도력을 지닌 막강한 군통수권자, 현명한 무역인 등 지도자가 지닐 수 있는 모든 재력과 능력을 갖추었던 솔로몬은 사실 모든 이가 부러워할 만한 일생을 보낸 사람이다. 왕위에 오르기까지 약간의 우여곡절은 있었지만 현명한 어머니 밧 세바의 계책으로 무사히 그 고비를 넘길 수 있었고, 재위 기간 내내 온갖 영화는 다 누렸기 때문이다. 그러나 호화롭고 영광스럽게 보이는 솔로몬의 인생을 더 깊숙이 들여다보고 그의 내면과 숨겨진 갈등을 진지하게 천착하다 보면 결코 그가 부럽지 않다는 마음이 들 것이다.

우선 출생과 관련된 그의 영화 같은 사연을 보자, 그는 태어날 때부터 법과 도덕에서 벗어나 하느님의 분노를 사면서까지 맺어진 관계 안에서 잉태된 사생아다. 알려진 대로 솔로몬의 어머니 밧 세바는 다윗과 정식으로 결혼식을 올린 정식 부인이 아니라, 다윗이 전남편 우리야를 죽인 후 함께 살았던 정부다. 어떤 학자들은 남달리 신앙심이 깊은 다윗이 밧 세바의 벗은 몸을 보고 반해서 결혼했다는 사실은 단순한 우연이라기보다는 밧 세바와 그의 세력이 꾸민 의도적인 사건이었을 가능성이 매우 높은 것으로 보기도 한다.

이런 출생의 배경은 솔로몬의 성장기 내내 그를 괴롭히는 문제였을 것이다. 이 때문에 그는 어쩔 수 없이 사랑과 관련된 도덕과 윤리에 대해 회의를 품게 되었을 수도 있다. 유례없이 많은 700명의 후궁과 수청 드는 여자를 300명이나 거느렸던 것은 그가 가졌던 부와 권력의 위력이기도 하지만, 이런 그의 어두운 출생 배경 때문이 아니었을까. 모든 이에게 존경받던 아버지와 현명한 어머니의 간통 사건, 그리고 그 관계에서 태어난 사생아로서의 자기 자신에 대해 단순하고 긍정적인 자아 정체성을 갖기는 쉬운 일이 아니었을 것이다.

여기에 더하여 왕위 계승 과정에서의 도덕성 시비가 그를 끝까지 괴롭혔다. 여러 배다른 형제 중 막내로 태어나, 자신의 형들이 저지르는 아버지 첩과의 근친상간 문제나 배다른 형제간의 강간 사건 등으로 피비린내 나는 싸움이 벌어지는 것을 보며 성장한 사람이 바로 솔로몬이다. 왕자로 태어나 온갖 영화를 다 누릴 수 있는 위치에 있던 솔로몬이었지만, 적어도 그가 속한 가정이라는 울타리는 결코 행복하지도 안전하지도 않았던 것이다.

보통 이런 환경에서 자라게 되면 지고지순한 사랑에 관한 믿음을 갖기는 매우 힘들다. 건강한 사랑에는 유혹과 정열도 필요하지만 안전과 충성스러운 순결이 전제되어야 하고, 이런 미덕은 안정된 부모 밑에서 배우는 것이 훨씬 쉽다. 솔로몬이 늙어 성생활이 불가능해질 때까지 동첩을 들일 만큼 사랑에 굶주렸던 것은, 이런 어린 시절의 상처 때문이 아니었을까 하고 나름대로 정신의학적인 상상력을 발휘해 본다.

부족 내에서 배우자를 맞이하는 것을 미덕으로 삼는 이스라엘의 임금으로서, 그가 좋아했던 여성 중에 특히 외국 여성이 많았던 점도 단순한 우연이 아닌 것 같다. 근친상간이라는 끔찍한 일을 여러 번 간접 경험한 그로서는 자신의 부족보다는 다른 부족의 여성이 훨씬 더 안전하고 매력적으로 보였을 수도 있다. 그가 외국의 여성을 아내로 맞아들이고 그 때문에 말년에 판단력이 흐려지면서 신앙심이 흔들려 외국의 신에게 분향하고 제물까지 바쳤다는 사실은 이런 사랑에 대한 회의와 그 맥을 같이한다.

스바(세바) 여왕과의 만남

사랑을 믿지 않는 사람은 사랑 그 자체이신 하느님을 깊고 확고하게 믿는 것이 정말 어렵다. 그런 회의론자 솔로몬도 스바(세바) 여왕과의 만남에서는 잠시나마 깊은 사랑을 맛본다. 어쩌면 그에게 단한 번 주어진 진정한 사랑의 기회가 아니었을까?

스바 여왕은 다른 후궁이나 정부와는 달리 솔로몬과 동등한 위치에서 지혜와 인생을 논할 수 있었던 현자였다. 멀리서 솔로몬의 명성을 듣고 찾아온 스바 여왕은 여왕으로서 자신의 부와 지위를 내세우기보다는, 오히려 솔로몬의 미천한 아내들을 부러워할 정도로 솔로몬에게 깊이 빠진다.(1열왕 10,6-8) 또한 임금을 꾀어 자신의 우상을 섬기게 만든 다른 외국 여성의 이기적인 사랑법과는 달리, "주 임금님의 하느님께서…찬미 받으시기를 빕니다. 주님께서는 이스라엘을 영원히 사랑하셔서, 임금님을 왕으로 세워 공정과 정의를 실천하게 하셨습니다"(1열왕 10,9)라며 솔로몬의 믿음과 정신세계를 전적으로 긍정해 주는 태도를 보인다. 솔로몬 임금은 이렇게 자신을 완전히 이해해 주는 스바 여왕에게 관례에 따른 답례 외에도 여왕이 요청한 것을 모두 주고, 여왕은 여왕대로 금, 보석, 향료, 오동나무 등 많은 선물로 답례하고 돌아간다. 정말로 아낌없이 주고받은 관계가 아닌가.

이 둘의 만남을 그저 아라비아 남단 지역의 스바 왕국과 이스라엘

: 솔로몬을 찾아온 스바의 여왕(by Edward Poynter)
: 〈출처 : (CC)Solomon at en.wikipedia.org〉

의 교역이라는 정치·경제적 의미로만 이해한다면 너무 아쉽고 싱겁다. 스바 여왕과 솔로몬은 겉으로 보기에는 서로 만나 정치적 정적으로 사치스러운 소비품만 교환했을 뿐이라고 얘기할 수도 있다. 물론 이런 과정 중에 백성이 수탈당했을 수도 있고 나라 경제에 부담이 되었을 테니, 지배 계층의 호화로운 만남이라는 식의 해석도 가능하다. 그러나 스바 여왕과 솔로몬 임금의 교류는 그런 사회적 의미보다는 지혜로운 여성성과 남성성의 합일이라는 심리적 상징성으로 이해할 때 훨씬 의미가 있다. 스바 여왕과 솔로몬 임금의 만남은 가부장적인 남성 중심주의로 일관한 구약성경에서 지극히 예외적으로 동등한 관계를 유지한 감정과 낭만이 깃든 사랑이었고, 이 때문에 후세의 인본주의적 문학이나 미술 등에도 많은 영감을 주는 모티프가 된다.

남성 우월주의자인 유대인의 풍습에도 솔로몬은 사랑의 화신으로 각인되어, 신랑 신부를 임금과 왕비로 부르는 결혼 축제 때의 아름다운 노래 '아가'가 솔로몬의 노래라고 이름 붙여 있다. 비교적 근엄한 정치사, 잠언과 교훈으로 가득 찬 성경에서 관능과 감각적인 표현으로 가득 찬 아가를 읽는 일은 어쩐지 쑥스럽고 어색하다.

"아, 제발 그이가 내게 입 맞춰 주었으면! 당신의 사랑은 포도주보다 달콤하답니다."(아가 1,2) "건포도 과자로 내 생기를 돋우고 사과로 내 기운을 북돋아 주셔요. 사랑에 겨워 앓고 있는 몸이랍니다. 그이의 왼팔은 내 머리맡에 있고 그이의 오른팔은 나를 껴안는답니다."(아가 2,5-6) "오, 귀족 집 따님이여 샌들 속의 그대의 발은 어여쁘기도 하구려. 그대의 둥근 허벅지는 목걸이처럼 예술가의 작품이라오. 그대의 배꼽은 둥그란 잔 향긋한 술이 떨어지지 않으리라. 그대의 배는 나리꽃으로 둘린 밀 더미. 그대의 두 젖가슴은 한 쌍의 젊은 사슴, 쌍둥이 노루 같다오."(아가 7,2-4)

웬만한 에로티시즘 문학쯤은 너끈히 제칠 만한 도발적인 표현들이다. 청소년이나 혼인 적령기에 이른 젊은이 중에 신앙심과 자연스러운 성적 본능 사이에 분열과 갈등으로 고민하는 이들이 많은데, 한 번쯤 아가서를 읽게 하여 그 죄의식에서 벗어나게 하면 어떨까 하는 생각도 해보았다. 육체적 사랑을 백안시하기보다는 오히려 정상적이고 건강한 발전의 기회로 인식하게 하자는 생각을 하며 아가를 읽는 것은 물론 정신과 의사로서의 내 직업의식 탓일 것이다.

하나님께 지혜를 청한 솔로몬

한편 솔로몬이 하느님께 다른 어떤 보물보다 지혜를 청한 것은 결코 우연히 나온 즉흥적인 청이 아니고 충분히 이해할 수 있는 선택이었다는 점 또한 주목할 가치가 있다. 앞서 말한 대로 솔로몬은 피비린내 나는 궁정의 권력 싸움에서 살아나 기적적으로 권좌에 오른 사람이다. 그 시점에 이르기까지 그를 생존케 했던 가장 큰 요인은 그와 그 어머니의 지혜였다는 점을 솔로몬은 누구보다 잘 알고 있었다. 그는 지혜를 통한 성숙한 관용이 복수와 증오보다 훨씬 더 우리를 평화롭게 한다는 점도 깨달았을 것이다. 이에 걸맞게 그의 이름은 히브리어 어원을 따지자면 '시메이' 즉 '평화롭게 할 수 있는 이'라는 의미를 갖고 있다.

따라서 그가 반역을 꾀한 형제와 역신을 다스리는 방법도 지혜로운 사람답게 매우 신중하게 이루어진다. 솔로몬이 왕위에 오르기 전 다윗이 공식적으로 왕위를 물려주겠다는 말을 하지도 않았는데도 먼저 잔치를 벌여 공식적으로 자기의 왕위계승권을 발표한 세 사람이 있었다. 하낏의 아들 아도니야, 츠루야의 아들 요압, 사제 에브야타르다. 솔로몬은 지혜롭게 이들을 물리치고 임금이 되었지만 곧바로 피비린내 나는 복수 혈전을 벌이는 일을 하지 않는다. 오히려 그들도 자신의 신하로 포용하려는 태도를 보인다.

그러나 아버지의 부인 가운데 한 여자를 아내로 맞겠다며 또다시 아도니야가 왕권에 도전하자 솔로몬은 가차 없이 그를 처단해 버리고, 함께한 사제 에브야타르 역시 사제직에서 쫓아 버린다. 또 요압도 목숨을 부지하겠다고 하느님의 장막으로 가서 제단의 뿔을 잡고 있었지만, 솔로몬은 망설이지 않고 그가 행한 두 가지 살인죄를 공표한 후 합법적인 절차를 밟아 그를 죽인다. 성전의 위세에 빌붙어 왕권에 도전한다든가, 불의를 행하고 비호를 받아 보겠다는 가짜 신앙은 인정하지 않겠다는 단호한 태도를 읽을 수 있는 강한 지도자다운 행동이다.

하느님은 다른 무엇보다도 지혜로운 임금이 되겠다는 솔로몬의 태도를 가상히 여기시어 그가 청하지 않은 재산과 장수 등 모든 여벌의 선물을 주셨고, 이 때문에 후세의 많은 성서학자나 역사가들은 솔로몬이 훌륭한 임금이었음을 강조한다.

그러나 만약 솔로몬이 '지상의 복락'을 가져올 수 있는 지혜 대신, 그의 내면을 행복하게 할 '진실한 사랑과 신앙'을 청하였다면 어땠을까. 비록 이스라엘의 영광이 그의 몫으로 돌아오지 못하고 그의

모든 광영과 치적이 다른 임금에게 돌아갔을지 모르지만, 적어도 솔로몬 개인으로서는 사랑과 신앙으로 가득 찬 정말로 풍요로운 삶을 살지 않았을까.

솔로몬은 사실 소원을 잘못 청해 불쌍하게 된 사람이라는 생각마저 든다. 1000명의 아내를 얻었다는 사실은 바꾸어 말하면 그가 그만큼 많은 방황을 했으며, 그 누구에게서도 마음의 안정을 얻지 못하고 진정한 사랑을 느끼지 못했다는 반증이다. 성생활의 타락과 신앙에 대한 외의로 말미암은 우상 숭배는 그가 지닌 콤플렉스를 부정적인 쪽으로 분출시킨 것일 수도 있다. 물론 성전과 궁궐을 짓고 7일간의 축제를 베풀 때만 해도 지혜를 잃지 않았으므로 자신의 내적 고통을 승화시켜 보다 생산적인 일에 몰두한 것이지만, 그런 세속적인 성취는 한계가 있을 수밖에 없다.

현명한 임금 솔로몬이 말년에 가서 판단력을 잃고 사치와 낭비에 빠지게 되자 하느님은 "네가 이런 뜻을 품고, 내 계약과 내가 너에게 명령한 규정들을 지키지 않았으니, 내가 반드시 이 나라를 너에게서 떼어 내어 너의 신하에게 주겠다. 다만 네 아버지 다윗을 보아서 네 생전에는 그렇게 하지 않고, 네 아들의 손에서 이 나라를 떼어 내겠다. 그러나 이 나라 전체를 떼어 내지는 않고, 나의 종 다윗과 내가 뽑은 예루살렘을 생각하여 한 지파만은 네 아들에게 주겠다"(1열왕 11,10-13)라고 하신다. 결국 솔로몬의 아들 대에 이르면서 변하지 않을 것 같던 솔로몬의 영화는 신기루처럼 사라진다. 이제 이스라엘 백성에게는 분열의 나락만 남은 것이다.

솔로몬은 늙어 그 지혜를 다 잃어버린 탓에, 죽을 때까지 자신의 잘못을 깨닫지 못한 채 예언자의 무서운 경고를 듣고도 이를 무시한다. 대신 반란을 일으킬 것이라는 경고의 주인인 예로보암을 찾아 죽이려는 우둔한 잘못을 저지르고 만다. 그러나 이미 예정된 운명대로 예로보암은 이집트로 망명하고 솔로몬이 죽을 때까지 기다리다가 결국 그 자손을 괴롭히게 된다.

상상도 못할 찬란한 영화를 누렸지만 그 영광을 단 한 세대에게도 물려주지 못한 채 우매한 말년을 보낸 솔로몬. 그는 무수한 여성을 만나 정열적인 사랑을 나누었으나 그 갈망이 끝내 채워지지 않아 외롭기만 했다. 하느님의 사랑을 넘치도록 받았지만 그 만남을 더 큰 사랑으로 끝내 승화시키지 못한 솔로몬에게서 성공과 실패, 사랑의 기쁨과 아픔, 그리고 신앙과 비신앙의 갈림길에서 현명하지 못한 선택을 되풀이하는 인간을 본다.

재난 속에
자신을 바친
엘리야

가장 낮은 곳으로 추락하지 않으면, 우리의 진짜 눈은 열리지 않는다. 예수님께서는 "누구든지 내 뒤를 따라오려면, 자신을 버리고 날마다 제 십자가를 지고 나를 따라야 한다.… 사람이 온 세상을 얻고도 제 목숨을 잃으면 무슨 소용이 있겠느냐?"라고 하셨다. 엘리야는 안락함과 허명에 길들여져 오만해진 이들을 부끄럽게 만들지만, 동시에 그래도 희망을 놓지 않게 해주는 참된 모범이다.

엘리야의 광야 경험

돈과 권력, 그리고 허명을 종교처럼 섬기고 믿는 이들의 뉴스로 나라가 자주 시끄럽다. 부끄러움과 염치마저 사라지는 게 아니냐는 걱정이 새삼스럽지 않다. "신의 섭리를 믿는다" "착한 세상을 꿈꾼다"라는 말을 하면 분위기가 싸늘해질 때도 있다. 어쩌면 뉴스에 등장하는 이들뿐 아니라 내 안에도 그들 못지않은 추한 욕망과 악한 심성이 자라고 있는 건 아닌지 되돌아본다.

역사적으로 보면, 악의 세력이 판을 주도하지 않았던 때가 드물다. 세상은 항상 힘과 재물을 많이 가진 이들의 것처럼 보였고 정의로운 많은 이들이 억압받고 조롱당했다. 아우슈비츠에서 살아남은 소설가 엘리 비젤(Elie Wiesel)의 사적 체험이 담긴 소설 『나이트(Night)』에는 죄 없는 소년을 나치가 몇 시간에 걸쳐 죽이는 황망하고 흉악한 장면이 나온다. 나는 그 소년이 바로 '고통 속에 죽어가는 신'이 아닐까 생각했다. 역사의 중요한 고비 고비마다 인간은 권력욕, 재물욕, 명예욕 때문에 하느님을 핍박하고 능멸해 왔던 것은 아니었을까. '악'의 화신으로 살고 가짜 예언자와 지도자를 따르면서, 스스로는 하느님을 섬긴다고 착각했던 것은 아니었을까.

열왕기에 등장하는 엘리야는 이런 질문에 대한 대답이 될 수 있을 것 같다. 엘리야는 구약성경과 신약성경을 통틀어 모세 다음으로 중요하게 등장하는 영석 지도자다. 다윗이나 솔로몬도 성경의 중요 등장인물이지만, 제왕의 자리를 차지한 세속적 지도자였던 반면에 엘리야는 어느 집안의 아들이라는 언급조차 없다. 또 주님이 엘리야에게 내린 첫 번째 과제는 크릿 시내에 숨어 지내면서 까마귀가 가져

아합 왕에게 쫓겨 도망간 엘리야에게 물과 먹을 것을 가져다준 까마귀
(by Giovanni Lanfranco) 〈출처 : (CC)Elijah at en.wikipedia.org〉

다주는 먹을 것과 시내의 물을 마시라는, 너무나 보잘 것 없는 것이었다. 우리 민속어로 말하자면 옥에 갇힌 죄수나 동굴 같은 곳에 피신해 지내는 이들에게 몰래 건네주는 '구메밥' 같은 것을 먹으라는 명이다. 험하고 낮고 외로운 과정을 견뎌야 하는 이 대목은 마치 샤머니즘에서 보이는 '입무식'과 비슷하다, 이는 참된 지도자로 거듭나는 데 꼭 필요한 과정이다.

엘리야의 광야 경험은 신약 시대에 이르러 요한이 낙타털로 된 옷을 입고 메뚜기와 들꿀만 먹고 사는 대목(마태 3,4-5)과 조응한다. 한데 이런 생활도 시냇물이 말라 버리는 바람에 끝이 난다. 마실 물도 없는 기아의 순간이다. 이때 주님은 엘리야에게 포기하지 말고 사렙타의 과부를 찾아 가라고 명한다. 성에서 만난 과부는 자기 역시 먹을 것이 떨어져 이제 곧 죽을 참이라 대답한다. 지금도 끊임없이 되풀이되고 있는 제3 세계의 기아나 가뭄과 유사한 상황이다.

절망하고 있는 과부에게 엘리야는 음식을 만들어 자신에게도 나누어 주면 "단지에는 밀가루가 떨어지지 않고 병에는 기름이 마르지 않을 것"(1열왕 17,16)이라고 예언한다. 배고픔과 헐벗음으로 죽어가는 이웃을 도와주려는 사람에게는 풍요와 안정이 찾아온다는 메시지다. 언뜻 '나 하나도 먹고 살기 힘든데 뭘 남의 걱정까지' 하고 생각할 수 있지만, 누군가를 섬기고 돌보고 도와야 한다는 책임감을 갖고 있는 이에게는 어려움을 참아 내고 열심히 일할 에너지가 솟고 결국 자기에게도 이롭다는 뜻이다. 힘들어도 감내하게 만들고, 왜 살아야 하는지에 대한 의미 부여까지 해주는 것은 결국 이웃에 대한 사랑과 공동체에 대한 책임감이다.

남을 딛고 올라서거나 곤경에 처한 사람을 모른 체하고 자기만 잘 살겠다고 하는 것이 아니라, 나보다 남을 먼저 챙겨야 진정한 지도자다. 세월호의 의인처럼 크고 작은 재난 속에 자신을 바친 이들이 엘리야의 후손이고, 정권에 목숨을 건 가짜 지도자는 아합 왕이나 이제벨 왕비에 가깝다. 결국 친절을 베푼 과부의 아들을 엘리야가 다시 살려내는 대목은 예수님이 성스럽게 변모하신 후, 모세와 엘리야가 나타나 앞으로 일어날 고난을 알려주는 장면과 만나면서(루카 9,29-36) 세속의 비극적 사건이 어떻게 영적으로 아름답게 변모될 수 있는지에 대한 영감을 준다.

가장 낮은 곳으로 추락했을 때 열리는 눈

엘리야가 죽은 아들을 살린 기적을 보인 후 3년이 되던 해, 사마리아에는 엘리야가 예언한 대로 가뭄이 매우 심하게 든다. 이제벨이 예언자를 학살할 때 100명을 숨겨 주고 빵과 물을 대주었던 신앙심 깊은 궁내 대신 오바드야는 아합의 명을 받고 엘리야를 찾아 간다. 바알을 섬기는 다른 예언자 450명에 대척하는 유일한 예언자로 카르멜 산에 오른 엘리야는 황소 두 마리를 올려놓고 누구의 소에 불이 붙는지 보라고 말한다. 바알을 섬기는 예언자들은 피가 흐를 때까지 칼과 창으로 자신의 몸을 찌르며 예언의 황홀경에 빠졌으나 아무 일도 일어나지 않는다. 엘리야의 시기에 그리스나 미쓰라 지역에는 실제로 이런 제사 방식이 만연했다. 지금도 대만의 도교 축제에 가면 이런 자기 학대의 의식을 볼 수 있다. 가톨릭 내의 비밀결사 오푸스 데이(Opus Dei)에도 이런 흔적이 남아 있다.

이 장면은 폭력적 방식과 자해 공갈로 구성원을 곤경에 빠뜨리는 나쁜 지도자의 모습이다. 이들의 상처는 아씨시의 프란치스코 성인이 받은 성흔(Stigmata)의 반대 지점에 있다. 성인의 상처는 주님과 고통 받는 이들과의 일치로 생긴 반면, 악을 지향하는 이들의 자해는 분열과 해리의 산물이다.

이들의 쇼에 아랑곳 하지 않고 엘리야는 소를 잡고 장작을 쌓은 후 네 항아리의 물을 번제물과 장작 위에 쏟으라고 명한다. 주님을 부르자 불길이 내려와 번제물과 장작과 돌과 먼지뿐 아니라 도랑에 흐른 물까지 삼킨다. 그런 후 비가 내릴 것이라는 예언을 한다.(1열왕 18장) 희생제물, 나무, 돌, 물이 불의 힘으로 모두 사라지는 이 대목은 중세 연금술사에게도 중요하다. 서로 어울릴 수 없는 재료들이 한데 모여 조화롭게 변모(Transfiguration)하는 장면은 엘리야, 예수님의 성화에 맥이 닿는다. 공동체의 지도자로 성장하기 위해서는 불같은 열정, 물이 지닌 융통성, 나무의 창조성과 생성성, 돌 같은 단단함이 모두 필요하다는 것으로 해석할 수 있다.

다시 성경으로 돌아와 아합 임금의 아내 이제벨을 짚어보자. 이제벨은 주님의 예언자를 학살하는 것만으로 모자라, 나봇을 죽이고 포도밭을 갈취하는 계략을 꾸미는 등(1열왕 21, 1-19) 악의 화신처럼 보인다. 언뜻 이제벨은 우리와 많이 다르다 상상할지 모르겠으나 그렇지 않다. 우리는 부정하고 싶지만, 이제벨은 우리가 의식에서는 억압하고 있거나, 혹은 부정하고 있는 우리의 그림자다. 채울 수 없는 갈망으로 불안과 공포로 물질의 노예가 될 때의 우리 모습이다. 그나마 아합 임금은 제 옷을 찢고 맨 몸에 자루 옷을 걸치며 단식에 들어가는 참회의 시간을 거치지만(1열왕 21,20-29) 결국 싸움에서 비참하게 죽는다. 그의 피가 묻은 병거를 개들이 핥는 장면은(1열왕 22,29-38) 불의 병거와 말이 회오리바람 속에 엘리야를 하늘로 들어 올리는(2열왕 2,11) 장면과 대조된다.

그리스 신화의 태양신 헬리오스의 아들 파에톤이 아버지의 마차를 타고 능력이 되지 않음에도 불구하고 태양에 돌진하다 지구에 큰 불을 일으키게 되는 신화와 얼핏 유사하다. 나는 이를 그리스 문명의 영향이라 해석하기보다는 자아가 팽창되어 스스로를 파멸에 이르게 하는 고태적 상징(Archetypal Symbol)으로 이해하고 싶다. 태양 앞에 파에톤은 겸손하지 않았지만, 엘리야는 몸을 낮추고 하느님의 명을 따랐다. 세속의 왕은 죽어서 개가 그의 피를 핥게 되는 치욕을 당하지만, 엘리야는 육체성(Physicality)을 영성성(Spirituality)으로 이긴 것이다.

역사에서도 영적으로 성숙했던 만델라나 간디 같은 인물은 죽은 후에도 존경받지만, 네로, 칼리굴라, 카다피, 후세인 같은 독재자는 치욕적 이름으로 기록된다. 독재자는 결국 모든 이들이 배신하고 떠나지만, 엘리야의 제자 엘리사는 "주님께서 살아 계시고 스승님께서 살아 계시는 한 결코 스승님을 떠나지 않겠다"(2열왕 2,6)라고 말한다. 엘리야가 나눠 준 것은 땅이나 권력이 아니라 그의 가르침과 삶 자체였기 때문이다.

엘리야는 광야에서 살았던 경험, 부패한 임금의 가문과 대적했다는 점, 불과 물의 기적, 구약의 마지막 경전인 말라키서에 "주님의 크고 두려운 날이 오기 전에 내가 너희에게 엘리야 예언자를 보내리라"(말라 3, 23)라고 언급되었다는 점에서 구약의 예언을 완성하는 지도자로 보는 사람이 많다. 신약 시대에 이르러 세례자 요한이나 예수님을 보고 "엘리야 아니시냐"고 묻는 이들이 많았다. 하지만 그가 지금 나타난다면 헐벗고 배고픈 그의 행색 때문에, 지도자로 알아보고 섬길만한 이들이 몇이나 될까. 나 또한 그를 알아 볼 수 있을까. 우리가 아합 왕이나 이제벨 못지않게 거만하고 어리석다는 뜻이다. 그를 도운 첫 번째 사람과 그의 기적을 제일 먼저 경험한 것이 곧 굶어 죽을 과부란 점이 그래서 더욱 의미심장하다.

가장 낮은 곳으로 추락하지 않으면, 우리의 진짜 눈은 열리지 않는다. 예수님께서는 "누구든지 내 뒤를 따라오려면, 자신을 버리고 날마다 제 십자가를 지고 나를 따라야 한다.…사람이 온 세상을 얻고도 제 목숨을 잃으면 무슨 소용이 있겠느냐?"(마태 16, 24-26; 마르 8, 34-36; 루카 9, 23-25)라고 하셨다.

다가오는 심판의 날에는 "거만한 자들과 악을 저지르는 자들은 모두 검불이 되리니"라고 한 구절, 주님의 이름을 경외하는 이들에게는 "의로움의 태양이 날개에 치유를 싣고 떠오르리니"(말라 3, 19-20)라는 구약의 마지막 구절을 다시 깊이 되새겨 본다.

단순히 악을 영원히 저주한다는 이분법이 아니라, 우리 안의 '악'까지 치유해서 하느님의 나라에 동참하게 된다는 기쁜 소식은 아닐까. 엘리야는 안락함과 허명에 길들여져 오만해진 이들을 부끄럽게 만들지만, 동시에 그래도 희망을 놓지 않게 해주는 참된 모범이다.

고통을 통해
깨닫는
엘리사의 기적

죽은 아이를 살리는 엘리사의 기적을 통해 우리는 실패와 고통 그리고 그에 따른 좌절의 의미를 깊이 천착하게 된다. 우리가 고통 없이 만나는 대상은 모두 재빨리 우리 곁을 스쳐 지나가고 만다. 실패하지 않고 배우는 지식은 내 지혜가 될 수 없는 것과 같다. 이 세상에 상처와 아픔 없이 공짜로 얻을 수 있는 깨달음이 있는가.

하느님의 사람 엘리사

생활고를 못 이겨 온 가족과 동반 자살하는 사람, 홧김에 사고를 치거나 싸우고 방황하는 청소년, 배가 고파 도둑질을 하는 이, 빚에 몰려 강도로 변한 회사원 등의 소식은 경기가 좋을 때나 나쁠 때나 가리지 않고 심심찮게 들린다. 이렇게 자기도 어찌할 수 없는 곤경에 빠져 극단적인 행동을 하고 싶어질 때 읽고 묵상하면, 자기도 모르게 힘이 솟고 다시 살아보겠다는 의지가 생기게끔 하는 성경 구절은 어떤 것이 있을까. 열왕기 하권 2-8장에 걸쳐 나오는 엘리사 이야기는 고통에 빠져 있는 이들에게 나침반 역할을 해줄 반갑고도 의미 있는 소식을 전한다.

엘리사는 스승 엘리야가 승천한 이후 그의 영을 받고 예언자가 된다. 그는 아합의 아들 여호람의 통치 무렵부터 활동하기 시작하였는데, 기원전 850년까지 그 활동 시기로 추정할 수 있다.

엘리사의 첫 기적은 물이 나쁜 샘터에 소금을 뿌려 정갈하게 만드는 것이었다. '물' 혹은 '샘'은 생명과 창조의 의미를 갖고 있다. 아무리 좋은 위치에 자리 잡고 있는 성읍이라도 물이 나쁘면 생산력이 없다.(2열왕 2,19) 즉 자식을 잉태하지 못하게 만드는 불임의 '썩은 물'은 고임과 쇠퇴, 이로 인한 퇴락의 상징이다. 이런 물을 정갈하게 재생시켜 먹을 수 있고 아이를 잉태하게 하는 생명의 물로 바꾼 기적은, 엘리사가 앞으로 해낼 하느님의 작업에 대한 예언이다. 밑바닥이 보이지 않는 혼탁한 물은 흐린 판단력과 자신의 심층에 대한 혼란과 무지의 상징으로 보인다. 이에 반해 맑고 깨끗한 물은 스스로에 대한 명료한 이해와 직관을 은유하므로, 엘리사가 물을 깨끗하게 만드는 기적이 첫 번째로 기록된 것은 우연이 아니라 그의 삶에 대한 예언이기도 하다.

엘리사가 길을 가는 도중 만난 아이들이 "대머리야, 올라가라!" 하고 놀리자 엘리사가 그들을 하느님의 이름으로 저주하여 후에 암곰 두 마리가 나와 아이들 42명을 찢어 죽였다는 장면(2열왕 2, 23-24)에서도 단순한 우화를 넘어 그 안에 내포된 심리적 의미를 읽어 내야 한다. 언뜻 보기에는 단순히 철부지 아이들의 무심한 한마디에 불과한 것인데, 어째서 아이들이 그로 인해 그토록 잔인한 죽음을 당해야 하는지 의문을 가질 만하다. 그러나 엘리사를 놀린 아이들은 예언자를 조롱하는 불순한 세력 또는 하느님의 본질을 보지 못하는 무지한 민중에 대한 상징이자, 그러한 민중인 우리에 대한 단죄의 뜻이라고 재해석 해본다. 42명의 아이들이란 숫자도 42일, 즉 6주라는 시간으로, 창조적 작업의 완성일인 7주에 대한 예고다. 엘리사는 이후 여러 가지 기적을 베푸는데, 특히 '과부의 기름병'(2열왕 4, 1-7) 기적은 우리가 절망에 빠졌을 때 해야 할 일이 무엇인지 정확하게 짚어 주고 있다.

과부의 기름병 기적

이야기는 엘리사의 제자인 예언자 수련생 중 하나가 죽는 데서부터 시작한다. 그의 부인은 남편의 빚 때문에 두 아들조차 종으로 빼앗길 지경에 빠져 절망하며 엘리사에게 도움을 청한다. 남은 것이라고는 기름 한 병밖에 없다고 하는 부인에게 엘리사는 집집마다 다니며 그릇을 빌려 오라는 뜻밖의 주문을 한다. 그리고 이런 명령을 그대로 따른 부인에게, 이번에는 집으로 돌아가 그 기름을 모든 그릇에 차례로 가득 따라 부으라고 시킨다. 한데 그 기름은 아무리 따라도 없어지지 않고 마침내 모든 그릇을 다 채우고도 남는다. 빚더미에 올랐던 부인은 그 기름을 팔아 마침내 빚을 갚고 다시 일어나기 시작한다.

이는 이웃이 어려움에 처했거나 자기 자신이 곤경에 빠졌을 때, 그 공동체가 어떻게 대처해야 하는지에 대한 올바른 해결 방법을 보여주는 우화적 상징이다. 과부가 된 빚쟁이 부인에게 단순히 돈이나 물건을 직접 주는 것은 부인을 동정하는 데서 나오는 적선이다. 그러나 부인이 직접 자신의 자산으로 일어설 수 있게끔 빈 그릇을 빌려 오도록 하는 것은 그녀의 독립심과 근로정신도 함께 키워 주는 배려가 된다. 도움을 받는 사람도 마치 걸인처럼 동냥을 하러 다니는 것이 아니라, 자기가 가진 것을 바탕으로 해서 이웃의 따뜻한 마음과 관심을 잠시 빌려 왔다 돌려주는 것이다.

만약 이상한 평등 논리에 기대어 무조건 채무자의 빚을 모두 탕감해 주라 한다면, 사람들은 열심히 일하여 자립하려는 의지 대신 남의 돈을 어떻게든 빌려 쓰거나 빼앗을 궁리만 할 것이다. 그런 단순한 해결 방식은 자유와 의지를 중요하게 생각하는 참된 종교심과는 차이가 있다. 성실하게 열심히 일하여 자기가 번 몫을 정당하게 받아 그것을 바탕으로 스스로 일어서도록 배려한 엘리사의 태도는, 자유로운 사회에서 생활인으로서 어떻게 살아야 할지에 대한 기본을 가르친다. 엘리사가 과부에게 베푼 기적은 독립적인 경제생활의 의미를 전해주는 교훈이며, 오늘을 사는 우리에게 꼭 필요한 가르침이다. 허황된 꿈에 빠져 여기저기서 겁도 없이 남의 돈을 끌어다 쓰는 사람들에게 시사하는 바가 크다. 그들은 또다시 남에게 얻은 빚으로 빚을 갚는 행위를 선택할 것이 아니라, 엘리사에게 도움을 청한 과부가 집집마다 빈 그릇을 모아 자기가 가진 기름 한 병이라는 보잘 것없는 자원을 기반으로 일해 빚을 갚을 수 있었던 것처럼, 두 다리와 두 팔로 열심히 일해 빚을 갚아 나가도록 있는 힘을 다해 보라고 조언한다.

예수님의 기적을 예고하다

엘리사가 '수넴 여자와 그의 아들'에게 베푼 또 다른 기적(2열왕 4,8-37) 또한 실생활에서 우리가 가져야 할 물질적인 가치관에 대한 가르침이다. 엘리사는 수넴에서 아이가 없는 것 외에는 아무것도 아쉬울 것이 없는 부유한 부인을 만난다. 그러나 그 여인은 자신의 삶에 대해 불만을 갖거나 더 많은 욕심을 부리지 않는다.

흔히 평범한 사람들은 어느 정도 목표만 일구면 자신이 가진 것에 대해 만족하고 행복해할 것이라고 스스로 단언한다. 그리고 정해진 목표를 향해 그야말로 밤낮으로 매진하며 산다. 그러나 막상 그 목표를 따라 잡게 되면 그때는 또 생각이 바뀌어서 더 큰 욕심을 부리게 된다. 그렇게 살다 보면 어언 늙고 병들어 생을 허무하게 마감할 뿐이다. 있으면 있는 대로 더욱 큰 결핍을 느끼는 동물이 바로 사람이다.

그러나 수넴 여인은 그렇지 않았다. "저는 이렇게 제 겨레 가운데에서 잘 지내고 있습니다"(2열왕 4,13)라고 대답한다. 사실 얼마나 하

기 힘든 말인가. 이는 부의 사회적 환원과 관련하여 부자가 가져야
할 공동체 의식에 대한 상징이다. 엘리사는 욕심을 부리지 않는 부인
을 어여삐 여겨 그녀에게 부족한 단 한 가지, 즉 자식을 선물한다.

그러나 부인의 아이는 어느 정도 자란 후에 머리의 통증을 호소하
며 갑자기 죽어 버린다. 이에 부인은 엘리사를 찾는다. 그리고 아들
을 다시 빼앗아 간 것에 대해 고통스럽게 절규한다. "제가 언제 어르
신께 아들을 달라고 하였습니까? 저는 오히려 '저에게 헛된 기대를
갖게 하지 마십시오' 하고 말씀드리지 않았습니까?"(2열왕 4,28)

자식을 잃은 부모치고 이런 생각을 하지 않을 사람이 어디 있을
까. 뼈에 사무치고 한 맺힌 호소가 아닐 수 없다. 이에 엘리사는 죽은
아이 위에 자기 몸을 눕혀 아이의 몸을 따뜻하게 한다. 아이의 몸에
엎드리기를 일곱 번 거듭하자 아이가 재채기를 하면서 다시 소생한
다. 물론 일곱이란 숫자는 천지창조의 '7'이라는 숫자에 대한 반복이
자, 그 의미로 보면 완전함 또는 전체를 상징한다. 또 예언자가 아이
위에 누워 생명을 나눠주는 행위는, 마치 중세의 연금술이나 비밀스
러운 종교 제의에서 보여주는 비밀스러운 통합과 일치의 상징을 연
상시킨다. 결백하고 순수한 마음을 지닌 아이와 하느님의 뜻을 완전
하게 받아들이는 신의 사람인 예언자가 마침내 그 혼을 나누어 한
몸이 되는 장엄한 순간이다.

이는 신앙인이 결국 지향해야 할 종착점이 무엇인가에 대한 시사
가 아닐까. 세상의 모든 속된 지식을 뛰어넘는 지혜는 무엇일까. 그
것은 바로 어린 아이, 그것도 아무 죄 없이 죽어 가는 순진한 어린 영
혼의 무구함이다. 도(道)란, 결국 '큰 무지함' '지식으로부터의 자유'

: 수넴 여인의 아이를 살린 엘리사(by Benjamin West)
: 〈출처 : (CC)Elisha at en.wikipedia.org〉

'가진 것이나 아는 것으로부터의 해방'을 의미한다.

또한 엘리사의 이런 기적은 처음에 지적한 대로 신약성경에서 볼 수 있는 예수님의 기적을 예고하는 통지로서의 의미를 갖는다. '과부의 기름병' 같은 기적은 카나의 혼인 잔치와 비슷한 상황이고, 수넴 여자의 아들이 되살아나는 장면은 예수님이 과부의 외아들(루카 7,11-17), 야이로의 딸(루카 8,40-42. 49-56), 라자로(요한 11,1-44)를 살리신 기적 등과 그 맥락이 통한다.

엘리사와 같은 예언자가 궁극적으로 해야 할 일은 상처받은 영혼을 보듬는 일이다. 엘리사보다 앞선 예언자들이 영토를 넓히고 전쟁에 직접 참여한 것과는 달리, 새로운 성격의 예언자 엘리사는 이렇게 종교가 꼭 해야 할 핵심적인 일들을 보다 확실하게 짚어 주고 있다.

종교의 기적에 대해 의학이나 과학의 잣대로 사실 여부를 따지는 것은 무의미하다. 성경의 기록은 사실이냐 아니냐를 검증받기 위해 기록된 것이 아니라는 말이다. 의학이 아무리 발전한다 해도 죽음과 질병에서 자유로울 수 없는 우리가, 그 고통 속에서 어떤 의미를 찾을 수 있는지 설명해주고 도움을 주는 책이 바로 성경이다.

사실 우리는 모두 육신의 병이 끝나면 정신의 병이 도지고, 정신의 병이 치유되면 다시 육신의 고통이 찾아오는 존재가 아니던가. 내 병이 낫는가 싶으면 사랑하는 이가 병에 걸려 때론 우리 곁을 떠나는 게 우리의 처지다. 내 아픔을 잊는가 싶으면 소중한 누군가가 고통스러워 도움을 청한다. 의사는 근본적으로 완전하게 이들을 도울 수 없다. 의학은 영혼의 근원적인 치료보다는 '돌봄'에 그 의미가 있을 뿐이 아닐까.

어떤 형태의 신앙이건, 믿음은 그런 의학의 한계 너머를 지향한다. 성경 속의 많은 기적은 바로 우리의 시야를 넘어서는 신비로운 지평에 대한 정보를 우리에게 주고 있다. 대다수의 사람은 그곳에 다다르지 못한 채, 단지 선각자나 예언자의 입을 통해 어렴풋하게 그 소식을 들을 뿐이다.

죽은 아이를 살리는 엘리사의 기적을 통해 우리는 실패와 고통 그리고 그에 따른 좌절의 의미를 깊이 천착하게 된다. 우리가 고통 없이 만나는 대상은 모두 재빨리 우리 곁을 스쳐 지나가고 만다. 실패하지 않고 배우는 지식은 내 지혜가 될 수 없는 것과 같다. 이 세상에 상처와 아픔 없이 공짜로 얻을 수 있는 깨달음이 있는가. 그러나 우리는 그 아픈 시간을 두려워한다. 믿음은 그 고통을 이기게 해줄 뿐 아니라 그 이상의 세계를 우리에게 약속하지만, 어리석은 나는 아직 무엇을 어떻게 믿어야 하는지 깨닫지 못하고 있다.

오늘도 들려오는
느헤미야와 에즈라의
꾸짖음

이스라엘의 역사는 우리나라의 역사와 너무나 비슷하다. 하느님이란 존재가 이스라엘 사람들에게 그런 역사의 소용돌이와 죽음과 몰락의 공포를 이기게 해준 강력한 버팀목이었다면, 우리 국민에게는 과연 무엇이 있는가. 5000년 역사를 자랑한다 하지만 시대를 관통하는 민족정신을 제대로 찾아내서 풍성하게 꽃피우지 못한 한국인은 앞으로도 스스로 좀 더 부끄러워해야 한다.

위기의 순간 지도자는 어디에 있는가

열강 사이에 낀 우리나라는 고난 속에서도 우리의 역사와 문화를 지켜왔다는 점에서 이스라엘과 닮은 점이 많다. 그래서인지 유대인이 잘 하는 것은 우리도 신기하게 잘 한다. 두 민족 다 때로는 멋진 지도자를 만나 다시 일어섰지만, 또 어떤 때는 정말 황당하게 무능력하고 비도덕적인 지도자 때문에 오랫동안 깊은 구렁에 빠지기도 했다. 그 중에서도 에즈라와 느헤미야는 소수민족으로서의 생존과 관련해 지도자의 자격, 또 그 구성원들이 가져야 할 태도와 행동에 대해 깊은 통찰을 준다.

사제였던 에즈라와 페르시아 점령 하에 지방관이었던 느헤미야는 무너진 이스라엘을 재건하는 데 힘을 합친 이들이다. 느헤미야기는 에즈라기와 함께 기원전 538년부터 기원전 400년 사이의 이스라엘 역사를 기록한 책이다.

느헤미야는 폐허가 된 예루살렘 성전의 재건을 독려하기 위해 페르시아에서 기울어 가는 조국 이스라엘로 돌아온다. 페르시아 궁전에서 고위층 관료로 지내면서 여러 가지 특권을 누리고 호화롭게 살았지만, 고향 예루살렘이 곤경이 처했다는 얘기를 듣고 고국으로 달려온 것이다. 성벽이 무너지고 성문들은 불에 탄 채 그냥 있다는 소식을 듣자, 그는 우선 조국을 위하여 단식하면서 하느님께 기도를 올린다.

고국과는 멀리 떨어져 편안하게 살고 있던 그는 고국의 불행에 대해 자신의 책임을 묻는다. "저와 제 집안이 죄를 지었습니다.…당신의 종 모세에게 선포하라고 명령하신 말씀을 기억해 주십시오. '너희가 배신하면, 나도 너희를 민족들 사이로 흩어 버리겠다. 그러나 너희가 나에게 돌아와서 나의 계명을 지키고 실천하면, 너희 가운데 쫓겨 간 이들이 하늘 끝에 가 있다 하더라도, 내가 그들을 거기에서 모아, 내 이름을 머무르게 하려고 선택한 곳으로 데려 오겠다'"(느헤 1,6-9)라며 하느님께 용서를 청한 후 지체 없이 예루살렘으로 향한다. 조국이 위태로울 때면 어떤 위험이라도 무릅쓰고 일단 고향으로 돌아가는 유대인의 전통을 다시금 확인하는 장면이다.

당시는 아시리아, 바빌론이 이스라엘을 처참하게 유린한 후, 그나마 조금 덜 파괴적인 페르시아가 다시 점령하게 된 지점이었다. 성경은 하느님이 페르시아 임금의 마음을 움직여서 이스라엘이 성채와 성곽을 재건하도록 허락했다고 기록하는데 실제로 페르시아 제국은 피 침략국의 자발성과 문화적 특성을 인정해 주었다. 요즘으로 치면 일종의 대영제국 연방 같은 느슨한 종속관계였던 것 같다.

느헤미야기를 읽는 내내, 이 이야기가 구약 시대 이스라엘에서 벌어진 사건들이 아니라 바로 이 땅, 한때 국가 전체가 부도 위기에 몰렸던 우리 상황, 대통령을 잘못 뽑아 황폐해진 사건들과 너무나 비슷하다는 느낌이 들어 자구 하나하나가 예사로 보이지 않았다.

"여러분이 보시다시피 우리는 불행에 빠져 있습니다. 예루살렘은 폐허가 되고 성문들은 불에 타 버렸습니다. 자, 예루살렘 성벽을 다시 쌓읍시다. 그리하여 우리가 더 이상 수치를 당하지 않게 합시다"(느헤 2,17)라는 문장은 바로, 남의 나라에 국가의 모든 빗장을 열어주게 된 우리의 처지, 빚잔치에 쩔쩔매던 바로 우리 자신의 모습을 상징하고 있지 않은가. 나라가 빚더미에 올라앉기 직전, 많은 이들

: 폐허가 된 예루살렘 성벽을 둘러보고 있는 느헤미야(by Gustave Doré)
: 〈출처 : (CC)Nehemiah at en.wikipedia.org〉

이 "온갖 좋은 것으로 가득한 집들과 바위에 판 저수 동굴과 포도밭과 올리브 밭과 수많은 과일나무를 차지하였습니다. 그들은 배불리 먹어 살이 찌고 당신의 큰 선하심 속에서 안락한 생활을 하였습니다. 그러나 그들은…당신의 율법을 등 뒤로 내던져 버렸습니다"(느헤 9,25-26)라는 구절처럼 살았던 것이다.

물론 무능한 대통령과 관료의 책임이 가장 크겠지만, 갑작스러운 풍요에 정신 차리지 못하고 소중한 과실을 이웃과 나누거나 절약하기는커녕 한꺼번에 먹어 치우거나 썩게 놔둔 우리 자신도 국가 위기와 관련하여 스스로를 먼저 비판했어야 될 듯하다.

이름 없는 평민까지 포용한 리더십

이럴 때 느헤미야의 꾸짖음은 우리에게 하나도 버릴 것 없는 약이 된다. "…큰 불경을 저질렀습니다. 그리하여 당신께서는 그들을 적의 손에 넘기시어 억압을 받게 하셨습니다. 그러나 곤경 중에 당신께 부르짖으면…구원자들을 보내시어 그들을 적의 손에서 구원하도록 하셨습니다. 그러나 안녕을 누리게 되면 그들은 다시 당신 앞에서 악을 저질렀습니다. 그리하여 당신께서 그들을 원수의 손에 내버리시어 그 지배를 받게 되면 그들은 다시 당신께 부르짖었습니다.…그들은 고집을 부리고 목을 뻣뻣이 하며 복종하지 않았습니다.…그들이 귀를 기울이지 않아 당신께서는 그들을 뭇 나라 민족들의 손에 넘기셨습니다. 그러나 당신의 크신 자비로 그들을 멸망시키지도, 그들을 내버려 두지도 않으셨습니다.…보십시오, 저희는 이제 종입니다. 당신께서 그 열매와 좋은 곡식을 먹으라고 저희 조상들에

게 주신 이 땅! 보십시오, 이 땅에서 저희는 종이 되었습니다"(느헤
9,26-36)와 같은 대목을 읽다 보면 마음이 숙연해지면서 절로 겸손
한 마음이 된다.

절망의 순간에 느헤미야는 자신이 받아야 할 녹은 물론 밭 한 뙈
기마저 포기한 채, 오히려 자신의 사비로 날마다 부하들을 먹여(느헤
5,16-18) 백성의 마음을 다독이고 예루살렘 성을 축조할 것을 강하
게 독려한다. 당시 유대인은 완전히 절망에 빠져 "짐꾼의 힘은 다해
가는데 잔해들은 많기만 하구나. 우리 힘으로는 이 성벽을 쌓지 못
하리라"(느헤 4,4)라며 거의 무너져 가는 조국을 포기하려 한다.

이런 판국에 원수들은 눈에 띄지 않게 감쪽같이 쳐들어와 이스라
엘인을 죽이고 일을 중단시키려 한다. 이에 느헤미야는 "저들을 두
려워하지 말고,…형제들과 아들딸들과 아내, 그리고 여러분의 집을
위하여 싸우십시오"(느헤 4,8)라고 강력하게 외치며, 흔들리는 이스
라엘인의 정신적 지도자가 된다. 성 쌓는 데 지장이 없는 범위 내에
서 "짐을 져서 나르는 이들은, 한 손으로는 일을 하고 다른 손으로는
무기를 잡았다. 또 성벽을 쌓는 이들은 저마다 허리에 칼을 차고 성
벽을 쌓았다.…어디에서든지 나팔 소리를 들으면, 소리 나는 곳으로
우리에게 모여 오십시오. 우리 하느님께서 우리를 위하여 싸워주실
것입니다"(느헤 4,11-15)라고 백성을 격려한다. 그야말로 군사력과
경제를 양편에 모두 감당하면서 백성에게 힘을 실어주는 강력한 지
도자의 모습이 아닐 수 없다.

느헤미야는 페르시아 임금의 술시중을 드는 사람(Cupbearer)이라
기록되는데 이는 암살의 위험에 시달리는 임금의 신뢰를 받았다는

뜻이다. 그리스어로는 Eunochos, 즉 환관으로 기록되는데[12] 이는 느헤미야가 왕족이 아니라 세속적으로는 고결하지 않다는 점을 시사하는 게 아닐까.

그 때문인지 느헤미야는 평민의 이름을 하나하나 불러 남긴다. 에 즈라기, 느헤미야기에 평민의 이름이 기록된 것은 절대 우연이 아니다. 하느님이 하시는 거룩한 일을 저 높은 자리의 임금부터 평민의 삶에서 모두 찾아보라는 뜻이다. 이처럼 성과 성벽을 재건한 사람, 음악을 담당한 사람, 목수의 이름까지 언급한 것이 바로 이스라엘 민족의 힘이다. 대부분의 나라의 역사가 오로지 지배 계층의 일거수 일투족만 기록한데 반해 에즈라기와 느헤미야기는 지도자뿐 아니라 평민의 행적도 모두 소중하게 생각하고 있는 것이다! 특히 에즈라기와 느헤미야기 둘 다 민중 지향적 역사 서술을 하고 있다는 점은 매우 특이한 일이다. 비슷한 시기의 우리나라 삼국유사나 삼국사기가 임금과 귀족의 치적은 자세히 기록하면서, 궁과 성벽, 절 등을 지은 목수와 평민의 이름 등은 일체 거론하지 않았던 것과 비교된다 (조선 정조 시대에 이르러 화성과 청계천 등의 대 토목 공사를 하면서 석공과 목 수들의 이름을 하나하나 새기고 기록하였으니 그나마 다행이다).

솔선수범하는 리더십

에즈라 역시 백성을 대신해 그들의 수치스런 행적을 대신 참회하

---

12) Coggins, R. J.(1976), 『The Books of Ezra and Nehemiah』, Cambridge, Cambridge University Press, p.73

고 용서를 빌었다는 점(에즈 9장)에서 현대의 지도자가 본받아야 될 인물이다. 무능하고 비도덕적인 지도자는 잘 되면 내 탓, 못 되면 백성 탓을 한다. 절대 자신의 실수나 잘못을 인정하지 않는다. 본인의 잘못은 부정하고, 백성에게는 설교를 하면서 군림하려고 하니 분통이 터지다 못해 무기력해진다. 존경받는 지도자라면 추종자의 잘못은 덮고, 스스로 부족한 점에 대해서는 오히려 투명하고 확실하게 인정해야 한다.

솔선수범 없는 리더십은 없다. 독재적으로 매사를 처리하고 싶어 하는 많이 모자라는 지도자는 자신의 잘못을 남에게 넘기는 재주가 있기 때문에 단기적으로는 자리가 영원히 보전되리라 착각한다. 하지만 세상은 그렇게 호락호락하지 않다.

에즈라와 느헤미야는 이방인과 혼재되어 살고, 도덕 개념이나 종교적 태도가 민중에게 완전히 확립되지 못했던 기원전 400년경의 인물이다. 당시 동양에서는 백가쟁명(百家爭鳴)의 시대를 거쳐 유교의 싹이 조금씩 발아되기 시작했던 시기고, 인도에서는 부처님의 가르침이 주변으로 퍼지기 시작했다. 옳고 그름, 나와 너의 구별, 도덕과 비도덕의 차이, 민족정신 등에 대해 아직 애매한, 원시적 융합(Participation Mystique), 혼돈과 미분화의 시기라고 할 수 있다.

이와 같은 시기에 에즈라와 느헤미야는 과연 무엇을 지켜야 하고, 무엇을 새로 만들어야 하는지, 무엇을 버려야 하는지에 대한 강렬한 지침을 남긴다. 물론 현대의 시각으로 봤을 때 이민족 아내를 내보내라고 강요한 점은 받아들이기 힘들 것 같다. 고백록을 쓴 아우구스티누스도 이민자 아내와 결혼한 것에 대해 긴 참회의 글을 남긴

: 사람들에게 율법을 읽어주는 에즈라(by Gustave Doré)
: 〈출처 : (CC)Ezra at en.wikipedia.org〉

바 있다. 유대인의 이런 배타적인 태도가 결국 반유대주의를 불러왔기 때문이다. 반유대주의는 유대인이 세계를 떠도는 동안, 때로는 일종의 게토에 살면서 온갖 수모를 당하게 만들기도 했다. 이런 상황에서 이민족 여자와 혼인하지 말라는 주문은 어쩌면 힘없는 약소민족으로서 어쩔 수 없는 생존의 몸부림이 아니었을까 생각해 본다.

소위 왜놈, 돼놈, 양놈 등 쓰면 안 될 말을 쓰면서까지 외세에 대한 배타적 태도를 우리가 보였던 것도 오랜 세월에 걸쳐 외침을 받으면서 의식과 무의식에 각인된 일종의 피해의식일 수 있다. 이스라엘이나 우리 민족은 그렇게라도 하지 않았다면 벌써 지구상에서 사라졌을 수도 있을 것이다. 그나마 민족의 뿌리를 이어가게 한 것은 현실을 부정하지 않으면서도 도덕성을 잃지 않고, 가시적인 물질적 성취를 꾸준히 이뤄나가면서도 절대로 영성을 소홀히 하지 않았던 두 사람의 지도자, 에즈라와 느헤미야 같은 탁월한 지도자 덕일 것이다. 그렇다면 과연 현재 한국에서 그 같은 역할을 할 수 있는 지도자는 과연 누구일까.

하느님 앞에 부끄럽지 않은 공정한 세상

에즈라와 느헤미야는 비록 페르시아의 침략을 현실적으로 인정은 했어도, 당시 사회의 불의에 적극적으로 개입한 개혁적인 인물이었다. 특히 기근이 닥쳤을 때 기아를 면하려고 밭, 포도원, 집을 저당 잡혀 결국 부익부 빈익빈의 사회로 가지 않도록 애썼던 일, 임금에게 낼 세금 때문에 돈을 꾸다가 다 털리고 종이 되는 비인간적인 상황을 무기력하게 방치하지 않았던 것이 그 예다. 어쩌면 토마스 모어의 유토피아 속 세계나 마르크스와 레닌이 꿈꾸고 계획했던 평등한 세상의 뿌리를 에즈라와 느헤미야가 보여준 것이 아닌가.

사실 페르시아 임금에게 신뢰를 받아 안락하고 호화로운 생활에 안주할 수도 있는 입장에서 가난하고 억압받는 이들의 편에 섰다는 것은 현대인의 눈으로 보아도 놀랄 만할 일이 아닐 수 없다. 친일파는 물론, 독재 시대에 정권과 유착하여 부를 쌓아 놓고는 마치 자신의 능력 때문에 잘 살게 된 듯, 가난한 이들을 무시했던 부패한 우리나라의 일부 고위층이나 부자와도 아프게 비교가 된다. 특히 느헤미야는 자신뿐 아니라 가까운 친척과 부하에게도 가난한 이들에게 고리대금을 받지 못하게 했으며 지도자로서 먼저 자기의 죄를 고백하고 참회하기도 했다. 어쩌면 이와 같은 엄정한 태도를 가진 지도자가 있었기에 이스라엘이라는 작은 민족이 세계사의 중심에 설 수 있었던 것은 아닐까.

명예롭게 지도자의 길을 가고 싶어 한다면 이처럼 개인적인 경제적 안위와 이기적 욕망을 단호하게 버려야 할 것이다. 그러나 그와 같은 선함을 방해하는 세력은 주변에 꼭 있게 마련이다. 융의 분석심리학으로 표현하자면 일종의 그림자다. 에즈라와 느헤미야에게 적은 많았지만, 그 중에서도 산발랏과 게셈은 느헤미야에게 유다 왕국의 반란을 도모한다는 혐의를 씌운다(산발랏은 바빌로니아의 이름으로 '달의 신'을 의미한다).[13] 느헤미야는 당당하게 이들과 대적해 성벽을

---

13)   Ed, by Freedman, D.N.(1992), 『The Anchor Bible Dictionary Vol 5』, New York, Doubleday. pp.973-975

지켜낸다.(느헤 6장) 비겁하지 않은 지도자의 모습이다. 느헤미야가 당당할 수 있었던 것은 오랜 세월동안 백성과 함께하며 정의를 구현하는데 한 점 부끄러운 바가 없었기 때문일 것이다.

느헤미야는 자신을 임금이나 사제의 입장과 다른 방식으로 낮출 줄 알았다. 율법학자인 에즈라도 모세의 율법서를 가져와 백성에게 가르치고 하느님의 말씀을 선포하는 자리를 만든다. 만약 느헤미야가 자신의 세속의 정치적 성공에 도취되는 자아의 팽창(Ego Inflation) 상태에 빠졌다면 페르시아 사람에겐 아부하고, 에즈라 같은 유다왕국의 학자나 평민은 업신여겼을 것이다. 친일파나 독재권력에 유착되어 부와 명예를 누리면서, 소외되고 가난한 사람은 무시하며 호의호식했던 이들이 특히 새겨들어야 할 장면이다.

강력한 정신적 지도자를 기다리며

그러나 이런 지도자의 영도 앞에도 불평을 터뜨리는 백성은 어김없이 나타나기 마련이다. "'우리 아들딸들, 게다가 우리까지 이렇게 식구가 많으니, 먹고 살려면 곡식을 가져와야 하지 않는가' '기근이 들어 곡식을 얻으려고 우리는 밭도 포도원도 집도 저당 잡혀야 하네' '우리는 아들딸들을 종으로 짓밟히게 해야 하다니! 우리 딸들 가운데는 벌써 짓밟힌 아이들도 있는데, 우리에게는 손쓸 힘도 없고, 우리 밭과 포도원은 남한테 넘어가고 말았네'"(느헤 5,2-5)라고 아우성치는 것이다.

북한 땅에는 상상도 못할 기근이 들어 수많은 생명이 굶어 죽어가고, 우리 기업과 땅이 속속 외국인의 손에 넘어가고 있는 현실, 또 우리 아들딸들이 돈 많은 외국인의 돈을 받는 대가로 자신의 자존심을 모두 내던져야 할지도 모르는 상황에 빠진 우리 국민의 한탄과 거의 비슷한 풍경이다.

36년간의 일제강점기에서 벗어나 기껏 한숨 돌리며 살 만해졌는데 또다시 서구와 일본의 경제 식민지가 될까 봐 걱정해야 했던 우리. 남북 관계가 많이 좋아졌지만 한편으로는 위정자의 숨은 속뜻이 무엇일까에 긴장을 늦출 수 없는 요즘의 우리는 "우리는 이민족들에게 팔려간 유대인 동포들을 우리 힘이 닿는 대로 도로 사왔습니다. 그런데 여러분은 여러분의 동포들을 팔아먹고 있습니다. 그러면서 우리더러 도로 사오라는 말입니까?…우리 원수인 이민족들에게 수치를 당하지 않으려면, 여러분도 우리 하느님에 대한 경외심을 지니고 걸어가야 하지 않겠습니까?"(느헤 5,8-9)라는 느헤미야의 질문에 어떻게 대답해야 할 것인가.

세계화니 글로벌리제이션이니 하면서 아이들에게 우리 말이나 역사, 그리고 인생을 바로 보는 철학을 가르치는 대신, 그들을 주체의식 없는 미아로 만들어 놓은 우리에게 "그 자녀들의 절반이 아스돗 말을 하는데, 유다 말은 할 줄도 모르는 채 이 민족 저 민족 말을 하였다. 나는 그들을 꾸짖고 저주하였으며, 그 사람들 가운데 몇몇을 때리기도 하고 머리털을 뽑기도 하였다. 그러고 나서 하느님을 두고 맹세하게 하였다"(느헤 13,24-25)라는 구절은 특히 읽어 보라고 권할 만하다.

성이 다 완성된 후에도 자기들의 물건을 팔러 오는 외국인 상인이 밤에 예루살렘 성 밖에 머무는 것을 보고 느헤미야는 "그대들은 어찌하여 성 앞에서 밤을 지내오? 다시 또 그런다면, 내가 그대들에게 손을 댈 것이오"(느헤 13,21)라고 꾸짖는다.

사실 이렇게 간단히 외국의 상인을 물리칠 수만 있다면 얼마나 좋으랴. 강대국은 자기들의 물건을 강제로 팔기 위해서 약소국에 온갖 압력을 가한다. 이럴 때 정치하는 사람은 그런 압력을 거부하거나 피할 수 없는 처지다. 대신 국민이 알아서 무너진 성벽을 재건하고 멋대로 짓밟으려는 외국 자본을 막아야 한다. 그러면서도 약소국이기에 자생적인 국산품 애용 운동마저도 시비를 걸고 있는 외국 세력의 눈치를 보지 않을 수 없다. 정치 지도자는 물론 평범한 시민 중에서도 강력한 정신적 지도자가 나타나 국민에게 기댈 언덕이 되어주어야 한다는 생각이 들게 하는 구절이다.

강대국 사이에 끼인 대한민국이란 약소국은 그 존재 기반을 과연 어디에서 찾아야 할 것인가. 페르시아, 이집트, 로마 등 강대국의 장난 앞에서 항상 약자가 될 수밖에 없었던 이스라엘의 운명, 그러면서도 지파별로 나뉘어 틈만 나면 분열을 거듭했던 이스라엘의 역사는 우리나라의 역사와 너무나 비슷하다. 하느님이란 존재가 이스라엘 사람들에게 그런 역사의 소용돌이와 죽음과 몰락의 공포를 이기게 해준 강력한 버팀목이었다면, 우리 국민에게는 과연 무엇이 있는가. 5000년 역사를 자랑한다 하지만 시대를 관통하는 민족정신을 제대로 찾아내서 풍성하게 꽃피우지 못한 한국인은 앞으로도 스스로 좀 더 부끄러워해야 한다. 느헤미야의 꾸짖음이 너무나 아프게 다가옴은 바로 이런 우리의 수치스러운 약점을 건드리기 때문이다.

이스라엘을 구한
아름다운 전사
유딧

유딧은 나라의 흥망에 상관없이 자기 한 몸 충분히 편하게
살 수 있는 빼어난 미모와 재산을 가지고 있었지만, 수동적
으로 인생을 살아가며 주위에 잘 순응하여 목숨과 편안함을
보전하는 것만을 목표로 삼지 않았다. 자기의 외모나 재능을
무기로 삼아 철저하게 자기 한 몸의 세속적인 영달만을 추구
하는 약삭빠른 현대 여성에게는 특히 귀감이 될 것이다.

영웅적 여성의 등장

버스 안이나 시장 등 사람들이 많이 모여 있는 곳에서 가끔 악다구니를 하며 싸우는 여성을 볼 때가 있었다. 그들은 대개 아주 사소한 문제들, 예컨대 잔돈을 바꾸는 일, 물건 값을 깎는 일, 또는 가벼운 접촉 사고 같은 일들 때문에 핏대를 올리면서 지나가는 사람들의 시선 따위는 아랑곳없이 고래고래 소리를 지른다. 다소곳하고 수동적인 한국의 전통 여인상과는 전혀 다른 모습으로, 이들은 웬만한 남자 열쯤은 너끈히 물리칠 기세다.

요즘은 길거리뿐만 아니라 직장에서 오히려 그런 여성을 심심찮게 볼 수 있다. 조그만 일에도 쉽게 토라지면서 상대방이 민망할 정도로 신경질을 내고 자기가 손해 볼만한 일은 절대로 하지 않는 것을 자랑스럽게 자기 원칙으로 삼는 여성, 폭력 조직을 만들어 남자 이상으로 깡패 노릇을 즐기는 여학생 등 매사에 희생적이고 순응하는 피해자 역할로만 부각되는 전통적인 약한 여성 이미지와는 전혀 다른 꽉꽉한 여성이 점점 증가하는 것이 요즈음의 추세다.

물론 그 중에는 그렇게밖에 살 수 없는 척박한 삶의 조건을 갖고 있거나 교양과 지식을 쌓을 수 없는 불공평한 배움의 기회 때문에 그렇게 행동하는 경우가 더 많을 것이다. 억울한 일을 당해 오랫동안 분노가 쌓이는데 어디 가서 하소연할 때도, 풀어낼 때도 없는 절망 상황에 있는 경우도 적지 않다. 만약 그들도 정서적으로 안정된 좋은 환경에서 경제적인 아쉬움 없이 충분히 깊은 공부를 하고 여러 가지 경험을 두루 거치며 성숙해질 기회가 주어졌다면 굳이 악다구니를 하면서 거칠게 살 필요도 없을 것이다. 누군들 우아하게 살고 싶지 않으랴.

그러나 이런 미숙한 여성의 모습은 꼭 저소득층 저학력 여성에게만 국한된 것은 아니다. 짐짓 점잔을 빼고 있는 귀부인이나 교양 있는 여성은 물론, 돈 많고 지위 높은 남자의 내면에도 이같이 사납고 공격적인 여성적 측면, 즉 미숙한 '아니마'가 숨어 있어, 문득문득 그 정직한 모습을 드러내 보여 본인과 가까운 사람을 곤경에 빠뜨리곤 한다. 이렇게 인간의 정신세계에 숨어 있는 성숙하지 못한 여성성을 어떻게 다스리고 승화시켜야 하는지, 또 그렇게 한 차원 끌어올려진 여성적 측면이 사회와 인류 역사에서는 어떤 의미가 있는지에 대한 해답이 성경의 유딧기 속에 숨어 있다.

여성성과 남성성의 완벽한 조합 유딧

기원전 2세기 중엽에 쓰인 유딧기는, 드보라에 대한 이야기와 함께 가부장제적 관점이 강한 성경에서 매우 예외적으로 독특한 분위기가 있는, 눈에 띄는 영웅적 여성의 전쟁담이다. 유딧기는 크게 세 부분으로 나뉘는데, 첫 번째 부분에 해당하는 7장까지는 인간의 심리적 특징 중 부정적인 남성성, 즉 동물적인 공격성과 잔인한 심성이 강조되어 씌어 있다.

아시리아의 네부카드네자르 임금은 지중해와 페르시아 사이에 있는 킬리키아, 다마스쿠스, 시리아, 모압, 암몬, 전 유다 왕국과 이집트의 모든 주민을 한칼에 무찔러 복수하겠다고 맹세할 정도로 호전적인 사람이다. 그를 보필하는 홀로페르네스 역시 싸움에는 물불을 가리지 않는 사람이다. 그가 얼마나 잔인한가는 다음과 같은 구절들로 짐작할 수가 있을 것이다.

"킬리키아 지방을 점령하고 자기에게 대항하는 자들을 모두 쳐 죽인 다음,…미디안의 자손들을 모조리 포위하여, 그들의 천막들을 불사르고…들을 황폐하게 만들고 젊은이들은 모두 칼로 쳐 죽였다. 그리하여…아스돗과 아스클론의 주민들도 그를 몹시 무서워하였다."

(유딧 2,25-28)

두 번째 부분에 해당되는 장부터는 이렇게 잔인한 홀로페르네스와 네브카드네자르 임금에 대적할 사람으로, 전혀 예상치 못한 인물인 아름답고 심성 고운 과부 유딧이 홀연 등장한다.

유딧의 남편은 보리 추수 때 일사병에 걸려 죽었다. 유딧은 뛰어난 매력을 지닌 여성으로 재산이 많았음에도 검소하고 겸손한 삶을 택하여 모든 사람에게 칭찬 받는 인물이었다. 즉 장래 지도자로서 갖추어야 할 품성 중 첫째인 완벽한 도덕성을 갖추고 있는 것이다. 그저 평범한 과부인 유딧이 나서게 되는 계기는, 홀로페르네스가 이스라엘로 가는 물줄기를 끊어 버려 이스라엘 백성이 절망적인 죽음 앞에서 어쩔 수 없이 항복해야 하는 절체절명의 상황 때문이었다.

이스라엘인들은 일찌감치 굴복하지 않은 지도자 우찌야를 원망하면서 하루빨리 네부카드네자르에게 항복하라고 압력을 넣는다. 이때 우찌야는 유딧의 신앙심이 두텁다는 이야기를 듣고 기도를 청한다. 우찌야의 부탁을 받고 유딧은 하느님과 단둘이 기도로 만난다. 이때 유딧이 바친 기도에는 언제 읽어도 그 큰 힘을 느낄 수 있는 감동적인 내용이 담겨 있다.

"당신의 능력은 수에 달려 있지 않고 당신의 위력은 힘센 자들에게 달려 있지 않습니다. 당신은 오히려 미천한 이들의 하느님, 비천한 이들의 구조자, 약한 이들의 보호자, 버림받은 이들의 옹호자, 희망 없는 이들의 구원자이십니다."(유딧 9,11)

절실하게 기도를 바친 유딧은 자루옷과 과부의 옷차림을 벗어 버리고 한껏 치장을 한 후 하녀 한 명만을 데리고 용감하게 홀로페르네스가 있는 적진으로 간다. 이때 사람들은 모두 유딧의 아름다움에 넋을 잃는다. 인간의 잔인한 공격성에 대적하는 것은 아름다움과 평화에 대한 갈망이란 알레고리로 읽히지 않는가. 유딧은 용감하게, 그러나 적절한 지혜를 갖추고 적장에게 다가가 그의 마음을 사로잡는다. 즉 그들에게 지름길을 가르쳐주는 등의 유용한 정보를 제공하겠다고 속여 홀로페르네스를 만나는 것이다. 사람들이 깜짝 놀랄 정도의 미모를 소유한 데다가 언변도 훌륭한 유딧이 다가오자 전쟁터에서 그렇게 잔인하고 용맹하던 홀로페르네스는 그만 판단력을 잃게 된다.

유딧은 적진에 머물면서 일단 적들을 안심시킨다. 그리고 새벽마다 기도를 하러 나갈 수 있도록 미리 부탁해 놓아 다른 호위병들이 유딧이 밤중에 빠져나가는 것을 당연하게 생각하도록 만들어 놓는다. 홀로페르네스는 유딧과 함께 자고 싶은 생각에 그녀를 자신의 침실로 불러들인다. 지혜로운 유딧은 자신은 율법 때문에 음식을 따로 먹는다면서 홀로페르네스를 정신없이 취하게 하여 잠을 재운 다음 단번에 목을 벤다. 그러고는 마치 새벽 기도를 하러 가는 것처럼 적진을 빠져나와 아무런 의심을 사지 않고 자신의 나라로 돌아온다. 날이 밝아 대장이 죽은 것을 발견한 아시리아 진영은 크게 동요하여

: 홀로페르네스의 목을 베는 유딧(by Caravaggio)
: 〈출처 : (CC)Judith at en.wikimepia.org〉

사분오열되니, 이스라엘은 잔인하고 용맹스럽기로 유명한 아시리아 군대를 쉽게 물리치고 승리한다.

"그들의 영웅이 젊은이들 손에 쓰러진 것도 아니고 장사들이 그를 쳐 죽인 것도 아니며 키 큰 거인들이 그에게 달려든 것도 아니다. 므라리의 딸 유딧이 미모로 그를 꼼짝 못하게 만든 것이다"(유딧 16,6) 라는 구절처럼, 유딧은 아무런 사심이 없는 여성이었기에 이스라엘인들의 큰 사랑을 받는 신화적인 존재가 되어 두고두고 사람들의 가슴속에 살아남게 된다.

"유딧은 백성이 자기에게 준 홀로페르네스의 기물을 모두 하느님께 봉헌하였다. 그리고 자기가 홀로페르네스의 침실에서 가져온 닫집을 하느님께 완전 봉헌물로 바쳤다.…유딧도 배툴리아로 가 자기 소유지에서 살았다.…유딧을 탐내는 사람들이 많았지만, 그의 남편 므나쎄가 죽어서 선조들 곁으로 간 때부터 유딧이 살아 있는 동안 내내, 어떠한 남자도 유딧과 관계하지 못하였다.…그는 자기의 시녀에게 자유를 주기도 하였다. 그 뒤에 배툴리아에서 죽어 자기 남편 므나쎄의 동굴 묘지에 함께 묻혔다. 이스라엘 집안은 이레 동안 그의 죽음을 애도하였다.…유딧이 살아 있을 때는 물론 그가 죽은 뒤에도 오랫동안, 이스라엘 자손들을 위협하는 자가 더 이상 없었다." (유딧 16,19-25)

유딧의 일생은 사실 개인적으로 볼 때는 그리 행복하지만은 않았다. 그 미모가 모든 사람의 마음을 설레게 할 정도였으나 젊은 나이에 남편을 잃은 후 105세가 될 때까지 자식도 없이 수절하며 살았으니, 세속적인 의미에서는 매우 외롭고 고단한 인생이 될 수도 있었다. 그러나 그녀는 그런 자기의 어려운 조건에 머물지 않았다. 조국이 부를 때 위험을 무릅쓰고 적진에 뛰어 들어가 적장을 베고 무사히 돌아와 큰 싸움을 승리로 이끈 용감한 전사가 된 것이다. 사실 이쯤에서 성경이 끝났다면 다른 전쟁 영웅들과 큰 차이가 없다.

그동안의 이스라엘 임금이나 다른 남자 지도자와 달리, 유딧은 권력이나 재물 등에 아무 욕심이 없었다는 것이 현대의 우리에게 그 무엇보다도 큰 감동을 준다. 그는 단지 하느님의 종이자 이스라엘 백성의 한 사람으로서 현명한 계책을 써서 싸움을 승리로 이끌었고, 곧 다시 평민의 자리로 돌아간다. 사람들이 감사를 표하며 준 홀로페르네스의 기물이나 자신의 용맹을 입증하는 닫집들도 모두 성전에 바치고, 자신은 소유와 명예에서 자유로운 신앙인으로 살 뿐이다. 또한 그는 자신의 여종에게 자유를 줄 정도로 세심하고도 따뜻한 사람이었기에, 온 이스라엘 백성은 그녀가 죽었을 때 이레 동안 애도의 눈물을 흘렸던 것이다.

끝까지 추구해야 할 진정한 목표는 무엇인가

나는 유딧기를 읽으며, 기억에 남을 만한 일을 한 지금 세기의 현대 여성을 생각해 보았다. 마더 데레사 같은 분은 물론, 인도의 여성 지도자 밴디트 퀸, 철저하게 불평등한 학문의 세계에서 두 번이나 노벨상을 탄 마리 퀴리, 연약한 소녀의 몸으로 일본 제국주의와 맞선 우리나라의 유관순 열사, 남편의 죽음을 딛고 일어나 민주화를 위해 노력한 필리핀의 아키노, 군부 통치에 맨몸으로 맞선 미얀마의 아웅산 수치 여사 등의 모습이 눈앞을 스쳐 지나갔다.

이들은 모두 인류에게 사랑과 평화의 힘이 얼마나 강한지 보여준 큰 여성이다. 또 부정과 불의에 맞서는 힘을 지니고 있으면서도 나름대로의 여성적인 품성을 잃지 않았다는 공통점을 갖추고 있다. 약자를 돌보며 그들을 위하여 헌신할 수 있는 따뜻함, 이성적이고도 합리적인 태도로 위기에 대처하는 지혜, 죽음을 두려워하지 않고 불의와 맞서 싸우는 진정한 용기, 흔들리지 않는 성실함으로 마침내 큰 성과를 일구어 내는 인내심 등은 그들이 갖고 있는 성숙한 여성성의 특징이 아닐까 싶다.

그런 의미에서 유딧은 수천 년이 지난 지금까지도 여성이 과연 어떤 삶을 살아야 하는지에 대해 분명히 말해 주고 있다. 유딧은 나라의 흥망에 상관없이 자기 한 몸 충분히 편하게 살 수 있는 빼어난 미모와 재산을 가지고 있었지만, 수동적으로 인생을 살아가며 주위에 잘 순응하여 목숨과 편안함을 보전하는 것만을 목표로 삼지 않았다. 자기의 외모나 재능을 무기로 삼아 철저하게 자기 한 몸의 세속적인 영달만을 추구하는 약삭빠른 현대 여성에게 유딧은 특히 귀감이 될 것이다.

또 남 위에 군림하고 많은 재물을 챙기는 것만이 일생일대의 유일한 목표인 듯 권력과 돈을 추구하며 헛된 야심에 끌려 다니는 남자도, 유딧이 택한 무소유의 삶은 본받을 만한 귀한 가치가 있다. 작고 소소한 일에 핏대를 올려 가며 따지기 좋아하고 지극히 비본질적인 일에 흥분하여 악다구니를 하고 있으면서, 그게 마치 인생의 전부인 양 행동하는 우리 시대의 소인배와 미련한 사람들에게 유딧기를 큰 소리로 암송시키면 어떨까 하는 우스꽝스러운 공상도 해본다.

우리가 온 힘을 다해 싸워야 할 적은 과연 누구이며, 우리가 미련 없이 버려야 하는 것은 무엇인가. 또 삶에서 끝까지 포기하지 말고 추구해야 할 진정한 목표는 무엇인가. 그리고 절대로 집착해서는 안 될 것은 또 무엇인가. 유딧기를 읽다 보면 그에 대한 답이 쉽게 머리에 떠오를 것이다.

자신을
이겨 낸 여인
에스테르

에스테르라는 여인이 부러운 것은, 악한 하만 등을 물리치고
자신의 동족 이스라엘인을 구해 내는 업적을 이룬 승자라서
가 아니라, 권력 앞에 나약해지고 욕심과 이기심에 무릎 꿇기
쉬운 자기 자신을 극복하였다는 점 때문이다. 비겁하고 유혹
에 약한 자신의 부끄러운 모습을 사람들에게는 감출 수 있어
도 하느님을 속일 수는 없기 때문이다.

소수의 힘으로 부패를 물리치다

에스테르기는 기원전 4~3세기 무렵의 페르시아 왕궁을 배경으로 전개된다. 흔히 구약의 내용은 훗날 유대인의 고통스러운 역정을 미리 암시하곤 하는데, 에스테르기 역시 소수민족으로서 유대인이 겪어야 할 형극의 길에 대한 상징적 비유로 가득 차 있다. 소수민족의 가난한 고아로 태어나 마침내 한 왕국의 왕비로 막강한 권력의 핵심에 이르게 되는 에스테르의 인생은 물론 하나의 성서적 사건으로 국한시켜 이해할 수 있지만, 역사적으로나 심리적 의미로도 우리에게 큰 감동을 주고 있다.

에스테르는 유대인으로서 자신의 혈통을 숨기고 페르시아의 왕비에 오른 여인이다. 그런데 항상 그렇듯이 선이 있으면 악이 있는 법, 에스테르가 왕비가 된 후 유대인 멸종 계획을 세우는 페르시아의 최고 대신 하만이 등장한다.

임금의 신임을 받던 권력자 하만이 유대인을 박해하고자 임금의 인장 반지로 봉인하여 전국 각 지방에 발송한 편지 내용은, 독재자가 어떤 식으로 부패한 자기 권력을 합리화시키는지, 또 그 권력 유지의 방편으로 힘없는 소수 집단을 어떻게 속죄양으로 만드는지를 잘 보여주고 있다.

"과인은 수많은 민족들을 지배하고 온 세계를 통치하게 되었지만, 권력의 오만함으로 방자하게 되지 아니하고 오히려 항상 더욱 온화하고 관대하게 다스려, 신민들의 삶을 모든 면에서 어떠한 소란도 없이 안정시키고, 왕국을 그 경계선 끝까지 평온하고 마음대로 다닐 수 있게 만들어 모든 사람이 열광하는 평화를 회복하리라 결심한 바 있습니다.…이제 우리는, 이 백성이 혼자서 유별나게 모든 사람과 끊임없이 적대 관계를 이루면서 자기네 법에 따라 기이한 생활 방식으로 떨어져 살며, 우리 일에 나쁜 감정을 품고 극악한 짓들을 저질러, 왕국의 안전을 위협하기에 이르렀다는 사실을 깨닫게 되었습니다. 그래서 과인은 이렇게 명하는 바입니다.…여자와 아이들을 막론하고 모두 인정사정 전혀 볼 것 없이 그들의 원수들의 칼로 뿌리째 절멸시켜, 예나 지금이나 적대적인 자들이 단 하루에 저승으로 세차게 떨어져서, 앞으로 우리의 국사가 안정과 안녕 속에 수행될 수 있게 하십시오."(에스 3, 13②-13⑦)

참으로 많이 들어본 말이다. 2300년 전 페르시아 임금이 내린 칙서와 현대 독재자의 말이 어찌 그리 닮은꼴인지 탄식하지 않을 수 없는 대목이다. 이는 히틀러 시대의 독일이 벌였던 유대인 박해, 관동 대지진 사태 때 일본이 자행했던 조선인 학살, 보스니아와 동티모르, 남아프리카 등에서 자행되는 인종 청소 등과도 비슷한 고태적 사건이라 할 수 있다.

익히 알려진 대로 독재 권력은 자신들의 비도덕성을 은폐하고 대다수 민중의 분노를 다른 방향으로 돌리는 방편으로, 약한 소수집단을 선택해서 그들을 속죄양으로 만든다. 그러면 어리석은 민중은 사회적 원인과 문제의 본질을 파악하지 못한 채 가해자의 입장에 가담하게 되었다는 것만 신나게 생각하여 특정 집단을 박해하는 데 앞장섬으로써 스스로 힘 있고 선택받은 사람이라고 착각하게 된다. 유대인을 박해하고자 했던 하만의 계획도 이런 맥락에서 이해한다면 단순히 고대의 옛이야기가 아니라는 것을 절감할 수 있다.

여성주의 영웅담

사회 심리학적 의미와 함께 보잘것없는 한 여인이 어떻게 철저한 가부장제 사회에서 자신의 뿌리를 잃지 않은 채 자기의 정체성을 유지할 수 있느냐에 초점을 맞춘다면, 에스테르는 여성주의적 영웅담으로 읽히기도 한다. 공고한 권력을 통해 인간의 자유가 압살되는 곳이라는 상징적 의미를 지닌 왕궁 또는 가정이라는 갇힌 공간 안에서 약자의 입장에 설 수밖에 없는 한 여성이 인간으로서의 존엄성을 잃지 않은 채 뜻한 바를 관철하는 과정이기 때문이다.

에스테르의 이야기는 특히 현대 우리나라 가정에서 어떻게 여성이 자신의 인간성을 죽이지 않고 살아남을 수 있느냐에 대해 시사하는 바가 크다. 현대는 비교적 남녀가 평등한 사회라고는 하지만 아직까지도 일단 전통적인 결혼이라는 제도에 얽히게 되면 가정은 때로 감옥과 같은 공간이 되는 경우가 많다. 자녀 양육의 문제로, 또는 시집 식구라는 상대적으로 힘 있는 이들이 원하는 대로 살 수밖에 없는 입장에서, 또는 경제적 약자라는 입장 때문에 아직도 많은 여성이 가정 속에서 자신이 원하지 않는 방식으로 살고 있다. 물론 남성의 경우도 결혼을 하게 되면 사랑이 식는다는 의미에서 무덤과 같다는 말들을 하기는 하지만, 과거에는 여성보다 상대적으로 속박을 덜 받는 편이었다.

비록 한 나라의 왕비라는 높은 자리에 오르긴 했지만 에스테르 역시 이런 이유로 마지막 순간까지 자신이 유대인임을 숨겨야 했다. 종족을 죽이려는 음모를 꾸민 하만을 자신의 기지로 큰 기둥에 매달려 죽게 하는 시점에 이르러서야 에스테르의 가시방석 같던 나날이

후원자 모르도카이(Mordecai)와 함께한 에스테르(by Aert de Gelder)
〈출처: (CC)Esther at en.wikipedia.org〉

끝났을 것이다.

게다가 유대인에 대한 박해가 임박해지자 유대인 스스로 베옷을 입고 저항 운동을 벌이기 시작하면서 에스테르는 쓸데없는 오해까지 받게 된다. 다른 평민과 달리, 만일 에스테르가 왕비의 옷을 벗고 유대인의 저항에 참여할 경우 즉각적으로 생명의 위협을 받을 수 있는 특별한 상황에 있음을 아는지 모르는지, 동족은 그에게 "같은 동족은 모른 체하고 일신의 영달만 꾀하려 한다"라고 힐난한다. 이런 곤경의 순간에 에스테르는 아름답고 진실한 기도를 올린다. 이는 특히 현대의 우리에게도 깊은 감동을 주는 대목이다.

"사자 앞에 나설 때 잘 조화된 말을 제 입에 담아 주시고 그의 마음을 저희에게 대적하는 자에 대한 미움으로 바꾸시어 그 적대자와 동조자들이 끝장나게 하소서. …당신께서는 저의 곤경을 아십니다. 제가 공식 석상에 나가는 날 머리에 쓰는 제 위엄의 상징을 경멸함을 아십니다. 저는 그것을 개짐처럼 경멸하여 쉬는 날에는 쓰지도 않습니다. 당신의 여종은 하만의 식탁에서 함께 먹지 않았고 임금의 연회를 영예롭게 하지도 않았으며 신들에게 바친 술을 마시지도 않았습니다.…만물 위에 권능을 떨치시는 하느님 절망에 빠진 이들의 소리를 귀여겨들으시어 악인들의 손에서 저희를 구하소서. 또한 이 두려움에서 저를 구하소서."(에스 4,17㉔-17㉚)

위와 같은 에스테르의 기도는 박해받는 입장에 있는 피지배 계층이 어떤 방식으로 인생을 살아야 하는지에 대한 방향 제시가 될 수 있다. 폭압적 권력을 갖고 있는 강자 앞에 약자는 보통 몇 가지 태도를 취하게 된다. 첫 번째, 비굴한 태도로 강자의 명령에 완전히 복종하며 자신의 안녕을 도모하는 것이다. 두 번째, 겉으로는 순종하는 척하면서 후일을 기약하며 힘을 기르는 방법이 있다. 세 번째, 뻔히 패배할 수밖에 없는 운명임을 알고도 과격한 방법으로 저항하는 태도가 있다. 네 번째, 비록 힘은 약하지만 지혜와 실력으로 강자를 감화시켜 끝까지 정의를 구현해 내는 어려운 방법이 있다. 마르틴 루터 킹 목사나 마하트마 간디 같은 이들이 여기에 속하리라. 에스테르 역시 이런 입장을 취하고 있다.

나를 이기는 것이 어려운 이유

그러나 대부분의 사람은 첫 번째의 입장에 서게 된다. 식민지 시대나 독재 시대, 나 자신을 포함하여 겁 많은 평범한 사람들은 대개 이런 타협의 쉬운 길을 택했다. 정의감이 강한 젊은이는 세 번째의 방식을 택하기도 한다.

또한 에스테르가 권력을 절대시하고 있지 않다는 점도 주목할 만한 부분이다. 모든 이가 부러워할 만한 왕비라는 높은 자리에 앉아 화려하기 그지없는 왕관을 쓰고 있는 에스테르는 자신의 옷치장을 걸레처럼 더럽게 여긴다. 말이 쉽지, 일반 사람은 상상도 할 수 없을 만큼 고귀한 자존심이 아닐 수 없다. 에스테르가 하만을 물리치고 그 누구보다 강한 권세를 누렸음에도 타락하지 않은 비밀이 바로 여기에 있다.

대부분의 사람은 애초에 높은 자리에 오르려고 노력할 때 개인적인 축재를 하거나 나쁜 짓만 골라 하겠다는 파렴치한 생각부터 하지는 않을 것이다. 그러나 현실과 타협하기 시작하고 점점 더 강한 권력을 추구하다 보면, 수단과 목적이 전도되고 본말이 거꾸로 되어 권력과 돈을 통해 자기 자신만을 위한 영화를 꾀하게 되는 것이 인생의 목표가 된다.

그러나 에스테르는 달랐다. 이는 강한 신앙심과 주관이 없었으면 힘든 일이었으리라. 이렇게 자존심을 지켜 온 에스테르지만, 그도 일촉즉발의 위험한 상황에서는 공포감을 느낄 수밖에 없었고, 이런 불안한 심정을 기도를 통해 결국 극복해 내고 있다. 기도의 힘으로 더욱 강해진 에스테르는 기지와 지혜로 곤경을 물리친다. 그리고 에스테르를 통해 유대인은 살길을 얻게 된다.

자기 주위에 권력으로 무장하고 위협하는 자가 없는 안전한 자리에서, 정의감에 불타 용감한 척하는 것은 아무나 할 수 있는 일이다. 그러나 정작 용기를 꼭 발휘해야 할 화급한 시점에서는 대부분이 침묵을 지키고 만다. 두려움 때문이다. 이런 약삭빠른 인간의 속성, 죽음과 고통을 피하고자 하는 본성을 극복할 수 있게 하는 것이 바로 종교가 아닌가 싶다.

그런 의미에서 에스테르라는 여인이 부러운 것은, 악한 하만 등을 물리치고 자신의 동족 이스라엘인을 구해 내는 업적을 이룬 승자라서가 아니라, 권력 앞에 나약해지고 욕심과 이기심에 무릎 꿇기 쉬운 자기 자신을 극복하였다는 점 때문이다. 비겁하고 유혹에 약한 자신의 부끄러운 모습을 사람들에게는 감출 수 있어도 하느님을 속일 수는 없기 때문이다.

고통의 이유에 대해
끈질기게
질문했던 욥

인간으로서는 어찌할 수 없는 한계 상황에 이르러 자신의 생을 돌아보며 자신의 인생 자체가 아예 시작되지 않았더라면 좋았겠노라고 생각하는 욥의 절망은 마치 실존주의 철학자의 사상을 보는 것처럼 비극적이다. 욥의 인생은 서양의 근대적 인간, 즉 자신이라는 존재에 대해 회의하고 우주의 비밀에 대해 의심을 품는 '철학하는 인간'의 소중한 전범이 되기도 한다.

불행의 아이콘이라는 통념에 대한 항변

얼마 전까지만 해도 너무 가슴 아프고 답답해서 도저히 읽을 수 없어 한쪽에 밀어놓곤 했던 욥기를 모처럼 마음먹고 다시 읽었다. 아무 죄도 없는데 단지 사탄과 하느님의 대화로 시험의 대상이 되어 견딜 수 없는 고통을 당해야 했던 욥의 운명은 읽기만 해도 그 불행한 기운이 전해져서 같이 힘들어지곤 했다. 피를 토하는 것 같은 욥의 고통스러운 절규도 절규지만, 그를 위로한답시고 엉뚱한 소리만 해대는 친구들의 논리는 정신을 어지럽혀 판단력마저 흐리게 했다.

언제부턴가 행복보다는 불행이 훨씬 더 큰 의미와 가치를 지니며, 쾌락보다는 고통스러운 체험이 우리를 진정 자유롭게 하는 기회가 됨을 어렴풋하게나마 짐작하고 있었다. 하지만 그저 그뿐, 사고나 감성의 양쪽 영역 모두에서 미숙한 나 자신은 여전히 고통의 의미에 대해 모호하게 반응하곤 했다. 아픈 것은 피하려는 본능적인 두려움 때문일까. 상식적인 인과응보의 논리나 합리적 사고방식의 인생관으로는 욥의 불행을 도저히 설명할 수 없기에, 욥기를 이해하는 일은 내게 아주 골치 아픈 숙제였다. 본래 자기에게 도저히 이해하기 힘든 일이 닥치면 사람들은 우선 피하기 마련이라고 하던가. 내가 성경을 읽을 때마다 의도적으로 욥기는 접어 두었던 것도 아마 그런 회피와 부정의 심리가 있었던 것이 아닌가 싶다.

무언가 잘못하면 언젠가는 벌을 받고 그 죗값을 치르게 되며 선행을 베푼 사람은 결국 행복해진다는 상투적인 교육 탓에, '성실하고 독실한 욥을 사탄의 시험에 들게 하신 하느님은 참으로 이상한 분이시다'라는 생각을 한 적도 어린 시절에는 많았다. 주일학교 교리 교사들이 가장 자주 접하는 곤란한 질문이 아마 "하느님은 사랑이시라면서 왜 우리 인간에게 그 많은 비참한 고통이 생기게 하셨나요? 내가 만약 전지전능한 조물주라면 이 세상에 불행 따위는 아예 존재하지 않게 할 텐데. 하느님은 도대체 왜 막강한 권능을 지니시고도 우리를 힘들게 하실까요?"와 같은 것들이 아닐까. 고통에 시달리는 욥의 독백과 이를 위로한답시고 와서는 부질없는 논쟁만 벌이고 가는 세 친구와의 대화는 이런 어려운 질문에 대해 몇 가지 실마리를 제공한다.

물론 욥과 세 친구와의 대화는 신학의 영역보다는 오히려 철학의 영역에 훨씬 근접해 있다고 보는 개인적 입장 때문에 이해가 더 복잡해지기도 했다. 인간으로서는 어찌할 수 없는 한계 상황에 이르러 생을 돌아보며 자신의 인생 자체가 아예 시작되지 않았더라면 좋았겠노라고 생각하는 욥의 절망은 마치 실존주의 철학자의 사상을 보는 것처럼 비극적이다. 욥의 인생은 서양의 근대적 인간, 즉 자신이라는 존재에 대해 회의하고 우주의 비밀에 대해 의심을 품는 '철학하는 인간'의 소중한 전범이 되기도 한다.

철학자 라이프니츠의 변신론(辨神論, 악의 존재가 신의 속성과 모순되지 않는다는 설)의 근거를 욥기에 적용시켜 보면 이해가 쉽다. 라이프니츠는 "하느님은 자연의 악을 꼭 원하지 않지만 때로는 죄에 대한 벌로서, 또 때로는 어떤 목적을 달성하기 위한 수단으로서, 즉 보다 더 큰 악을 저지하거나 또는 보다 더 큰 선을 실현하기 위해 자연의 악을 원하신다. 벌은 착하게 되는 것과 위협을 하는 데 쓸모가 있고, 악은 선이 한층 더 강하게 나타나게 하는 데 이바지하는 때가 자주 있다. 또 악은 괴로움을 당하고 있는 자에게 완덕을 가져다주기도 한다"(『변신론 I ch』. p.23)[14]고 말했다. 욥의 괴로움은 성경에서는 사탄의 장난으로 그려져 있지만, 사실 살아 있다 병들어 죽어야 하고, 살아 있는 모든 이들과 어떤 방식으로든 이별해야 하며, 손에 쥐고 있는 모든 재산을 결국 놓아야 하는 모든 인간의 원형적인 삶의 현실일 뿐이다. 괴테의 『파우스트』와 단테의 『신곡』이 욥에게서 그 모티프를 얻었다는 이야기는 굳이 누군가를 인용할 필요도 없이 명확해 보인다. 또 신은 이미 죽었다고 주장하며 초월자로서의 인간에 대해 역설한 니체조차 욥기로부터 많은 문학적 영감을 받았다고 한다. 분석심리학자 융도 유대인의 여러 심리적 과제에 대한 관심을 욥기를 읽는 데서부터 시작하고 있다.

흠 없고 죄 없는 진실한 인간

욥을 성경 속 지도자 중 하나라고 생각한다면 먼저 고개를 갸웃할 사람이 있을 것이다. 그는 인생 전반부에는 많은 것을 누리면서 집안 식구를 잘 돌보았지만 그 외에는 어떤 정치적인 역량도 보인 바가 없다. 세속적인 지도자의 풍모는 없고 다만 그저 잘 참고, 어떤 상황에서도 하느님께 대한 겸손함과 믿음을 놓지 않는 우직한 인물로 보이기 때문이다. 만약 이런 사람이 지도자라면 추종자는 정말 답답해할 것이고, 불평불만만 하다 마침내 그 주변을 떠나갈 것이다. 적

---

14)   요하네스 힐쉬베르거 지음, 강성위 옮김, 『서양철학사(하)』, 서울, 이문출판사, 232쪽

어도 겉으로 보기엔 가라앉는 배의 선장임에 틀림없어 보이기 때문이다.

욥은 기실 고통의 나락으로 추락할 때도, 또다시 모든 것이 제 자리로 돌아와 하느님의 축복을 받을 때도, 그 위기를 극복하기 위해 어떤 일을 했다고 떠벌리지 않는다. 다만 온전히 하느님의 뜻을 알기 위해 경청하고 있을 뿐이다.

세속적인 눈으로 보면, 문제를 풀기 위해 적극적으로 분석하고, 또 그런 분석을 통해 무언가 해결하고자 행동으로 옮겨 나가는 힘센 지도자의 상과는 많이 다르다. 하지만 한 걸음 더 깊이 생각해 보면, 자신의 의견과 신념에 따라 무언가를 하려는 사람이 과연 좋은 지도자인가 하는 질문을 하게 된다. 좋은 지도자는 누군가에게 자기의 의견을 강요하는 것이 아니라 '민중과 하느님의 뜻이 무엇인지 잘 경청하는 사람'이어야 하지 않을까. 그런 의미에서 욥기는 지도자가 갖추어야 할 덕목을 훌륭하게 보여준다고 생각한다.

욥기의 서두에는 욥이 "흠 없고 올곧으며 하느님을 경외하고 악을 멀리하는" 사람이라는 설명이 나온다. 그렇다면 '흠 없고 올곧은' 사람은 과연 어떤 사람일까. 국제 가톨릭성서공회는 '완전하고 진실한' 사람이라 번역했고, 새 국제 성경(New International Version)에서는 'Blameless and Upright'라고, 킹 제임스 성경(King James Version)에서는 'Perfect and Upright'라고 쓴다. 얼핏 비슷비슷해 보이지만 흠이 없는 것, 완전한 것, 죄가 없는 것은 모두 다르기 때문에 논의의 여지가 많다.

욥이 살았던 시기(기원전 2000년~1000년경)에는 흠이 없는 인물이 존재했을 거라고 유대인들은 상상했던 모양이다. 마치 공자가 요순임금을 흠 없는 완벽한 성왕이라고 생각했던 것과 비슷하다. 하지만 흠 없고 완전하고 죄 없는 인간이 과연 있겠는가. 융의 분석심리학의 관점에서 보면 모든 이들은 무의식에 '그림자' 측면을 숨기거나, 억압하거나, 혹은 기껏해야 잘 다스리려고 노력할 뿐이다.

하느님께서 "우리와 비슷하게 우리 모습으로 사람을 만들자"(창세 1,26)라고 말씀하셨다고 해서, 하느님은 모두 선하신 분이기 때문에 하느님을 닮은 우리가 뼛속 깊이 선하기만 하고, 모든 악행은 사탄에서 비롯되는 것이라 주장한다면 옳지 않다. 악행을 저질러도 외부의 누군가에 책임을 묻고 본인은 죄가 없다고 믿기 때문이다. 도입부의 '완벽함'에 대한 언급은 신적인 관점이 아니라 성경을 쓴 사람들의 인간적인 관점이 아닐까 싶다.

이기적 자본만이 큰돈을 벌 수 있다고 보는 현대인의 입장에서는 특히 욥이 아무 잘못 없이 큰 부자가 되었다는 사실 자체도 어쩌면 이해할 수 없을 것이다. 그렇게 많은 것을 누린 욥이 오로지 하느님과 사탄의 거래 때문으로만 추락했을까 하는 의문을 가지는 것이다. '부자가 되는 과정에 나쁜 짓을 많이 했을 거야, 그러니 벌 받은 거지' 하는 식으로 말이다. 하지만 성경은 욥이 올곧은 사람이라고 못 박는다. 욥의 고통이 그의 악행에서 비롯되지 않았다는 것을 강조하는 것이다. 무언가 원인을 따져 보려는 인과론적 과학주의의 관점에서 보자면 받아들이기 어려운 대목이다.

성경에서 욥은 세속적인 눈으로 보면 사탄과 하느님이 건 내기의 희생양이다. 그래서 욥은 하느님이 매정하다고 자신의 감정을 드러내기도 한다. "어찌하여 저를 모태에서 나오게 하셨습니까? 제가 죽어 버렸다면 어떤 눈도 저를 보지 못했을 것을!…저를 내버려 두십시오. 이제 살날이 조금밖에 없지 않습니까?"(욥 10,18-20)라고 고백한다. 가장 완벽한 사람도 고통 속에서는 자신의 삶을 저주하고 죽음을 소망한다. 이때 하느님은 선한 사람을 곤경에 빠뜨리게 만드는 속을 알 수 없는 심술궂은 어른처럼 보일 것이다. 그러나 이런 생각들은 하느님에 대한 우리의 인격적 투사일 뿐이다. 운명이나 자연은 선한 것도 악한 것도 아니라, 그저 그렇게 일어날 뿐이다. 행복과 불행이 우리에게 한꺼번에 주어져 일어날 순서를 우리가 모를 뿐이다.

사랑의 깊이와 진실성에 대해 물음을 던지다

욥의 질병은 의학자에게도 많은 관심을 불러일으킨다. 피부가 떨어져 나가고 욕창이 머리부터 발끝까지 생긴다는 그의 질병은 현대의학으로 보면 습진(Eczema), 니콘틴산 결핍증후군(Pellagra), 우두 등이 아닌가 짐작된다. 또 이들 병을 재발성 포도상 구균성 화농증(Recurrent Staphylococcal Abscess)으로 볼 수도 있겠다.

그의 끔찍한 신체질환은 당연히 정신질환을 유발한다. 신체가 건강하더라도 자녀와 가족, 그리고 모든 재산을 잃고 나면 그 상실감으로 말미암아 우울증에 걸리고도 남을 텐데, 몸마저 완전히 망가져 거리에 비참한 꼴로 나앉게 되니 극심한 절망감에 시달리지 않을 수가 없다(욥은 그의 전력으로 보아 완벽주의적 도덕주의자였을 가능성이 크다. 또 자신의 감정을 드러내 놓고 불망을 토로하기보다는 일단 참고 보는 성격이었을 것이다. 욥이 피부병 등 신체질환을 앓게 된 것도 이런 내향적 또는 억제적 성

: 참을성 많은 욥(by Gerard Seghers) 〈출처 : (CC)Job at en.wikimepia.org〉

격 때문이 아니었을까 하고 의사의 입장에서 상상해 본다).

실제로 욥의 고백은 우울증 환자의 모든 심리 상황이나 증상에 정확하게 들어맞는다. 이제 무덤만이 자신의 휴식처고 세상의 모든 것은 어둠 속에 가라앉았으며 자신에게 의미 있는 날은 오로지 과거에만 존재한다는 심정, 자신에게는 희망도, 살아보겠다는 욕망도 남아 있지 않다는 토로, 결국 하느님은 자신을 버렸으며 자신은 먼지나 재와 다름없는 상태로 전락했다는 호소는 전형적인 우울 증상 가운데 하나다.

이런 괴로움을 당하고 있는 욥을 찾아온 세 명의 친구는 고통 받는 이웃을 대할 때 우리가 흔히 범하는 잘못된 태도를 그대로 보여 준다. 첫 번째는 고통 받는 사람에게 무언가 책임이 있다고 비난하는 식의 태도다. 사람들이 찢어지게 가난한 이유는 단지 게으름이나 허영심 때문이라는 식의 가난 책임론을 들고 나온다든가, 갑작스러운 사고를 당했다거나 병이 들어 아픈 사람은 조상 묘나 집터를 잘못 써서 그렇다느니 하는 미신적인 인과응보론을 펼치는 사람들의 태도가 그것이다.

물론 불행에 처한 사람들이 살면서 경우에 따라 잘못을 저질렀을 수 있다. 그러나 근본적인 사회의 구조적 모순이 엄연히 존재하는데도, 모든 잘못은 개인의 탓이라며 무조건적 개인 책임론을 들고 나오는 것은 편협하고도 위험한 태도가 아닐 수 없다. 특히 많은 재산을 가진 사람일수록 자신이 누리는 모든 것은 홀로 이제껏 노력하고 쌓아 온 결과라고만 생각하는 경향이 있는데, 이런 태도는 결국 거만한 이기심과 탐욕, 그리고 이웃에 대한 무관심을 낳게 된다.

두 번째는 죽고 난 후 천국에 가기 위해서나, 또는 이 세상에서 복을 누리고자 자선을 베풀고 신앙심을 가져야 한다는, 하느님 또는 운명과 거래를 하자는 식의 태도다. 즉, 지금은 좀 어렵고 괴로워도 결국 그 때문에 천국에 가게 될 것이니 즐거운 마음으로 받아들이자는 식이다. 이렇게 자선을 베풀면 천국에 들어 올림 받게 될 것이라는 신앙은, 언뜻 보면 큰 문제가 없는 듯 보이지만, 실제로는 내가 이걸 주니 너는 저걸 달라는 세속의 상업적 거래와 다를 바가 없다. 선행을 베푸는 것도 고통 받는 사람에 대한 사랑에서가 아니라, 단지 천국행 티켓을 따기 위해서 혹은 자기와 자기 자식에게 이 세상 사는 동안 좋은 일만 일어나기를 바라서라면, 과연 그 자선이 자선이고 그 신앙이 신앙이라고 할 수 있을까.

비단 하느님과 사랑뿐 아니라 모든 인간관계에서도 마찬가지다. '네가 내게 이러이러한 이익을 주니 나는 저러저러한 것들을 제공하겠다'라는 식의 계약은 진정한 사랑이나 우정을 지속시킬 수 없다. 남편이 돈을 잘 벌어 와야 남편을 존경하고, 아내가 건강해서 집안일을 잘 해낼 수 있을 때만 아내를 아내로 대접한다면, 그 부부는 진정한 사랑을 나누는 부부가 아닐 것이다. 남편이 어떤 어려움에 처해도, 또 아내가 자신이 원하는 방향대로 따라 주지 못한다 해도 조건 없는 사랑을 서로 나눌 수 있어야만 진정한 부부가 아닐까. 그런 의미에서 욥의 불행은 욥의 양심이나 도덕성을 시험하기 위한 것이기도 하지만, 하느님과 인간에 대한 사랑의 깊이와 진실성을 묻는 것이라고 할 수 있다.

그러나 욥과 같은 상황에서 "하느님, 제가 무슨 잘못을 저질렀다고 하필이면 저에게 이런 고통을 주십니까?"라고 묻지 않을 이가 있 겠는가. 고통 속에서는 이런 인격화로 포장된 신의 모습이 그나마 우리가 매달릴 수 있는 유일한 희망이다. 하지만 성경은 가장 큰 권력의 결정체인 레비아탄을 언급하며 "보아라, 사람이 그것을 잡을 수 있다는 희망은 환상일 뿐 보기만 해도 놀라 넘어진다"(욥 41,1) "높은 자들을 모두 내려다보니 그것은 모든 오만한 자들 위에 군림 하는 임금이다"(욥 41,26)라고 못을 박는다. 신은 욥의 고백처럼 "저 에게는 너무나 신비로워 알지 못하는 일들"(욥 42,3)을 하는 존재이 지 시계수리공처럼 무언가 고장나면 열심히 고치고 해결해 주는 집 사가 아니다. 고통과 역경 앞에서 인간이라면 모두 겪어야 할 과정 은 인간의 몫이지 신의 책무가 아니다.

인간의 지혜와 이성에 대한 근본적인 질문

어른이 어른답게 사는 것도 쉬운 일이 아닌 것처럼 지도자가 지도 자답게 말하고 행동한다는 게 어떻게 쉽겠는가. 좋은 지도자는 추종 자를 이용해 자기 자신의 치적을 남기려는 이들이 아니라 자신을 낮 추고, 하느님과 공동체를 높이는 이들일 것이다. 예컨대 이 시대의 큰 지도자였던 김수환 추기경은 어린 시절, 헐벗고 배고팠던 기억 때문인지 사제가 된 다음에도 고해소로 오는 이들에게 월급의 일부 를 건네 주는 엉뚱한(?) 행동을 하여 주변 사람을 감동시켰다. 전태 일 열사의 경우도 초등학교도 제대로 졸업하지 못하고 먹고 싶은 것 도 제대로 먹지 못할 정도로 고생했지만, 살아서는 노동 운동을 조 직한 사람으로, 죽어서도 그가 남긴 정직한 삶의 기록으로 역사의 큰 흐름을 바꾸어 놓았다. 소소하지만 크고 작은 자기희생이 진정한 지도자를 만드는 요소다.

이른바 자신을 '준비된 리더'라고 자신하지만, 막상 권력을 잡고 나면 파괴적인 지도자가 되어 많은 사람을 불안하고 힘들게 하는 이들이 적지 않다. 본인의 능력을 과시하는 것, 혹은 권력을 잡는 것에 목표를 두고 살았기 때문이리라. 다른 사람에게 호통치고, 남을 마음대로 휘두르고, 내 판단을 강요하는 이들은 진정한 지도자가 아니다. 진정한 리더십은 파괴적인 힘의 과시가 아니라 억압받는 이들의 고통을 품에 안았을 때 탄생한다. 성경에 등장하는 훌륭한 지도자도 다양한 고통의 과정을 거치면서 큰 지도자로 성장하는 모습을 보여준다. 그 중에서도 욥은 인간이 겪을 수 있는 모든 고통이란 고통을 다 겪는 나락으로 급격히 추락하는 과정을 겪으면서 진정한 지도자로 거듭난다.

초반에 등장하는 욥은 올바른 생각, 올바른 신앙, 올바른 행동을 하는 정의로운 부자지만, 거기에서 멈춘다면 진정한 지도자라고 할수는 없다. 운이 좋은 인생을 살고 있으면 자기 일에 충실하고, 주변 사람들에게 해야 할 의무를 다하며, 하느님도 공경하는 것이 그렇지 않은 불운한 인생을 사는 사람보다 어렵지 않을 수 있다(물론 운 좋은 인생을 사는 사람들이 모두 하느님을 경배한다는 이야기는 절대 아니다). 인과응보, 혹은 권선징악의 논리에 빠져 산다면 착한 일을 한 사람은 복을 받고 나쁜 일을 한 사람은 저주를 받는다고 단순히 믿게 된다. 성공한 사람은 자신이 노력해서 그렇게 된 것이고, 실패한 사람은 노력이 부족해서 그렇다고 믿는 삶의 원칙은 굳이 영성과 종교의 영역까지 들어갈 필요가 없다.

타인의 고통에 대한 위로의 방식도 그렇다. 너무나 큰 괴로움에 빠져 있는 사람에게 긴 설교나 어설픈 격려는 오히려 귀찮고 성가신 방해물일 뿐이다. 더군다나 상대방의 어려움을 보면서 자기는 상대적으로 편하고 행복하다는 식의 생각도 비열한 태도가 아닐 수 없다. 우리 대부분은 특별히 가깝지 않은 누군가의 불행을 대할 때 그 아픔을 같이 공감해 주고 그들에게 진정으로 필요한 것이 무엇인지 고민하기보다는, '아 내게는 그런 일들이 일어나지 않아 다행이다' 라는 식의 위안을 삼을 때가 많다. 욥을 위로하려고 나타난 세 친구의 위선적인 말은 선행을 한답시고 악행을 저지르기 쉬운 우리 자신이 경계해야 할 태도이다.

또 하나, 욥기에는 근본적이고도 중요한 주제가 담겨 있다. 즉 인간의 지혜와 이성에 대한 근본적인 질문이 그것이다. 욥은 하느님께 도대체 왜 자기에게 이런 일이 일어났는지 끈질기게 질문을 던지는데, 마침내 그에 대한 하느님의 폭풍과 같은 대답을 듣게 된다. "지각 없는 말로 내 뜻을 어둡게 하는 이 자는 누구냐? 죽음의 대문이 네게 드러난 적이 있으며 암흑의 대문을 네가 본 적이 있느냐? 너는 하늘의 법칙들을 아느냐? 또 네가 땅에 대한 그의 지배를 확정할 수 있느냐?"(욥 38,2,17,33)라는 구절은 그중에서도 가장 핵심적인 말이라고 할 수 있다.

우선은 어떤 철학적 질문과 대답도 '인간의 언어'라는 매개체를 통해 주고받기 때문에 불완전하고 자체적인 모순을 내포할 수밖에 없는 장엄한 선언에 주목하게 된다. 이 대목은 마치 대승불교의 대각자(大覺者) 용수(龍樹)가 인간 오성에 대해 조목조목 그 불합리를 지적한 부분과도 흡사하다. 사실 서양에서는 최근 들어 언어학, 기호학, 구조주의 등의 철학적 지식이 인간 이성의 한계를 보다 진지하게 지적해 주기 전까지, 과학주의 또는 합리주의라는 장막이 이런 깨달음을 방해하고 있었다는 주장이 일고 있다. 데카르트가 "나는 생각한다. 고로 존재한다"라는 선언을 한 이래 내 존재의 의미, 나의 시작과 끝은 내 사고로부터 비롯한다는 거만한 생각이 몇 세기를 풍미하였던 것이다.

20세기 들어와서야 비로소 많은 철학자가 바로 그런 언술 자체가 내적 모순을 포함하고 있다는 지적을 하게 된다. 즉 인간 정신의 영역은 결국 아무리 그 경계를 확장한다 해도 태어남과 죽음이라는 명백한 한계를 가질 수밖에 없다는 점, 아무리 천문학이나 물리학과 같은 자연과학이 발전한다 해도 우주와 영원성의 비밀에 대해 우리가 아는 것보다 모르는 것이 그만큼 많아진다는 점은 과학과 철학의 경계가 넓어질수록 더욱더 선명하게 드러난다.

끔찍한 고통을 겪고 나서야 "저는 보잘것없는 몸, 당신께 무어라 대답하겠습니까? 손을 제 입에 갖다 댈 뿐입니다"(욥 40,4)라고 뉘우치게 되는 '언어'라는 그물에 갇힌 욥의 운명은, 이른바 스스로 잘났다고 착각하는 경솔한 인간이 죽음 앞에 이르러 궁극적으로 겪게 될 명백한 종착점이다. 욥기는 자신도 모르는 사이, 경박한 쾌락에 몸을 내맡기는 인간에 대한 준엄한 경고인 동시에, 우리의 언술과 인식의 한계를 끊임없이 환기시켜 주는 철학적 성찰의 장이기도 하다.

다니엘에게서 찾는
용기와
지혜의 열쇠

가짜 신앙과 불의에 맞서 이스라엘인으로서의 정체성을 잃지 않고 자신의 신앙을 이민족에게 전파했던 다니엘은, 정의의 편에 서는 용기와 진실을 밝혀내는 지혜, 그리고 자기완성을 위해 고난을 견딜 수 있는 인내심을 가진 지도자로서, 덜 익은 운명론과 허무적 신비주의에 빠져 있는 요즘 젊은이에게 특히 귀감이 될 만한 인물이다.

근대의 이성주의로는 이해하기 어려운 다니엘서

해마다 여름이면 귀신 이야기가 대중매체에 자주 등장한다. 그 중 초현실적인 존재에 대한 영화는 청소년이나 젊은 세대에게 큰 관심의 대상이 되고 있다. 특히 사이버 세계 안에서 무한정 확장되는 상상력 덕인지 허무맹랑하고 황당무계한 내용이 그들에게 폭발적인 호응을 얻기도 한다.

혹자는 이 같은 현상을 세기말적인 증후군이라 표현했고, 어떤 이들은 경제적인 침체와 대량 실업에 따른 정신적 공황 상태에서 비롯한 퇴폐적 분위기 탓이라고 말하기도 한다.

원인이 무엇이든 젊은이가 건실하고 진취적인 힘을 느끼기보다는 창백하고 어두운 허무주의나 운명론을 자주 읽고 그것에 공감한다는 것은 걱정스러운 일일 수도 있다.

다니엘서는 어쩌면 그런 걱정스러운 마음에 하나의 해답이 될 수 있다. 공평하지도 정의롭지도 않은 세계에 염증을 느낀다거나 서구식 합리주의의 한계를 절감하는 사람들에게 균형 잡힌 시각을 제공해 줄 수 있기 때문이다.

성경에는 정통 신학적인 독법이나 근대의 이성주의로 이해하기 어려운 부분이 상당히 많이 나오지만, 그중에서도 에제키엘서와 다니엘서는 일반인에게 더욱 난해하다.

두 책 모두 화려한 상징과 수식, 그리고 환상과 신의 장엄한 현현 등에 대한 묘사로 가득 차 있어서 웬만큼 정신을 모으지 않으면 그 맥락을 따라가기도 힘들다. 특히 다니엘서의 경우는 기원전 2세기 그리스 임금 안티오코스 4세가 이스라엘 고유의 모든 문화를 부정하려 했던 시기 혹은 그 이후 즈음에 쓰인 것으로 추정된다.[15] 그 내용도 바빌론, 페르시아, 그리스 등 타국의 이교도에 대한 이해와 우상 숭배에 대한 기본 지식이 없으면 제대로 알아듣기 어려운 부분이 많다.

우선 다니엘이 바빌론 왕궁에 들어가 꿈과 환시를 풀 수 있는 전문적 해몽가로 훈련받는 도입부를 보자. 바빌론 왕 네부카드네자르는 이스라엘의 왕족과 귀족 자제 중에서 잘생기고 똑똑하며 현명한 젊은이들을 뽑아 바빌론 말과 글을 가르치며 바빌론의 마술사나 술객(術客)들이 지금까지 담당해 온 일들을 맡긴다. 킹 제임스 성경에서는 이를 마술사(Magician)와 점성술사(Astrologer)로 각각 번역해 놓았는데, 바빌론 왕궁에서 이 젊은이들이 하는 일은 고대 각국의 샤먼이 하던 일과 유사하지 않았을까 추측해 보게 된다.

실제로 바빌론의 네부카드네자르 임금은 다니엘에게 자신의 꿈과 환시를 풀어 달라는 주문을 여러 번 하고 다니엘은 그때마다 뛰어난 지혜로 임금에게 조언을 해준다. 하지만 그러면서도 다니엘과 사드락, 메삭, 아벳 느고 등 유대의 젊은이는 자신의 지혜가 자기 자신에게서 나왔다거나 바빌론인이 믿는 우상에서 비롯되지 않았음을 분명히 해둔다.

이런 그들을 시기한 바빌론인들은 우상에게 절하지 않는다는 이유로 사드락, 메삭, 아벳 느고를 화덕에 던지도록 임금을 사주한다.

---

15)   Ed, by Freedman, D.N.(1992), 『The Anchor Bible Dictionary Vol 2』, New York, Doubleday, p.26

: 사자에 둘러싸인 다니엘(by Peter Paul Rubens)
: 〈출처 : (CC)Daniel at en.wikimepia.org〉

그러나 그들은 활활 타는 불가마의 화염 속에서도 우뚝 선 채 주님을 찬미한다. 불길이 얼마나 셌던지 마흔아홉 자나 치솟아 올라갔고 가마 주위에 있던 칼데아 사람을 모두 태워 버릴 정도였지만, 가마 가운데는 이슬 머금은 바람이 부는 것처럼 만들어 그들을 다치지 못하게 하였다. 그중에서도 그들 눈에 신기하게 보인 것은, 그들이 집어넣지도 않은 한 사람까지 불가마에 같이 들어가 있고 그들 세 젊은이는 불길을 견디고 털끝 하나 다치지 않았다는 사실이다(다니 3,10-27). 이런 광경을 보고 바빌론 사람들과 임금은 유대인이 믿는 신이야말로 가장 전능한 존재임을 깨닫게 된다.

이민족의 눈에 이들의 신통력은 마치 샤먼의 접신 체험이나 강신 혹은 마술과 비슷하게 보이지 않았을까. 엘리아데의 『샤머니즘』이란 책에는 이와 비슷한 체험을 한 샤먼에 대한 기록이 가득하다. 예를 들어 유라크 샤모예드의 한 샤먼 후보자는 광야에서 벌거벗은 사내에게 잡혀 토막이 난 채 큰 가마솥에 들어가게 되는 꿈을 꾸는데, 3년을 더 그 안에서 끓여지고 다시 살아나게 된 후에 신통력을 지니게 되었다는 이야기를 전한다.[16] 과거 중국이나 우리나라 등에서 행해진, 죄인을 커다란 가마솥에 삶아 죽이는 '팽형'이라는 것도 실은 샤먼 시대 습속의 흔적이 아니었을까 상상해 본다.

불가마 속에서 살아 나오는 세 젊은이의 체험과 비슷하게 다니엘도 그를 시기하는 바빌론인의 모함에 빠져 사자 굴에 갇히게 된다.

---

16)   미르치아 엘리아데 지음, 이윤기 옮김(1992), 『샤머니즘』, 서울, 까치, 55-59쪽

그러나 다니엘 또한 사자 굴에서 몸을 전혀 다치지 않고 살아 나와 임금의 신임을 받으며 정사에 깊이 관여하게 된다.

성경에는 사자와의 싸움, 혹은 사자를 이긴 신앙에 대한 언급이 많다. 판관기 14장에서 삼손이 사자와 싸워 이기는 장면, 티모테오 2서 4장 17절의 "나는 사자의 입에서 구출되었습니다"라는 구절 등은 특히 유명하다. 사자란 보통 전쟁과 무력 등을 상징하는 존재다. 고대 근동에서 사자는 태양의 불, 높고 강한 통치력 등을 의미했다. 따라서 다니엘이 사자 굴에서 터럭 하나 다치지 않고 나왔다는 사실은, 그가 냉엄하고 잔인한 권력의 소용돌이 속에서도 자신의 중심과 신앙을 잃지 않았다는 뜻으로 읽어도 무방할 것 같다.

꿈과 환시 속에 나타난 네 짐승

바빌론 임금 벨사차르 1년, 다니엘은 의미심장한 꿈과 환시를 본다. 하늘에서 불어오는 네 바람이 큰 바다를 휘젓자 바다에서 모양이 다른 거대한 짐승 네 마리가 올라온다. 그 첫째 짐승은 사자 같은데 독수리의 날개를 달고 있다. 다니엘이 보고 있는 사이에 날개가 뽑히더니 땅에서 들어 올려져 사람처럼 두 발로 일으켜 세워진 다음, 그것에게 사람의 마음이 주어진다. 둘째 짐승은 곰처럼 생겼고 갈비 세 개를 물고 있는데 어디선가 "일어나 고기를 많이 먹어라" 하는 말이 들린다. 또 셋째 짐승은 표범처럼 생겼는데 등에는 새의 날개가 네 개 달려 있고 머리도 네 개였는데 그것에게 통치권이 주어졌다. 커다란 쇠 이빨을 가진 넷째 짐승은 무시무시하고 끔찍하게 생겼는데 뿔이 열 개나 돋아 있다. 그 뿔 중에서 작은 뿔 하나가 새로

돋아 나오면서 먼저 나온 뿔 셋이 그것 앞에서 뽑혀 나가고, 그 작은 뿔은 사람처럼 눈과 입이 있어 거만하게 떠들어 대고 있었다. 그 앞에는 옥좌들이 놓이고 연로하신 분께서 자리에 앉으셨는데 옷은 눈처럼 희고 머리카락은 깨끗한 양털 같았다. 그분의 옥좌는 불 같고 옥좌의 바퀴들은 타오르는 불 같았다. 또 그 앞으로는 불길이 강물처럼 뿜어 나왔다. 시중드는 이가 백만, 그분을 모시고 선 이가 억만이었는데 그는 법정을 열고 책들을 펼친다. 거만한 말소리로 떠들어 대던 그 짐승은 살해되고 몸은 부서져 타는 불에 던져졌다. 꿈에 나타난 네 짐승은 세상 나라의 네 임금을 가리키고 옥좌에 앉아 계신 분은 하느님이시라고 해석한다.(다니 7장)

여기에 나타나는 네 짐승은 현대인의 마음에도 그와 비슷한 상징으로 다가온다. 사자와 일각수는 태양과 달, 남자와 여자의 경쟁하는 힘으로 종종 치환된다. 사자는 또한 신들의 어머니이자 대지의 신으로 파악되기도 한다. 뱀이 지하계에 속하는 악한 신을 대변한다면, 독수리는 하늘의 선한 신을 상징하기도 한다. 곰은 우리나라 단군신화에 나오는 부활, 신생, 또는 통과의례의 한 영물로서, 그리스에서는 달의 여신 아르테미스에게 바치는 동물이다. 반대로 표범은 잔인하고 광포한 특성을 지닌다. 서구 사회에서 표범은 종종 악마의 색욕을 뜻하고(영화〈배트맨〉에서 캣우먼이 입고 있는 표범 무늬의 옷을 기억해 보라), 성경에서는 표범의 영리함과 인간 문명과의 연관성을 짐작해 볼 수 있다.(예레 5,6;호세 13,27;묵시 13,2) 다니엘의 꿈에 이런 여러 가지 동물 상징이 등장하는 것은 그 시대의 특수한 상황과 문화적 배경을 고려해야 한다.

그렇다면 그리스 문화와 바빌론 문화가 거대한 힘으로 소용돌이 치면서 충돌하는 시기에 다니엘 같은 이들이 어떻게 자신의 정체성을 지킬 수 있었을까 하는 의문이 생긴다. 강력한 외래 문명 앞에서 쇄국의 미련한 선택을 하지 않는 동시에 민족 본연의 색깔을 잃지 않을 수 있는 지혜는 어디에서 나오는가. 다니엘이 보여주는 덕성에서 우리는 그 비밀의 열쇠를 찾을 수 있다.

반복되는 '7'의 상징

우선 다니엘에게는 약한 소수의 입장에 설 줄 아는 용기가 있었다. 아직 예언자로서의 명망을 얻지 못하였던 소년 시절, 수산나라는 한 억울한 여인의 사건을 해결해 주는 것이다. 수산나는 요야킴이라는 큰 부자의 부인이었는데, 그 집을 드나들던 두 원로 재판관이 있었다. 두 노인은 수산나에게 흑심을 품고 몰래 숨어 있다가 목욕하는 수산나 앞에 나타나서 그녀를 겁탈하려고 한다. 수산나는 소리 지르면서 도움을 청했지만, 그 노인들이 원로이며 재판관이었기 때문에 사람들은 수산나의 말을 믿지 않고 그녀를 사형시키려 한다. 이때 다니엘만이 홀로 수산나에게는 죄가 없다는 것을 알리고 두 노인을 따로따로 심문하여 그들이 위증하고 있음을 밝혀낸다(다니 13장).

또 '벨'이라는 우상을 섬기고 있던 사제들이 속임수를 써서 몰래 음식을 빼돌리고는 마치 그 우상이 먹고 마신 것처럼 속였던 사건을 파헤친 일(다니 14,1-22)이나, 큰 뱀을 숭배하는 임금에게 칼이나 몽둥이를 쓰지 않고 뱀을 죽이겠다는 말을 하고서는 역청과 굳기름과 머리털을 한데 섞어 끓여 덩어리로 만들어 뱀에게 먹여 죽게 한 일

(다니 14,23-30) 등에서도, 힘 있는 다수에 붙기보다 용감하게 올바른 소수에 서는 용기와 지혜를 지닌 지식인의 모델을 찾아볼 수 있다.

그러나 우상을 숭배하는 바빌론 사람에게 다니엘의 이런 행동은 일종의 범죄 행위로 간주되었고, 다니엘은 또다시 사자 굴속에 던져진다. 그러나 사자 굴속에서 일곱 날을 버티고 살아나자 임금은 마침내 회심하여 오히려 다니엘을 죽이라고 하던 자들을 사자 굴속에 넣고, 다니엘을 신임하여 중용하게 된다.

마지막으로 한 가지 주목할 만한 점은 다니엘서에는 숫자가 반복적으로 나타난다는 점이다. 예루살렘이 돌무더기로 남아 있을 햇수가 70년이라는 사실을 알려주며, 가브리엘이라는 천사가 나타나 70주간이 지나야 이스라엘이 죄악에서 손을 떼게 될 것이라는 소식을 전한다. 사자 굴에서 다니엘이 지낸 시간 역시 7일이다. 여기서 '7'이라는 숫자는 천지창조의 7일, 하늘과 땅을 연결해주는 가교로 간주되는 무지개의 일곱 빛깔 등을 연상시키는 동시에 다니엘이라는 예언자가 완전하게 성숙해 가는 과정을 간접적으로 상징한다.

가짜 신앙과 불의에 맞서 이스라엘인으로서의 정체성을 잃지 않고 자신의 신앙을 이민족에게 전파했던 다니엘은, 정의의 편에 서는 용기와 진실을 밝혀내는 지혜, 그리고 자기완성을 위해 고난을 견딜 수 있는 인내심을 가진 사람으로서, 덜 익은 운명론과 허무적 신비주의에 빠져 있는 이들에게 특히 영감을 줄 만한 인물이 아닐까.

아모스와 지구의 미래

지금 우리는, 아모스가 정확하게 짚어준 대로, 빈곤한 이와 가난한 이를 망하게 하면 어떤 일이 일어나게 되는지 너무나 선명하게 보고 겪고 있다. 그러나 이 모든 비극의 책임을 통감하고 깊이 반성하기만 한다면, 과연 우리에게도 희망이 생기게 되는 것일까.

이스라엘의 죄를 경고하다

IMF를 거치면서 부자와 빈자의 차이가 더욱 심화되고 깊어졌으며, 신자유주의를 표방했던 시기에는 부패한 정권들이 경제를 망쳐 놓아 일반이 체감하는 사회적 불평등의 골은 더욱 깊어졌다. 한쪽에서는 수백억, 수천억대의 갑부가 있지만, 한쪽에서는 단돈 몇 만원이 없어 약을 못 쓰는 환자도 있다. 또 갈 데까지 간 사람이 막다른 골목에서 스스로 목숨을 끊는 소식도 연달아 들리는 것을 보면, 우리 공동체가 진심으로 걱정스럽다.

돌이켜 보면 잘못한 일이 한둘이 아니며 반성할 것 없는 사람이 어디 있겠는가마는, 우선 급한 대로 우리 발등에 떨어진 일부터 해결해 앞으로의 살길을 모색하는 게 순서일 듯싶다. 그러기 위해선 어려울 때일수록, 특히 우리 사회의 모순과 정의롭지 못한 상황을 바로잡기 위해 구체적으로 어떤 일을 해야 할지 머리를 맞대고 힘을 모아야 할 것이다.

과거를 들추어 남에게만 잘못을 묻고 그 사람을 속죄양으로 삼으며 스스로를 위안하고 안주하는 것도 성숙한 태도는 아니지만, 분명 고쳐야 할 일까지 얼렁뚱땅 눈감아주는 태도 역시 올바른 일이 아닐 것이다. 이럴 때 양치기 겸 농부였던 예언자 아모스의 힘찬 함성이 기록되어 있는 구약성경의 아모스서는 모든 것이 힘들고 불안하기만 한 우리에게 시원한 대답을 주는 것 같다.

본래 위정자 집안에서 태어난 귀족과는 거리가 먼 시골 출신의 아모스는 기원전 8세기 중엽쯤 안정 가도를 달리던 이스라엘에 홀연나타나서 이제 끔찍한 일이 일어날 것을 예언한다. 아모스는 북왕국의 종말을 구체적으로 예고하는데, 먼저 이스라엘의 이웃 나라에 그들이 지은 죄에 대한 선고를 하나씩 내린다. 한번 상상해 보라. 힘없고 배경 없는 한 평민이 자기 나라뿐 아니라 이웃 나라의 멸망을 용감하게 예언하고 나선다니, 그의 용기와 담대함은 수천 년이 지난 지금도 우리에게 큰 감동을 준다.

다마스쿠스, 가자와 필리스티아, 티로, 에돔, 암몬, 모압 등 인접 국가의 궁궐에 큰 화재가 나면서 백성이 죽어 가는 상황에서 결국 이스라엘도 그 죗값을 받게 된다는 아모스의 예언은, 우리나라에 경제 위기가 닥치기 바로 직전인 1997년 인도네시아에 대화재가 일어나고 엘니뇨 현상으로 이상 기후가 발생함과 동시에 동남아 경제가 몰락하였던 상황과 너무나 비슷하게 들어맞아 예사롭게 들리지가 않는다.

아모스는 이스라엘이 범한 '빚돈을 빌미로 무죄한 이를 팔아넘기고 신 한 켤레를 빌미로 빈곤한 이를 팔아넘긴 죄' '힘없는 이들의 머리를 흙먼지 속에다 짓밟고 가난한 이들의 살길을 막은 죄' '제단마다 그 옆에 저당 잡은 옷들을 펴서 드러눕고 벌금으로 사들인 포도주를 저희 하느님의 집에서 마셔댄 죄'(아모 2,6-8) 등을 열거한다.

그동안 우리가 외국인 노동자나 조선족 혹은 탈북 동포에게 했던 거만한 행동, 독재정권 시절 비전향 장기수나 사상범을 우리 품에 끌어안지 못하고 오히려 박해하여 사회로부터 내쫓아 감옥에 가둔 행동, 게다가 그런 자신이 부끄러운지도 몰랐던 일들, 남의 나라에서 빌려온 빚돈으로 부어라 마셔라 했던 일과 어쩌면 그리 똑같을 수 있는지 기이할 뿐이다.

아모스의 성난 목소리 속에는 오늘날에도 적절하고 유효한 내용들이 계속 담겨진다. "아, 너희, 공정을 쓴흰쑥으로 만들어 버리고 정의를 땅바닥에 내팽개치는 자들아!…그들은 성문에서 올바로 시비를 가리는 이를 미워하고 바른말 하는 이를 역겨워한다. 너희가 힘없는 이를 짓밟고 도조를 거두어 가니…너희는 의인을 괴롭히고 뇌물을 받으며 빈곤한 이들을 성문에서 밀쳐 내었다. 그러므로 신중한 이는 이러한 때에 입을 다문다. 때가 악하기 때문이다."(아모 5,7-13)

종교의 위선을 미워하다

아모스는 정의롭지 못한 종교의 위선을 미워하였다. 이스라엘이 '여름 과일'처럼 안정되어 가는 이면에서 겉치레만 중요시하는 종교 지도자와 사치와 향락 생활에 길들여진 지도자에게 앞으로 닥칠 멸망을 경고한다. 분향 냄새 나는 번제물과 곡식 제물, 시끄러운 노랫소리로 상징되는 종교의 호화로운 겉치레는 모두 아모스에게 역겨운 것이었을 뿐이다.

그는 "다만 공정을 물처럼 흐르게 하고 정의를 강물처럼 흐르게 하여라"(아모 5,24)라고 간단명료하게 주문한다. 그는 지금으로 말하자면 극단적인 진보 개혁 성향을 가진 사람이다. 그 당시 이미 예언자 가문은 길드 조직처럼 특수층으로서의 모든 권력과 재산을 배타적으로 향유할 수 있었다. 그러나 아모스는 다른 예언자와는 달리 양치기로 추측되는 평범한 사람으로 태어났기 때문에 아마 조금은 더 용감할 수 있었을 것이다. 이런 개혁가 아모스는 물론 기득권층의 강한 반발에 맞서 싸워야 했다.

244

수구 세력의 대변가였던 베텔의 사제 아마츠야는 이스라엘의 임금 예로보암에게 "아모스가 이스라엘 집안 한가운데에서 임금님을 거슬러 음모를 꾸미고 있습니다. 이 나라는 그가 하는 모든 말을 더 이상 참아낼 수가 없습니다. 아모스는 이런 말을 해댑니다. '예로보암은 칼에 맞아 죽고 이스라엘은 제 고향을 떠나 유배를 갈 것이다'"(아모 7,10-11)라고 보고한다.

예나 지금이나 바른말 하는 사람을 반역자나 사회 전복자라고 했던 모양이다. 유다 땅으로 달아나 예언자 노릇이나 하며 밥을 벌어먹고 다시는 임금의 성소를 시끄럽게 하지 말라고 말하는 아마츠야에게 아모스는, 자신이 본래 예언자 가문에서 태어났거나 그들과 어울린 사람이 아니기에 예언자 역할 그 자체에는 아무런 흥미가 없음을 재차 강조한다. 즉, 아무것도 가진 것 없는 시골 출신에 불과하다는 사실이 그를 진실로 자유롭게 한 것이다. 자신이 종교를 미끼로 일신의 영달을 꾀하려는 세속적인 가짜 종교인이 아니라, 현실에 참여해 있는 그대로의 진실을 예언해 주는 진짜 하느님의 종으로 나타났음을 다시 한 번 환기시키는 것이다.

'빈곤한 이들을 짓밟고 가난한 이를 망하게 하는 죄'로 끝내 멸망의 구렁텅이로 빠지게 될 것을 알리는 아모스의 예언 중에는 지금 지구가 처해 있는 환경 재앙을 연상시키는 구절들도 많다. "그 때문에 땅이 뒤흔들리고 온 주민이 통곡하지 않겠느냐?'…그날에 나는 한낮에 해가 지게 하고 대낮에 땅이 캄캄하게 하리라.…내가 이 땅에 굶주림을 보내리라. 양식이 없어 굶주리는 것이 아니고 물이 없어 목마른 것이 아니라 주님의 말씀을 듣지 못하여 굶주리는 것이다. 그들이 주님의 말씀을 찾아 이 바다에서 저 바다로 헤매고 북쪽에서 동쪽으로 떠돌아다녀도 찾아내지 못하리라. 그날에 아름다운 처녀 총각들이 목이 말라 지쳐 쓰러지리라.…주 만군의 주님께서 땅에 손을 대시면 땅이 녹아 버리고 그 모든 주민이 통곡하며 온 땅이 나일 강처럼 불어 오르다가 이집트의 나일 강처럼 잦아든다."(아모 8,8-9,5)

21세기에도 그의 예언은 되풀이되고 있다

아모스의 예언은 최근 몇 년 동안 지구촌 곳곳에서 일어났던 지진, 홍수, 가뭄, 동남아와 남미 열대우림의 대화재 등에 대한 정확한 예언처럼 들려서 모골이 송연할 정도다. 미세먼지와 황사 때문에 낮에도 밤처럼 깜깜해지는 일이 잦은 요즘, 서구에서는 음식이 넘쳐나서 비만 치료 사업이 번창하는데 후진 사회에서는 아이들이 굶어 죽어 가고 있다. 이것이 바로 소위 개명 천지라는 현대에 일어나고 있는 일이다. 아모스 시대에 비해 우리 정신의 무엇이 진보했다는 말인가.

물론 역사적으로 지진, 화재, 홍수가 없었던 시기는 거의 없었다. 그러나 지금의 재앙 중에는 지구에서 자연적으로 생기는 천재지변뿐 아니라, 인류가 욕심과 거만으로 자연을 배반한 데서 온 환경파괴에 의한 재앙이 더 많다는 사실을 주목해야 한다. 없는 나라의 목숨을 담보로 삼고 있는 나라가 살찌고, 없는 사람의 배고픔으로 있는 사람이 배를 불리다가 초래한 비극도 적지 않다. 아프리카의 기아와 가뭄은 서구열강이 자연을 훼손한 데서 비롯했다는 역사적 기록과 과학적 증거도 차고 넘친다. 한없이 결핍을 호소하는 자신의 본능을 만족시키고자 힘없는 타인의 배를 곯게 했던 우리는, 그도 모자라 말없는 자연을 훼손시켜 결국 우리 자신의 무덤을 파고 있는지도 모른다.

요즘의 지구촌 재앙의 뒤에는 자기의 끝없는 욕심을 채우려는 거대한 서구 자본 앞에서 맥없이 무너지는 저개발국의 빚잔치도 함께 숨어 있다. 지금 우리는 아모스가 정확하게 짚어준 대로, 빈곤한 이와 가난한 이를 망하게 하면 어떤 일이 일어나게 되는지 너무나 선명하게 보고 겪고 있다. 그러나 이 모든 비극의 책임을 통감하고 깊이 반성하기만 한다면, 과연 우리에게도 희망이 생기게 되는 것일까.

마침내 '밭가는 이를 거두는 이가 따르고 포도 밟는 이를 씨 뿌리는 이가 따른 그날이' 오며, "이스라엘의 운명을 되돌리리니 그들은 허물어진 성읍들을 다시 세워 그곳에 살면서 포도밭을 가꾸어 포도주를 마시고 과수원을 만들어 과일을 먹으리라"(아모 9,14-15)라고 성경은 분명히 약속하고 있다. 이 약속에 대한 믿음은 결국 모든 고통을 잊고 진실을 향하도록 할 것이다.

날이 갈수록 신의 존재에 대해 두려움을 갖지 않고 거만해지며, 가난한 자는 더욱 가난하게 되고 부자는 더욱 부자가 되는 흉악한 일을 조직적으로 또 범세계적으로 행하고 있는 우리. 자연의 소중함을 알아 애써 가꾸기보다는 정복과 파괴만을 일삼으며 눈앞의 욕심만 채우려는 우리에게 과연 아모스가 예언한 미래를 기다릴 자격이 있는지 자꾸 의심이 가니 이를 어찌할까.

요나와
피노키오

큰 바다에서 위험하고도 엄청난 힘을 가진 물고기에게 잡아 먹힌다는 비유는, 무엇이든 뱃속에 품으려 하거나, 혹은 삼켜서 파괴시키는 인간 안에 내재되어 있는 모성 콤플렉스의 비유일 수도 있다. 긍정적으로 작용하면 따뜻한 모성으로 회귀할 수도 있지만 부정적으로 작용하면 개인의 독립과 성장을 방행하는 파괴적인 힘으로 작용할 수도 있는 것이 모성 콤플렉스다. 요나 이야기는 이 같은 모성 콤플렉스를 극복하여 우리가 어른이 되는 고통스러운 과정의 상징이다.

성장체험으로 읽는 요나 이야기

고등학교 3학년 때던가, 주민등록증을 처음 발급받기 위해 지장을 찍으면서 어른의 자리로 들어선다는 감격으로 가슴 떨리던 기억이 아스라하게 난다. '아, 이제 나도 드디어 어른이 되었구나. 이제부터는 어른의 간섭 없이 내 마음대로 살아도 되는 나이가 되었다'라는 생각에 어디 가서 크게 소리라도 지르고 싶은 기분이었던 것 같다. 그때 나는, 그저 나이만 먹으면 당연히, 그리고 아주 쉽게 어른이 되는 것으로만 알았다.

하지만 환갑을 바라보고 있는 지금도, 나 자신 안에 숨어 있는 아이의 모습을 발견할 때가 있다. 때론 지혜롭고 성숙한 어른 노릇을 포기하고 어리석은 내 마음 가는 대로, 게으른 나 하고 싶은 대로만 하고 싶을 때도 있다. 누군가를 치료하고, 때로는 따끔하게 충고도 하고, 내가 가지고 있는 지식을 풀어내야 하고, 힘들고 상처받은 사람들을 이끌어 주는 어른의 역할만 하다 보면 지치고 힘들 때도 많다. 하느님과 단독으로 대면할 때마다 그래서 나는 어린 아이처럼 하느님께 응석을 부리고 싶을 때도 많았다. '하느님, 제게 왜 이런 많은 숙제와 할 일을 주십니까. 전 그냥 하느님 곁에서 어린 아이처럼 놀고 싶은데요. 왜 빨리 안 불러주시고 자꾸 시련만 주십니까'라고 말이다.

나름대로는 심각한 나의 이런 갈등을 유머러스하게 해결해 주는 재미있는 이야기가 성경 한쪽에 숨어 있다. 요나의 이야기가 바로 그것이다. 요나서는 하나의 단편소설로 읽어도 좋을 구성을 갖추고 있어서, 구약성경 속의 몇 안 되는, 주인공의 개성이 뚜렷한 영웅 민담이자 성장 소설처럼 보인다.

성경 안에서 요나는 왕족의 아들이거나 예언자 집안에서 태어나 예언자로서의 품성을 갖추고 있던 특별한 인물로 서술되지 않는다. 그저 평범하게 '아미타이의 아들'이라는 설명만 있기 때문에 요나가 평민 계급의 아들이라고 막연히 짐작할 뿐이다. 이런 요나에게 하느님은 상상도 못할 막중한 신탁을 내리신다. 이스라엘의 원수 나라 중에서도 가장 힘이 센 아시리아의 수도 니네베로 가서 "죄악이 나(하느님)에게까지 치솟아 올랐다"(요나 1,2)라고 외쳐 적들을 빨리 회개시키도록 하라는 것이다. 이런 명령을 들으면 아마 이 세상 누구라도 꽁무니부터 뺄 것이다. 생각해 보라. 지금 우리 중 누군가에게 적지로 단독 잠입해서 그쪽 위정자에게 "회개하라. 너희의 죄가 하늘을 찌르니 곧 멸망이 올 것이다"라고 외치라는 명령을 한다면, 과연 그런 역할을 해낼 수 있는 인물이 몇이나 될까.

요나 역시 처음에는 우리와 다른 특별한 인물이 아니었기에 하느님의 명령을 피해 타르시스로 도망가려고 야포에서 배를 탄다. 그러나 하느님은 요나를 태운 배가 침몰 직전에 이르게 하신다. 이때까지만 해도 자기 앞날에 어떤 일이 일어날지 모르는 순진한 요나는 무사태평한 채 배 밑바닥에서 쿨쿨 잠을 잔다. 이에 화가 난 선장은 요나를 야단친다. "이런 판국에 어떻게 잠을 잘 수가 있느냐. 우리도 우리 신을 부를 테니 너도 네 신을 불러 곤경을 헤쳐 나가도록 힘을 합치자"라고 제안하는 것이다.

그래도 바람이 그치지 않자 사람들은 배를 탄 사람 중 누가 큰 죄를 지어 이런 변을 당하는 것인지 제비를 뽑아 그 사람을 골라내자고 한다. 구약 시대 사람다운 주술적 행동인 것처럼 보이지만, 민주

⋮ 요나와 고래(by Michelangelo) 〈출처 : (CC)Jonah at en.wikipedia.org〉

적으로 느껴지기도 한다. 제비에 뽑힌 이는 두말할 필요 없이 요나였다. 이에 요나는 문제의 진원이 자기에게 있음을 인정하고 용감하게 자기를 바다에 내던지라고 말한다. 사뭇 젊은이다운 영웅적인 결정이다. 즉 비겁한 요나가 새롭게 '변신'하는 순간이다. 처음에는 요나를 어떻게 해야 할지 망설이던 사람들도 자신들의 생명이 위급해지자 하느님께 자신들의 살인죄를 거두어 달라고 말하면서 요나를 바다로 던진다.

요나의 목숨이 여기서 끝나 버린다면, 물론 하느님의 큰 뜻을 후손들은 전혀 알 수가 없었을 것이다. 하지만 하느님은 큰 물고기로 하여금 요나를 삼키게 하여 사흘 밤낮을 고기 뱃속에 있게 하신다. 여느 사람 같으면 물고기 밥통에서 외로움과 무서움에 혼절해서 그대로 목숨이 끊어졌겠지만, 신심이 남다르고 배짱도 있던 요나는 오히려 그 전의 비겁한 태도와는 달리 용감하고 성숙한 모습으로 하느님께 간절히 기도한다. 호랑이에게 물려가도 정신만 차리면 산다더니!

사지에서 살아 나온 요나는 그때의 경험으로 얻은 배짱과 담력으로 용감하게 니네베로 간다. 그리고 거기서 "이제 사십일이 지나면 니네베는 무너진다"(요나 3,4)라고 외치고 다닌다. 모르긴 몰라도, 이 때 요나는 속으로 무척 두려웠을 것이다. '이런 말을 퍼뜨리고 다니는 나를 그 잔인한 니네베 사람들이 해칠 것이야. 아, 그러면 나는 또 용감하게 하느님께 내 목숨을 의탁해야지' 하면서 자못 비장한 심정으로 외롭고 장렬한 죽음마저 각오했을지 모른다. 하지만 하느님의 뜻은 그런 상식적인 예측을 넘어선다. 니네베 사람들은 요나의 추측과는 전혀 달리, 임금에서부터 하층민까지 모두 한마음으로 자신의 죄를 진심으로 뉘우치고 지금까지와는 전혀 다른 사람으로 변화한다.

그런데 이런 니네베 사람의 변화를 보는 요나의 마음은 편치가 않다. 그 많은 사람이 하느님의 품에 귀의한 것을 기뻐하기는커녕 엉뚱하게도 자신의 예언이 이루어지지 않았다는 사실에 집착하기 때문이다. 자기의 말 그대로 이루어지지 않았으니, 명예를 훼손당했다며 자존심이 상한 그는 다른 사람이 지옥의 불에서 벗어났다는 기쁜 소식을 빈 마음으로 받아들이지 못한다. 그저 자기의 손상된 체면만을 걱정하고는 "이렇게 사느니 죽는 것이 낫겠습니다"(요나 4,3)라며 하느님께 원망만 퍼붓는다. 그러고는 혼자 초막을 짓고 그 그늘 아래 앉아 이 성읍이 장차 어찌 되는가 보자는 기세를 갖춘다. 참으로 옹고집이다. 요나의 모습에서 걸핏하면 아주 작은 일로도 "죽고 싶다" "끝장내겠다"라고 말하며 세상이 무너진 듯 엄살을 떠는 우리의 모습이 겹쳐진다.

이에 하느님은 또다시 자애롭게 요나를 타이르신다. 아들을 달래듯 요나를 설득하시던 하느님의 눈에 이런 요나가 얼마나 우스꽝스럽고 한심하게 보였을까. 하지만 요나를 무척 아끼고 사랑하신 하느님의 자신의 서운한 마음을 직접 표현하지 않으신다.

"너는 네가 수고하지도 않고 키우지도 않았으며, 하룻밤 사이에 자랐다가 하룻밤 사이에 죽어 버린 이 아주까리를 그토록 동정하는구나! 그런데 하물며 오른쪽과 왼쪽을 가릴 줄도 모르는 사람이 십이만 명이나 있고, 또 수많은 짐승이 있는 이 커다란 성읍 니네베를 내가 어찌 동정하지 않을 수 있겠느냐?"(요나 4,10-11)

이 말을 듣고 요나가 회개하지 않았다면 그는 하느님의 사랑을 받는 자녀가 될 수 없었을 것이다. 엄격한 아버지의 모습으로 묘사되는 구약성경의 다른 책에 비해 훨씬 자애로운 모습이다. 하느님은 요나를 직접 꾸중하고 벌주는 대신 주도면밀한 교육 방침을 세우신다. 요나의 머리 위로 아주까리를 자라게 해서 그늘을 만들어 더위를 면하게 해주시는 것이다. 이것이 하느님의 의도된 행동인지도 모르고, 요나는 우선 시원하니 금세 기분이 좋아져 헤헤거린다. 그러나 다음날 하느님은 이 그늘을 한꺼번에 없애 버리신다. 인간으로 태어나 정말로 화를 내야 할 것이 무엇이며, 진정한 고통이 어떤 것인지 가르쳐주신 요량이다.

성경의 저자는 수사학적 방식으로 그 후 요나가 어떻게 회심하여 훌륭하게 변모했는지에 대해서 대담하게 생략해 버렸지만, 독자는 그런 설명이 없어도 얼마든지 요나의 후일담을 짐작할 수가 있다.

모성 콤플렉스를 극복하라

요나서는 신학적인 독법(讀法)으로 읽어도 물론 보람이 있지만, 이렇게 하나의 성장 체험이 들어 있는 민담으로 이해해도 배울 바가 참으로 많다. 나는 요나 이야기를 읽을 때마다 어릴 적 재미있게 읽었던 『피노키오』를 떠올린다. 요나와 피노키오의 이야기는 서로 비슷한 점이 참 많기 때문에 때로는 마치 하나의 줄거리인 것처럼 섞여 기억되는 것도 재미있다. 우선 자기의 의무를 소홀히 한 채 아버지 혹은 신, 즉 양심으로부터 도망간다는 사실, 아버지를 속이고 대신 어울려 가담한 친구들(요나는 뱃사람들, 피노키오는 나쁜 사기꾼과 여우)에게 배신당한다는 점, 또 바다에 던져져 큰 물고기 뱃속에서 오랫동안 지내야 한다는 사실 역시 놀랄 만큼 유사하다.

큰 바다에서 위험하고도 엄청난 힘을 가진 물고기에게 잡아먹힌다는 비유는, 무엇이든 뱃속에 품으려 하거나, 혹은 삼켜서 파괴시키는 인간 안에 내재되어 있는 모성 콤플렉스의 비유일 수도 있다. 모성 콤플렉스에 사로잡히면 우리는 퇴행해서 거대한 고래 같은 어머니의 품으로 앞뒤 가리지 않고 도망가려 할 수도 있다. 긍정적으로 작용하면 따뜻한 모성으로 회귀할 수도 있지만 부정적으로 작용하면 개인의 독립과 성장을 방행하는 파괴적인 힘으로 작용할 수도 있는 것이 모성 콤플렉스다. 요나 이야기는 이 같은 모성 콤플렉스를 극복하여 우리가 어른이 되는 고통스러운 과정의 상징이다. 융은 요나 이야기 속의 상징을 좀 더 자세하게 부연해 놓는다. 우선 태양이 바다 괴물에게 먹혀 버리는 설정이다. 이를 융은 인간의 의식이 무의식에 사로잡히는 과정과 비슷하다고 지적하기도 했다.[17]

세상이라는 넓은 바다에서 나로서는 어찌할 수 없는 큰 힘(권력이나 돈일 수도 있고 또는 제도와 구조일 수도 있다)에 통째로 먹힌 후 죽음과 다름없는 임사 체험을 하지만, 끝내 희망을 포기하지 않고 고통을 견뎌 마침내 진정한 자기를 찾는 과정 말이다. 요나와 피노키오 이야기는 이렇게 누구나 거쳐 하는 성인식의 힘든 여정을 묘사하는 재미있는 우화이기도 하다.

---

17) Jung, C.G. Tr. by Hull, R. R.(1974), 『Collected Works of C.G. Jung, Volume 4 : Freud & Psychoanalysis』, London, Routledge & Kegan Paul, p.210

3

우리 곁에서 만나는
신약의 사람들

우리의 편안한 삶을
부끄럽게 하는
세례자 요한

세례자 요한의 죽음은, 순탄하게 선택된 삶과는 전혀 다른 역경이 신앙인에게 닥치리라고 예고해 주는 동시에 십자가에 못 박히게 될 예수님의 고난을 준비시킨다. 또한 세례자 요한의 죽음은 박제된 채 잊히는 것이 아니라, 수많은 성인 성녀의 순교로 이어져 오늘날까지 내려온다.

하느님이 불쌍히 여기신 사람 요한

"하느님.…저의 죄악을 제가 알고 있으며 저의 잘못이 늘 제 앞에 있습니다.…그러나 당신께서 가슴속의 진실을 기뻐하시고 남모르게 지혜를 제게 가르치십니다. 우슬초로 제 죄를 없애주소서. 제가 깨끗해지리이다. 저를 씻어주소서. 눈보다 더 희어지리이다."(시편 51,3-9)

나이를 먹는다는 것이 결국 죄 하나씩을 더 얹는 일이 아닌가 하는 생각이 들 때가 있다. 돌이켜 보면 큰 죄, 작은 죄, 오랫동안 반복해서 저지른 죄, 한 번으로 그쳤지만 나와 남에게 깊은 상처를 준 죄 등 저지른 죄도 많고, 그를 변명하는 이유도 갖가지였다. 너무 괴로워서, 너무 화가 나서, 너무 외로워서, 유혹이 너무 강해서 등 따지고 보면 구차하기 짝이 없는 변명이다. 그러나 이렇게 글로 쓰고 나면 앞으로는 절대 죄를 짓지 않으리라고 스스로에 장담할 수 있을까. 그건 또 아닐 듯하다. 타 종교인이나 무신론자 중에는 자신은 아예 죄를 짓지 않으려 노력하는데, 예수쟁이는 열심히 나쁜 짓 하고 다니다 회개하면 그만이라고 속 편히 생각하는 사람이라며 몰아세우는 이들도 있다. 과연 나는 그런 비난을 피해 갈 자격이 있는가.

특히 세례자 요한에 대해 읽고 묵상하노라면 나는 마치 폭풍우가 몰아치는 허허벌판에 홀로 서서 심판을 기다리고 있는 듯 두렵고 무서운 기분에 빠진다. 지금 만약 한 예언자가 광야에 나타나 낙타 털 옷을 입고 허리에 가죽 띠를 두르고 메뚜기와 들꿀을 먹으며 "회개하고 세례를 받아라. 그러면 죄를 용서받을 것이다"라고 외친다면 나는 그를 어떻게 받아들일 것인가. 특히 정신과 의사인 나 같은 사람은 그의 심리와 사회적 병리 운운하며 엉뚱한 소리나 하지 않을까. 또 반대로 지금 우리 주위에는 너무나 많은 가짜 세례자 요한이 나타나 엉터리 예언자 노릇을 하고 있는 건 아닌가. 그렇다면 우리는 어떤 자세로 세례자 요한과 예수님을 기억하고 우리 시대에 어떤 의미를 부여할 수 있을까.

우선 세례자 요한의 탄생을 보자. 고대의 많은 영웅 설화처럼 세례자 요한 역시 천사가 그의 비범한 인생을 예고하며 탄생을 알린다. "그는 포도주도 독주도 마시지 않고 어머니 태중에서부터 성령으로 가득 찰 것이다. 그리고 이스라엘 자손들 가운데에서 많은 사람을 그들의 하느님이신 주님께 돌아오게 할 것이다. 그는 또 엘리야의 영과 힘을 지니고 그분보다 먼저 와서, 부모의 마음을 자녀에게 돌리고, 순종하지 않는 자들은 의인들의 생각을 받아들이게 하여, 백성이 주님을 맞이할 준비를 갖추게 할 것이다."(루카 1,15-17)

그러나 세례자 요한의 아버지 즈카르야는 천사 가브리엘의 말을 일단 의심한다. "'제가 그것을 어떻게 알 수 있겠습니까? 저는 늙은이고 제 아내도 나이가 많습니다' 하고 말하자, 천사가 그에게 대답하였다. '나는 하느님을 모시는 가브리엘인데, 너에게 이야기하여 이 기쁜 소식을 전하라고 파견되었다. 보라, 때가 되면 이루어질 내 말을 믿지 않았으니, 이 일이 일어나는 날까지 너는 벙어리가 되어 말을 못하게 될 것이다.'"(루카 1,18-20)

의심에 빠진 즈카르야에게 말을 못하게 되는 벌을 내린 점은 주목할 만하다. 신비로운 체험을 하고도 그 일에 대한 의심을 버리지 못했으니, 그 후에 뱉는 어떤 말도 실은 아무 의미 없는 소음에 불과할 것이다. 하느님은 그런 소음을 만들어 내느니 차라리 침묵을 지키라

세례자 요한을 잉태한 엘리사벳을 방문한 성 마리아(by Mariotto Albertinelli)
〈출처 : (CC)Saint. Elizabeth at en.wikipedia.org〉

고 명하신 것은 아니었을까.

스카르야의 아내 엘리사벳이 아이를 가진 지 여섯 달 만에 마리아가 비슷한 체험을 하게 되지만 마리아는 스카르야와는 정반대의 신앙심 깊은 답변을 한다. "'이제 네가 잉태하여 아들을 낳을 터이니 그 이름을 예수라 하여라. 그분께서는 큰 인물이 되시고 지극히 높으신 분의 아드님이라 불리실 것이다. 주 하느님께서 그분의 조상 다윗의 왕좌를 그분께 주시어, 그분께서 야곱 집안을 영원히 다스리시리니 그분의 나라는 끝이 없을 것이다.'…마리아가 말하였다. '보십시오. 저는 주님의 종입니다. 말씀하신 대로 저에게 이루어지기를 바랍니다.'"(루카 1,31-38)

엘리사벳은 이렇게 주님의 탄생을 기다리고 있는 마리아의 문안을 받고 성령을 가득히 받아 큰 소리로 외친다. "당신은 여인들 가운데에서 가장 복되시며 당신 태중의 아기도 복되십니다. 내 주님의 어머니께서 저에게 오시다니 어찌 된 일입니까?"(루카 1,42-43) 이로써 엘리사벳은 스카르야보다는 훨씬 깊은 신앙심을 보여준다. 마침내 세례자 요한이 태어나자 사람들은 아버지의 이름을 따서 즈카르야라고 이름 붙이려 한다. 하지만 엘리사벳은 '하느님이 불쌍히 여기신다'라는 뜻의 '요한'으로 이름 지어야 한다고 고집한다. 즈카르야도 "그의 이름은 요한"이라고 의사를 밝힌다. 즈카르야는 이 의사를 밝히고 난 후 말 못하는 벌에서 풀려난다.

물과 불, 성령의 세례

이러한 과정을 겪으며 태어나고 성장한 세례자 요한은 예언자가

262

되어 사람들이 받을 두 가지 세례를 이야기한다. 첫 번째는 자신이 베푸는 물의 세례고, 두 번째는 불과 성령의 세례다. 손에 키를 든 그분이 "타작마당을 깨끗이 치우시어, 알곡은 당신의 곳간에 모아들이시고 쭉정이는 꺼지지 않는 불에 태워 버리실 것이다"(루카 3,17)라며 성령의 세례를 주실 것임을 예언하고 있다. 물의 세례가 재생과 치유를 뜻한다면, 불의 세례는 불순한 것을 태워 새롭게 변용시키는 작업을 말한다. 그리고 바람으로 알곡과 쭉정이를 가림은 그런 재생과 변용을 이겨낸 자만이 얻을 수 있는 부활과 영생을 의미하는 것이 아닐까.

"'그분은 내가 이렇게 말한 분이시다. 내 뒤에 오시는 분은 내가 나기 전부터 계셨기에 나보다 앞서신 분이시다'…율법은 모세를 통하여 주어졌지만 은총과 진리는 예수 그리스도를 통하여 왔다. 아무도 하느님을 본 적이 없다. 아버지와 가장 가까우신 외아드님 하느님이신 그분께서 알려주셨다."(요한 1,15-18)

말하자면, 세례자 요한은 신적 존재이신 예수님과 인간을 연결시켜 주는 다리 역할을 하면서 인간이 예수님을 만날 수 있도록 준비시켜 준 사람이다.

또한 요한의 삶과 죽음은 우리가 스스로의 한계를 어떻게 극복해 나가야 하는지에 대한 방향을 제시해 준다. 그는 "'도끼가 이미 나무 뿌리에 닿아 있다. 좋은 열매를 맺지 않는 나무는 모두 찍혀서 불속에 던져진다.' 군중이 그에게 물었다. '그러면 저희가 어떻게 해야 합니까?' 요한이 그들에게 대답하였다. '옷을 두 벌 가진 사람은 못 가진 이에게 나누어 주어라. 먹을 것을 가진 사람도 그렇게 하여라'"(루카 3,9-11)라고 말한다. 세리에게는 정한 대로만 받고 그 이상은 받아내지 말라고 하고, 군인에게는 협박하거나 속임수를 써서 남의 물건을 착취하지 말고 자기가 받은 봉급으로 만족하라고 한다.

요한이 살았던 시기의 유다 왕국은 로마 황제 티베리우스 아래 빌라도가 총독으로 있을 때라, 일부 부유층은 상대적으로 엄청난 부를 축적하고 있었다. 특히 세금을 받는 세리나 군인은 자기가 갖고 있는 권력을 토대로 가난한 사람을 착취하는 경우가 많았다. 이들조차 세례자 요한을 찾아와 구원을 요청하였다는 것은 그만큼 그의 영향력이 컸다는 것을 의미한다. 또한 세례자 요한이 세리나 군인을 무조건 죄인으로 보지 않고 그들에게 나름대로의 지침과 행동의 경계를 세워 주었다는 것 역시 의미심장하다. 당시 세리나 군인은 악행을 저지르는 부류로 간주되었고, 일반인은 이들에 대해 깊은 적대감정을 가졌는데, 요한의 이런 충고는 그들마저도 결국에는 포용하겠다는 뜻이 아니었을까?

이런 요한을 당시 임금 헤로데가 가만둘 리 없다. 자기 동생의 아내 헤로디아를 처로 맞아들인 일과 다른 여러 가지 잘못을 책망했다며 그는 요한을 감옥에 가둔다. 그러나 헤로데는 "요한을 의롭고 거룩한 사람으로 알고 그를 두려워하며 보호해 주었을 뿐만 아니라, 그의 말을 들을 때에 몹시 당황해하면서도 그것을 기꺼이 듣곤"(마르 6,20) 하였다.

예수님의 고난과 빛을 증거하는 자

그렇다면 최고 권력자까지 세례자 요한의 존재를 두려워한 이유는 무엇일까. 우선 그의 도덕적인 청렴성을 들 수 있다. 그가 광야에서 살며 낙타 털옷을 입었다는 점을 주목해 보자. 낙타는 물 없는 사막을 여행한다는 점에서 절제와 순종 그리고 인내심을 의미한다. 또한 무릎을 꿇고 짐을 싣기 때문에 겸손을 상징하기도 한다. 세례자 요한이 기름진 음식이 아니라 들꿀과 메뚜기로 먹을거리를 대신했다는 것은, 기존의 바리사이나 사두가이 또는 율법학자와 달리, 가지고 있는 모든 것을 버리고 하느님께 투신할 수 있었다는 뜻이다.

사두가이는 대지주와 사제 계급 가운데에서 선택된 사람으로서, 후에 로마와 협력하여 예수님을 죽게 한다. 율법학자 역시 지금의 법정과 같은 산헤드린이라는 곳과 여러 사람이 모이는 회당이나 학교에서 주로 활동했을 뿐, 요한처럼 아무 기득권 없이 광야로 나가지는 못했다. 바리사이는 사두가이나 율법학자보다는 비교적 정치 권력의 핵심과 거리를 두려고 했지만, 그들 역시 또 다른 회당을 만들어 자신들의 이익에 연연했기 때문에 결국에는 사두가이의 전철을 답습하게 된다.

세례자 요한이 메뚜기를 먹으며 광야에서 사람들을 회개시킨 후 헤로데 임금의 감옥에서 죽음을 맞이한 것은, 이들의 어정쩡한 신앙생활과 대비되어 환하게 빛난다. 하지만 요한은 자신이 빛 그 자체가 아니라 빛을 증거하는 존재일 뿐이라며, "나보다 더 큰 능력을 지니신 분이 내 뒤에 오신다. 나는 몸을 굽혀 그의 신발 끈을 풀어드릴 자격조차 없다"(마르 1,7)라고 자신의 역할을 확실하게 해둔다.

감옥에 있으면서 헤로데의 악정에 대해 끊임없이 지적하던 세례자 요한은 드디어 죽음에 이르게 된다. 헤로디아의 딸이 헤로데 임

자신의 목을 요구한 살로메에 의해 죽임을 당한 세례자 요한(by Caravaggio).
〈출처 : (CC)The Beheading of Saint John the Baptist at en.wikipedia.org〉

금의 생일을 맞아 고관들, 무관들, 갈릴래아의 유지들 앞에서 춤을 추어 손님들과 헤로데를 즐겁게 한다. 무슨 소원이든 들어주겠다는 헤로데의 말에, 그녀는 어머니의 사주를 받아 세례자 요한의 머리를 쟁반에 담아 달라고 청하고, 결국 요한은 목이 잘린 채 장렬히 죽임을 당하고 만다.(마르 6,21-29)

세례자 요한의 죽음은, 구약성경에 기록된 대부분의 예언자와 마찬가지로, 순탄하게 선택된 삶과는 전혀 다른 역경이 신앙인에게 닥치리라고 예고해 주는 동시에 십자가에 못 박히게 될 예수님의 고난을 준비시킨다. 또한 세례자 요한의 죽음은 박제된 채 잊히는 것이 아니라, 수많은 성인 성녀의 순교로 이어져 오늘날까지 내려온다. 요한에 대한 글을 쓰는 내 눈앞에 안중근, 유관순, 윤봉길, 전태일, 이한열, 박종철 등의 얼굴이 떠오른다. 그들에 비해 너무나 편안한 삶을 살고 있는 나는 사두가이나 바리사이와 어쩌면 그리도 닮아 있는가. 부끄럽다.

아름다운
성가정의 가장
요셉

요셉은 가정과 자식을 위해 자신을 희생한 겸손과 극기의 인물이다. 여자를 얼마든지 내치고 버릴 수 있었으며 학대할 수 있었던 공고한 가부장제의 시대에 살면서도 부인과 자식을 위하여 과감하게 자신을 낮춘 요셉은 공동체보다는 자신을, 가족보다는 제 한 몸의 안녕을 추구하는 현대인을 반성하게 한다.

가정을 위해 자신을 낮춘 요셉의 겸손

나 자신이 딱 그러했기 때문일까. 대학을 다닐 때, 가족이나 사회 혹은 공동체보다는 자기 자신의 개인적인 행복만을 생각하는, 그래서 이기적으로 보이는 이들이 싫었다. 사실 마음을 열고 보면 꼭 그렇지 않은 사람도 많았을 텐데, 오히려 제대로 보지 못했던 것 같다.

그러나 누구나 그러하듯 막상 결혼 생활을 시작해 보니 가족을 위한 삶이 예상했던 것보다 힘들었다. 1년에 열 차례도 넘는 제사, 함께 사는 시부모님을 방문하여 며칠씩 머물다 가는 친지들, 대소사가 있을 때마다 많게는 수십 명 분의 음식을 수시로 준비해야 하는 종손 며느리는 자신의 많은 것을 희생해야 하는 전문 직업인이었지, 의사를 하면서 한꺼번에 가볍게 해낼 수 있는 역할은 아니었다. 좋은 의사가 되기 위한 공부는 밀쳐 두고 집안일을 해야 할 때의 초조함과 분노를 남편에게 토로하면, 남편은 "종손 며느리가 쉬운 줄 알았느냐, 그 정도는 감수하겠다며 결혼을 결정했으니 책임을 다해야 하는 것이 아니냐, 내가 결혼 전에 이미 힘들 것이라고 말하지 않았느냐"라고 했다. 그럴 때면 일과 결혼을 겁내지 않았던 나의 선택을 후회하기도 했다.

남의 수발을 드는 일보다 견디기 힘든 것은 크고 작은 결정을 자신의 판단에 따라 내릴 수 없다는 점이었다. 모든 것을 민주적으로 결정하여 개개인의 의견을 존중해 주던 친정과는 전혀 다른 권위주의적 문화는 때로 내게 충격으로 다가왔다. 내 생각과 다른 시어머니의 의사를 무조건 따를라치면 자유로운 인간으로서의 존엄성마저 훼손되는 느낌이 들 때도 있었다. 막노동을 하더라도 남자로 태어났더라면 얼마나 좋았을까 하는 부질없는 생각도 많이 했다.

그럴 때마다 나를 버티게 해주었던 것은 그동안 많은 이들이 내게 베풀어준 사람과 신앙이었다. 독실한 신자로 두 아들을 잃은 슬픔을 예수님과 성모님에 대한 사랑으로 극복해 낸 외할머니, 열심히 가정생활을 꾸려 나가며 신앙인과 여성으로서 살아야 할 모든 것을 가르쳐준 어머니, 가족과 가문의 모든 책임을 홀로 힘들게 떠맡았던 성실한 아버지, 베풂과 겸손에 눈뜨게 해준 연제런 수녀님, 사회에 대한 책임과 신앙을 연결해 길을 찾게 해준 함세웅 신부님과 또 다른 많은 존경하는 스승들을 생각하면서 자꾸 허물어지는 자신을 추스렸다. 적어도 그분들처럼 살려고 노력은 해보자, 힘들어도 조금만 참아 그분들 인생의 반의반만이라도 흉내내 보자 하는 마음이었다. 그리고 마지막으로 어리석은 나를 이만큼이라도 버티게 해준 것은, 예수님 가정이 보여준 아름다운 성(聖)가정에 대한 흠모와 존경심이었던 것 같다.

당시에는 목숨이 위태로울 수도 있는 미혼모가 된다는 사실 따위는 아무것도 아닌 것으로 간주할 수 있을 만큼 성모 마리아는 신심이 깊었다. 일생 아들의 뜻을 존중하며 따랐고, 마지막으로는 그 사랑하는 아들의 죽음을 곁에서 지켜본 그분의 고통스러운 삶에 대해 배우고 알게 된 이상, 그에 비하면 손톱 끝만큼도 안 되는 나의 자잘한 불행에 대해 어리석은 불평만 하면서 내 인생을 허비하지는 말자고 스스로를 달랬다. 성령의 명에 따라 아내인 마리아의 순결을 지켜주고 예수님이 공생활을 시작하실 수 있도록 소리 없이 준비해 온 요셉의 겸손은, 특히 가정에서 자신을 어떻게 낮추고 희생해야 하는

지에 대한 좋은 지침이 되어 주었다. 아름다운 성가정의 그림은 그 어떤 윤리나 도덕관념보다 훨씬 더 나의 충동적인 미숙함을 달래는 힘이기도 했다.

가부장제 사회 속에서 예외의 인물

성경에 등장하는 남성 대부분은 그 삶의 종류와 질은 다르지만 모두 나름대로는 자기 인생의 주인공으로 삶을 주체적으로 산 사람이라는 사실을 생각할 때, 요셉은 성경에서도 극히 예외적인 남성에 속한다. 반면에 구약성경에 등장하는 여성은 우선 숫자상으로 적고, 그나마 대부분은 남성의 그늘에 가린 조연의 역할로 나온다. 몇몇 예외를 제외하고는, 대개 누구누구의 아내, 또는 딸이나 남매 등으로 규정될 뿐이다.

그런데 신약성경에 들어서자마자 성경 기자들은 힘없고 약한 자들의 편에 서신 예수님의 가르침을 따르기라도 하듯, 돌연 남성 못지않게 여성의 역할을 강조한다. 세례자 요한의 어머니 엘리사벳을 아버지 즈카르야보다 신앙심 깊은 사람으로 내세우고, 예수님의 어머니 마리아가 하느님의 아들 예수님을 잉태한 축복받은 존재라면 요셉은 그저 법대로 사는 평범한 사람에 불과한 것으로 묘사한다. 물론 요셉도 아브라함의 후손이자 다윗의 자손으로 자랑스러운 족보를 가진 집안에서 태어나긴 했지만, 약혼녀 마리아의 성령에 의한 잉태를 이해하지 못할 만큼 그저 평범한 보통 사람일 뿐이었다. 남들에 대한 체면을 우선으로 생각하고, 또 불쌍한 마리아도 상처받지 않게 마음속으로 조용히 파혼을 결정하는 이웃 아저씨 같은 평범한

: 아기 예수의 탄생을 축하하는 동방박사(by Hans Memling)
: 〈출처 : (CC)Saint. Joseph at en.wikipedia.org〉

인물이었다.

그러나 꿈에 천사가 나타나 "두려워하지 말고 마리아를 아내로 맞아들여라. 그 몸에 잉태된 아기는 성령으로 말미암은 것이다. 마리아가 아들을 낳으리니 그 이름을 예수라고 하여라" 하는 말을 듣게 되면서 요셉은 완전히 새롭게 태어난다. 잠에서 깨어난 요셉이 주님의 천사가 일러준 대로 마리아를 아내로 맞아들였으나, 아들을 낳을 때까지 동침하지 않고 지내는 것이다.(마태 1,18-25)

당시 로마 황제 아우구스투스가 온 천하에 호구 조사령을 내리고, 사람들은 등록을 하러 저마다 자기 본향을 찾아 길을 떠나게 된다. 요셉도 갈릴래아 지방의 나자렛 동네를 떠나 유다 지방에 있는 베들레헴이라는 곳으로 간다. 베들레헴은 다윗 임금이 난 고을이며, 요셉은 다윗의 후손이었기 때문이다. 요셉은 약혼녀 마리아와 함께 호적 등록을 하러 갔는데, 마리아는 해산일이 되어 그곳에서 첫아들을 낳게 된다.(루카 2,1-7)

그리고 아기 예수를 보러 동방박사들이 찾아온 후 주님의 천사가 요셉의 꿈에 다시 나타나, 아기와 아기 어머니를 데리고 이집트로 피신하여, 자신이 일러줄 때까지 거기에 있으라고 미리 알려준다. 요셉은 일어나 그 밤으로 아기와 아기 어머니를 데리고 이집트로 가 헤로데가 죽을 때까지 거기에서 살게 된다. 동방박사들이 유대인들의 임금으로 나신 분을 찾아왔다는 말을 들은 헤로데가 베들레헴과 그 일대에 사는 두 살 이하의 사내아이를 모조리 죽이는 끔찍한 일을 계속 행했기 때문이다.(마태 2,13-16)

이 두 사건은 요셉이 마리아와 예수님을 위험한 현실로부터 어떻게 보호하였는지에 대한 기록이 된다. 신학자들에 따르면 당시 호구조사령이 내렸다 할지라도 여자까지 그곳으로 갈 필요는 없었다고 한다. 그럼에도 요셉이 만삭의 마리아를 대동한 것은 꿈을 통해 나타난 성령의 명령을 실천하기 위함이었다. 그렇게 해서 헤로데의 폭정을 피하고, 또 내막을 모르는 다른 사람들의 모함과 멸시로부터 마리아를 보호하기 위한 배려였던 것 같다.

『야고보의 원복음서(Protoevangelium of James)』라는 외경에 따르면, 마리아는 요아킴이라는 부자와 안나 사이에서 태어났는데, 아이들이 있는 홀아비이며 목수이자 건축업자인 요셉에게 시집가게 되었다고 한다.[18] 물론 이 책 전체의 신빙성에 대해서는 논란이 많다. 그러나 실제 신약성경에도 예수님에게는 형제가 여럿 있었음을 짐작하게 하는 구절이 나온다. "스승님의 어머님과 형제들과 누이들이 밖에서 스승님을 찾고 계십니다."(마르 3,32) "예수님의 형제들이 그분께 말하였다. '이곳을 떠나 유다로 가서, 하시는 일들을 제자들도 보게 하십시오.'"(요한 7,3) "저 사람은 목수로서 마리아의 아들이며 야고보, 요세, 유다, 시몬과 형제간이 아닌가? 그의 누이들도 우리와 함께 여기에 살고 있지 않는가?"(마르 6,3) 등이 그 예다. 따라서 요셉이 마리아만을 데리고 먼 길을 떠난 것은 마리아와 아기 예수에 대한 깊은 사랑 때문이었다고 볼 수 있다.

---

18)　　　Ed, by Freedman, D.N.(1992), 같은 책 Vol 4, p.585

아기 예수와 요셉(by Guido Reni)
〈출처 : (CC)Saint. Joseph at en.wikipedia.org〉

아름다운 성가정에 대한 흠모

예수님은 열두 살이 되던 해, 파스카 축제를 지키기 위해 예루살렘을 방문하고 가족이 돌아간 후에도 성전에 남아 공부하였다. 사흘 만에 아들 예수님을 찾은 마리아가 "네 아버지와 내가 너를 애타게 찾았단다"라고 말하자, 예수님은 "저는 제 아버지의 집에 있어야 하는 줄을 모르셨습니까?"라고 대답한다. 이 시점부터 예수님은 자신이 앞으로 어떤 일을 해야 하는지 알게 된 것이 아닐까?(루카 2,41-51) 이후 요셉은 성경의 전면에 등장하지 않는다. 이는 요셉이 하느님의 계획을 위해 자신을 온전히 바친 후 조용히 그 삶을 다했다고 짐작하게 하는 대목이다.

『목수 요셉의 역사』라는 책을 보면, 요셉은 111세까지 살았고 40세에 결혼해서 49년 동안 결혼생활을 하면서 여섯 명의 자녀를 두었는데, 첫 번째 부인이 죽어 예수님이 탄생하시기 전까지 마리아와 2년 동안 같이 살다가 예수님이 20세 때 죽은 것으로 되어 있다.[19] 이 내용의 사실 여부에 대해서는 차치하고 가장 중요한 것은, 그가 부자였는지 아니었는지 혹은 몇 살까지 살았는지 따위가 아니라, 마리아의 신앙과 결정을 존중해 주면서, 장차 하느님의 엄청난 일을 하게 될 아들을 위해 묵묵히 가장의 의무를 다했다는 점이다.

그런 면에서 요셉은 비록 남성이었지만 가정과 자식을 위해 자신을 희생한 겸손과 극기의 인물이다. 여자를 얼마든지 내치고 버릴

---

19)   Ehrman, Bart. & Plese, Zlatko.(2011), 『The Apocryphal Gospels:Texts and Translations』, Oxford, Oxford University Press

수 있었으며 학대할 수 있었던 공고한 가부장제의 시대에 살면서도 부인과 자식을 위하여 과감하게 자신을 낮춘 요셉은 공동체보다는 자신을, 가족보다는 제 한 몸의 안녕을 추구하는 현대인을 반성하게 한다.

가족관계에서 오는 별것도 아닌 갈등 때문에 미련하게 상처받고 감당하기 힘들어 어린 아이처럼 그냥 도망치고 싶어질 때, 요셉과 마리아의 예수님에 대한 애정과 헌신을 떠올리며 자신을 달래 보려 했던 것도 바로 이 때문이다. 모든 부모가 요셉과 마리아처럼 자녀를 존중하며 훌륭한 가정을 일군다면 바로 그곳이 천국이라는 생각도 든다.

섬기는 마르타,
듣는 마리아

남성 중심사회에서 남성보다 더 폭력적이고 마초적인 미숙한 여성 리더도 적지 않다. 남성은 자신의 거친 심성을 의식에 그대로 드러내는 반면에, 여성은 자신의 폭력성을 무의식에 숨겨 놓기 때문에 훨씬 더 다루기 어렵고 폭력적으로 변할 수 있다. 이런 여성 리더에겐 자신의 몸을 낮추어 예수님을 영접했던 마르타의 '섬기는 리더십' '일상의 노동에 충실한 리더십'과 함께, 겸손하게 침묵하면서 자기를 낮추어 예수님의 발치에 앉았던 마리아의 '듣는 리더십'이 더욱 필요할 것이다.

노동과 봉사, 신앙에 대해 생각하다

가끔 나는 참 복이 많은 사람이라고 생각할 때가 있다. 무엇보다 부모님을 잘 만나서 비교적 좋은 머리를 지니고 태어났고, 또 내가 지닌 잠재력을 십분 발휘할 수 있도록 공부에 집중할 수 있었고, 훌륭한 스승을 만나 의사가 되었으니 말이다. 그동안 주위에 큰 빚을 지고 산 셈이다. 살아오면서 힘들고 괴로웠던 때도 물론 있었지만, 작은 그릇밖에 안 되는 내 성품을 생각해 보면 분에 넘치는 선물이 더 많았다. 선물은 받았으면 꼭 그 감사함을 표현하고 받은 것 이상으로 되갚는 것이 원칙일 것이다. 몸이 상할 때까지 과로하며 일하는 이유 중 하나가 바로 그런 마음 때문이다.

세상은 공평하므로 남에게 받아 내가 지니게 된 것들을 남에게 다시 돌려주어야 하는 게 나의 도리라는 생각이다. 어쩌면 그렇게 해야 내게 화가 미치지 않을 것 같다는 다소 미신적인 생각까지 할 때도 있었다. 그러나 한편으로는 일주일쯤 아무에게도 간섭받지 않고 쉬면서 먹고 싶은 것 실컷 먹고 잠도 실컷 자 보고 싶다는 생각을 자주 하기도 했었다.

언젠가 부엌일을 하는 나를 보고 "박사가 웬 허드렛일을 그렇게 잘하느냐?"고 어떤 부인이 묻길래 "전 일 박사예요" 하고 대답하며 웃은 적이 있다. 하지만 이렇게 안팎으로 열심히 일하는 것에 대해 은근히 자랑하고 나면 한편으로는 반성하는 마음이 생긴다. 과연 나는 타고난 근면성과 봉사 정신 때문에 새벽부터 밤까지 끊임없이 일했었던가. 남에게 "나는 희생적으로 살고 있소" 하고 혹시 유세하고 싶은 건 아닐까. 별것도 아닌 작은 것을 가지고 아주 대단한 것을 베푸는 양 과시하고 싶었던 것은 아니었을까. 아니면 일하는 것으로 내 마음속 갈등이나 분노를 풀려 했던 것일까.

따지고 보면 내가 몸이 상할 정도로 열심히 일했던 가장 근본적인 이유는 내 이기심, 그 이상도 이하도 아니었을지도 모른다. 자식 뒷바라지라고 하는 것도 결국은 내 몸에서 나온 내 분신이기 때문이 아닌가. 부모나 형제도 내 피붙이가 아니라면 그렇게 애달파 할 것도 없다. 시댁 식구에게도 결국은 내 남편과 자식의 살붙이라는 이유 때문에 쩔쩔매었던 게 아닐까. 애초에는 남에 대한 고마움으로 성실한 자신을 그리며 봉사하려고 시작했던 노동이 어느덧 본뜻이 전도되어 이기심과 허영으로 변질된 것이 아니었다고 어떻게 장담할 수 있겠는가. 베타니아에 사는 마르타와 마리아의 이야기는 노동과 봉사, 그리고 신앙을 어떻게 연결해야 할지에 대한 그동안의 내 회의와 질문에 해답을 준다.

언니의 리더십, 넘치는 자매애

루카복음(10,38-42)에는 마르타와 마리아 자매가 라자로의 누이라는 사실이 언급되지 않았지만, 대부분의 신학자는 이들이 요한복음(11,1-12,8)에 등장하는 마르타 및 마리아와 같은 인물이라고 인정한다. 오빠 라자로가 죽었을 때 "많은 유다인이 마르타와 마리아를 그 오빠 일 때문에 위로하러 와 있었다"(요한 11,19)라는 문맥으로 볼 때, 마르타는 번성한 집안의 맏딸로서 가사를 책임지고 주부 역할을 했던 여자였음을 짐작할 수 있다.

예수님이라는 어마어마한 손님이 오셨으니, 당연히 가사를 책임지고 있던 마르타는 예수님의 시중으로 정신이 없었을 테다. 음식 준비, 집안 정리 등 손님맞이를 직접 해 본 사람은 아마 마르타의 노고를 상상할 수 있을 것이다. 마르타는 몸이 열 개라도 모자랐을 테고, 당연히 동생 마리아가 일을 좀 도와주었으면 하고 바라게 된다. 한데 마르타는 열심히 일하고 있는 동안 동생인 마리아는 주님의 발치에 앉아 예수님의 말씀만 듣고 있다! 얼마나 불공평한 일인가. 아니다 다를까, 마르타는 "주님, 제 동생이 저 혼자 시중들게 내버려 두는데도 보고만 계십니까? 저를 도우라고 일러 주십시오" 하고 말한다. 그러나 예수님은 이렇게 대답하신다. "마르타야, 마르타야! 너는 많은 일을 염려하고 걱정하는구나. 그러나 필요한 것은 한 가지뿐이다. 마리아는 좋은 몫을 선택하였다. 그리고 그것을 빼앗기지 않을 것이다."(루카 10, 40-42)

바로 얼마 전까지도 나는 왜 예수님이 마르타를 가볍게 질책하듯 말씀하시면서 마리아 편을 드셨는지 이해하지 못했다. 열심히 손님 접대를 하고 성심성의껏 예수님을 시중들고 있는 마르타가 예수님의 이 말씀 한마디에 얼마나 크게 상처 받았을까 하면서 마르타의 입장에 서서 서운했다고나 할까. 그러나 성경은, 예수님이 "마르타와 그 여동생과 라자로를 사랑하셨다"(요한 11, 5)라는 점을 분명히 못 박고 있다. 즉 예수님은 열심히 일하는 마르타가 안쓰럽고 사랑스러우면서도, 자신 곁에 조금이라도 더 가까이 다가와 말씀을 들으려고 하는 마리아 역시 똑같이 애틋해하셨던 것이다.

다시 루카복음의 이 구절을 읽으며, 만약 예수님이 마리아에게 "내 말을 그만 듣고, 가서 마르타를 도와주어라" 하셨으면 어땠을까

: 마르타와 마리아의 집을 방문한 예수님(by Diego Velázquez)
: 〈출처 : (CC)Christ in the House of Martha and Mary at en.wikipedia.org〉

상상해 보니 아찔한 기분이 들었다. 언뜻 보면 공평한 처사일 것 같지만, 후세의 많은 가부장적인 신학자가 "이것 보아라. 예수님은 여자들에게 가서 일이나 하라고 했지, 앉아서 당신 이야기를 들으라고 하지는 않으셨다. 어딜 여자 주제에 건방지게 하느님이 어떻고 예수님이 어떻고 떠드느냐"라고 주장하였을 것 같기 때문이다.

예수님은 당장 마르타의 귀에는 서운하게 들릴지 모르지만, 비록 여자로 태어났더라도 당신의 말씀에 온 정신을 집중하는 마리아의 신앙심을 존중해 주셨다. 결국 여자를 항상 남자의 종속물이나 열등한 존재 혹은 머리는 쓸 필요 없고 자잘한 일만 하는 보조 인간쯤으로 간주해 온 여타의 종교 지도자와는 달리, 여성 신자 역시 남성 신자와 똑같은 존재로 여기셨던 것이다.

한데 루카복음을 자세히 보면, 마르타의 감정은 전혀 기록되지 않는다. 그래서 후세 사람이 또 여러 가지 시나리오를 쓰고 상상하게 만든다.

우선 마르타가 예수님의 말씀에 발끈해서 마리아에게 짜증을 내며, 그럼 나도 손님 시중을 하지 않겠다고 선언하는 세속적 드라마다. 예수님의 말씀이 많이 서운하지만 꾹 참고 끝까지 시중을 들다가 예수님이 돌아가시고 나서는 마리아에게 온갖 짜증을 내는 흔한 상황도 있다. 아니면 마르타는 예수님 말씀에만 집중하고 있는 마리아를 부러워하지만, 일단 자기 할 일을 다 한 다음 예수님께 축복을 청할 수도 있을 것이다. 벼락처럼 마음을 울리는 예수님 말씀의 진정한 의미를 깨닫고 정말로 중요한 것은 '물질적 영접이 아니라 영적인 영접'이며, 이를 받아들여 먼저 실천한 마리아를 닮을 수 있도

록 조용히 일을 마무리하고 예수님 발치에 앉았을 수도 있다. 그러
나 요한복음 11장을 읽다 보면 마르타가 어쩌면 우리와는 좀 다른
선택을 했으리라 짐작하게 되는 장치들이 적지 않다.

예수님과 진리에 대한 사랑

손님 접대 상황만 짧게 보여주는 루카복음에 비해 요한복음의 마
리아와 마르타는 서로 도울 줄 알고 협력하는 귀한 자매애를 가진
이들이다. "마르타는 예수님께서 오신다는 말을 듣고 그분을 맞으러
나가고, 마리아는 그냥 집에 앉아 있었다"(요한 11, 20)라고 적혀 있
다. 요한복음에서는 루카복음에서 마르타가 부엌에 있었고 마리아
는 예수님 발치에 있던 상황과 정반대의 상황이 펼쳐진다. 마리아는
먼저 마르타가 예수님께 한걸음에 가도록 도와준 셈이다. 똑같이 예
수님을 사랑했으니, 마리아 역시 집에서 장례를 보러 온 다른 손님
들을 접대하는 대신 예수님께 한걸음에 달려가고 싶었을 것이다. 하
지만 이번에는 마리아가 양보한 것이다.

오빠를 잃은 마르타는 예수님을 만나자마자 막무가내로 부탁한
다. "주님께서 여기에 계셨더라면 제 오빠가 죽지 않았을 것입니다.
그러나 하느님께서는 주님께서 청하시는 것은 무엇이나 들어주신
다는 것을 저는 지금도 알고 있습니다"(요한 11,21-22)라고 말하자, 뜻
밖에도 "네 오빠는 다시 살아날 것이다"(요한,11,23)라고 예수님은 답
하신다. 마르타는 이 말씀을 먼 훗날 부활 때 다시 살아난다는 추상
적인 개념으로 이해했지만, 예수님께서는 "나를 믿는 사람은 죽더라
도 살고 또 살아서 나를 믿는 사람은 영원히 죽지 않을 것이다"(요한

11,25-26)라고 재차 말씀하신다. 이에 마르타는 예수님을 믿는다고 말한 후 집으로 돌아가 동생 마리아에게 "스승님께서 오셨는데 너를 부르신다"(요한 11,28)라고 귓속말로 말해 준다. 이번에는 마리아에게 기회를 주는 것이다.

마리아가 급히 나가자 무덤으로 가는 줄 알고 유다인들이 따라가서, 동네에 아직 들어가지 않고 계시던 예수님을 함께 만나게 된다. 결국 마르타, 마리아와 다른 유다인들은 라자로 무덤으로 향해서, 죽었던 라자로를 되살리는 예수님의 기적을 동시에 보게 된다.(요한 11,31-44; 12,17)

이때 예수님은 라자로를 잃고 애도하는 다른 사람들과 함께 비통한 마음으로 눈물을 흘리신다. 이는 단순히 전지전능하신 입장에서 인간을 내려다보는 것이 아니라 인간이 사는 낮고 비천한 곳으로 내려와 스스로 몸을 굽혀 그 고통에 동참하시겠다는 하느님의 뜻으로 보인다. 상상을 초월하는 놀라운 기적과 광활한 지혜를 우리에게 보여준 인물 중에 이렇게 비천하고 평범한 이들이 우는 모습을 보고 애틋하게 여기며 함께 따뜻한 눈물을 흘렸던 이가 역사상 과연 몇 명이나 될까. 더구나 그 죽은 자가 곧 다시 살아나리라는 것을 이미 알고 계셨음에도, 슬픔에 잠긴 사람들의 마음을 함께 나누면서 그 고통에 동참하신 것이다.

여기서 주목할 점은 마르타와 마리아가 예수님이 라자로를 되살리게 하는 모습을 다른 사람들이 똑똑히 보고 증언할 수 있도록 여러 가지 활약을 함께 해냈다는 것이다. 다시 말해서 여자들끼리의 질시와 공명심이 만드는 불화, 욕심과 집착에 의한 분열 같은 모든

라자로의 부활(by Sebastiano del Piombo)
〈출처 : (CC)The Raising of Lazarus at en.wikipedia.org〉

부정적 감정을 뛰어넘는 예수님과 진리에 대한 사랑이, 오빠 라자로의 죽음을 겪으면서 마르타와 마리아에게 넘치게 되는 것이다.

라자로가 살아난 후, 예수님이 파스카 축제를 지내기 위해 예루살렘에 가시던 중 다시 베타니아를 방문하셨다. 이때 마르타는 여전히 식탁 시중을 들었고, 마리아는 값비싼 순 나르드 향유 한 리트라를 가지고 와서 예수님의 발에 붓고 자기 머리카락으로 그 발을 닦아 드린다. 이에 장차 예수님을 배반할 유다 이스카리옷은 "어찌하여 저 향유를 삼백 데나리온에 팔아 가난한 이들에게 나누어 주지 않는가?" 하고 투덜거린다. 하지만 예수님은 "이 여자를 그냥 놔두어라. 그리하여 내 장례 날을 위하여 이 기름을 간직하게 하여라. 사실 가난한 이들은 늘 너희 곁에 있지만, 나는 늘 너희 곁에 있지는 않을 것이다"라고 말씀하시어, 예수님을 향한 마리아의 조건 없는 사랑에 또 한 번 손을 들어주신다.(요한 12,1-8)

성서학계에서는 요한복음사가가 '예수 도유사화'(마태 26,6-13; 마르 14,3-9; 루카 7,36-50 요한 12,1-8)와 '라자로 소생사화'(요한 11,1-44; 12,17)를 연결시키기 위해 마리아를 '예수님의 발에 기름 바른 이'로 소개하고 있다고 해석하는 견해도 있지만, 어쨌든 이 대목에서 예수님에 대한 마리아의 가없는 사랑과 신앙을 느낄 수 있다.

모든 것을 선악으로 나누고, 가장 효율적인 봉사와 희생이 무엇인지에 대해서도 끊임없이 가치 판단을 하곤 했던 젊은 시절의 내가 타임머신을 타고 베타니아에서 열린 만찬에 참가했더라면 아마도 예수님의 발을 닦아 드리는 마리아를 보고 유다와 똑같이 말했으리라. 얼마나 우스꽝스럽고 지혜롭지 못한 태도인가.

마이스터 에크하르트는 그의 86번째 강론에서 마르타의 도와 달라는 부탁은 분노에서 나온 것이 아니라 예수님을 섬기고 사랑하는 마음에서 나온 것이라고 해석해 준다.[20] 즉, 마르타는 일상의 노동과 신앙을 조화롭게 통합시켰으며, 아직 성숙하지 않아 일단 말씀만 듣고 있는 마리아가 성숙할 수 있도록 이끌어준 이른바 '언니의 리더십'을 보여준 사람이라고 상상해 볼 수도 있다.

마르타와 마리아의 넘치는 자매애와 순수한 종교심은 특히 따지기 좋아하고 계산에 빠른 바리사이, 사두가이, 그리고 다른 의심 많은 여타 유다인의 지식을 제압하는 아름다움을 지니고 있다. 잘나고 똑똑한 사람이 많은 요즘 세상에 특히 필요한 참 종교심이 아닐 수 없다.

신약에 등장하는 진취적 여성들

가부장제적인 중근동과 그리스 로마 사회에서 여성은 남자의 성적 대상물이거나, 여러 가지 허드렛일을 묵묵히 해내는 이류 시민으로 오랫동안 살아야 했다. 예수님이 살아 계시던 시절도 마찬가지였다. 당연히 예수님의 사도 중에는 여자가 없었다고 전해진다. 외전으로 막달라 마리아가 수제자로 등장하는 경전이 있지만, 교회에서는 정식으로 인정받지 못했다.

바오로가 "아내의 머리는 남편이며…어떠한 여자든지 머리를 가리지 않고 기도하거나 예언하면 자기의 머리를 부끄럽게 하는 것입

---

20)   Tolle, Eckhart,(1980). 『Breakthrough : M, Eckhart's Creation Spritiruality, in New Translation #86』, New York, Image Books, pp.478~486

니다.”(1코린 11,3-5)라고 한 대목, 또 “여자는 조용히 또 온전히 순종하는 자세로 배워야 합니다. 나는 여자가 남을 가르치거나 남자를 다스리는 것을 허락하지 않습니다. 여자는 조용해야 합니다”(1티모 2,12-13)라고 명시한 대목, 또 “여자들은 교회 안에서 잠자코 있어야 합니다. 그들에게는 말하는 것이 허락되어 있지 않습니다.…배우고 싶은 것이 있으면 집에서 남편에게 물어보십시오. 여자가 교회에서 말하는 것은 부끄러운 일입니다”(1코린 14,34-35)라고 가르친 대목 때문에 가톨릭교회 안에서 여성의 리더십은 상대적으로 항상 축소되고 억압되어 왔다.

하지만 가부장적인 바오로도 여성을 무조건 순종적인 대상으로만 폄하한 것은 아니다. 예컨대 바오로는 여교우 포이베를 소개하면서 성도의 예절을 갖추어 그를 영접하고, 그가 도움이 필요하게 되면 무슨 일이든 도와 달라고 부탁했으며, 수고를 많이 한 마리아에게 안부를 전해 달라고도 한다. 또한 뛰어난 주님의 일꾼 루포스의 어머니가 자신을 아들처럼 여겼다며 고마움도 표시한다.(로마 16,1-13)

예수님께서 부활하신 모습을 처음 보고 그 기쁜 소식을 전한 사람이 다른 제자들이 아니라 마리아 막달레나였다는 사실(마태 28,9-10; 마르 16,9-11; 요한 20,11-18) 때문에 예수님은 당시의 가부장적 사고방식에서 벗어나지 못한 바오로나 다른 제자들과 달리 여성을 단순히 남성에게 복종하는 종이 아니라, 깊이 사랑하는 동반자로 여겼다고 해석하는 여성주의 신학자가 많다. 그렇다면 예수님을 위해 음식을 준비한 마르타, 예수님의 말씀을 잘 들었던 마리아, 또 무덤을 끝까지 지켜 부활의 증인이 되었던 마리아 막달레나가 그간의 전통적 상식보다 성경에서 훨씬 더 중요한 역할을 한 것일 수 있다.

가톨릭 전통에 따른 현재의 교회 분위기는 여성 목사를 허락한 개신교에 비해 아직 여성의 지위를 철저하게 남성에게 보조적인 것으로 국한하려 하는 면이 있었다. 하지만 현대 사회로 들어와서는 조금씩 변화가 일고 있다. 수녀님 중에는 신부님을 충분히 가르치고도 남을 만큼 귀한 신학적 지식과 성실한 교육자의 태도를 지니고 계시는 분들이 적지 않다. 이분들이 자기가 가진 능력과 재능을 충분히 발휘하도록 배려해 주는 교단의 분위기는 특히 여성에게는 고무적이다. 일반 신자 역시 전통적으로 순종하고 침묵하는 수동적인 여성상이 아니라 적극적으로 자신의 역할을 해내는 성경 속의 여성상 등을 찾아 깊이 묵상하려고 한다. 구약의 다말 여자, 유딧, 나오미, 미리암 등 진취적인 여성 캐릭터가 성경에는 곳곳이 숨어 있다. 다만 그동안 가부장제가 공고했던 사회가 그것을 부각시키지 못했던 것뿐이다.

오랫동안 여성을 억압하는 가부장제 전통을 극복하기 위해 최근 한국 사회는 남성과 다른 여성 리더십에 대한 기대가 큰 편이다. 하지만 남성 중심사회에서 뛰어난 활약을 보인 여성 리더도 많지만, 남성보다 더 폭력적이고 마초적인 미숙한 여성 리더도 적지 않다. 많은 남성이 자신의 거친 심성을 의식에 그대로 드러내는 반면에, 적지 않은 여성이 자신의 폭력성을 무의식에 숨겨 놓기 때문에 오히려 훨씬 더 다루기 어렵고 폭력적으로 변할 수 있다.

잘못을 하고도 결코 후회도 타협도 없다고 주장하는 일부 여성의 무의식 속에는 남자보다 더 무서운 남성성, 즉 아니무스가 숨어 있는 것 같다.

　이런 여성 리더에겐 특히 자신의 몸을 낮추어 예수님을 영접했던 마르타의 '섬기는 리더십' '일상의 노동에 충실한 리더십'과 함께, 겸손하게 침묵하면서 자기를 낮추어 예수님의 발치에 앉았던 마리아의 '듣는 리더십'이 더욱 필요할 것이다.

겁쟁이 베드로의
회한의
눈물

베드로는 처음부터 위대한 사랑을 실천했던 인물은 아니었다. 예수님이라는 거대한 존재를 곁에서 지켜보며 마치 아이가 걸음마를 익히듯 사랑을 하나씩 배우고 키워 나갔으니, 참사랑의 존재에 대해 제대로 알지 못하고 실천도 하지 못하는 이들에게 그나마 작은 가능성의 여지를 남겨준 셈이다. 평범한 어부였던 그가 자신이 세계 역사를 바꿀 거대한 교회의 반석이 되리라는 사실을 꿈속에선들 상상이나 해 보았을까?

순수한 사랑과 헌신을 바치다

베드로의 일생에 대한 글을 준비하기 위해 한동안 성경을 붙들고 있으려니 무언가가 자꾸 내 뒤에서 글쓰기를 방해하는 것만 같은 기분이 들어 이상하게 힘이 들었다.

우선은 교황과 가톨릭교회 권위의 시발점인 그분을 과연 내가 뭐라고 왈가왈부할 수 있을 것인가 하는 두려움이다. 성경 속의 인물들 대부분은 그래도 완전한 역사적 실증이 닿지 않는 신화적인 요소들을 가지고 있었기에 비교적 거침없이 내 인상을 쓸 수가 있었지만, 베드로와 바오로는 엄연하게 살아 활동한 증거를 확실하게 지니고 있는 역사적 실존 인물이라 더욱 조심스럽다.

어려서 세례를 받고 수녀님들이 가르치는 중학교를 졸업했기 때문인지 내겐 신부님이나 수녀님들에 대해 거의 맹목적인 존경심이 있다. 그래서인지 가톨릭 신앙의 반석이라 할 수 있는 베드로의 일생에 대해 감히 언급을 한다는 것 자체가 불손은 아닐까 하는 두려움부터 들었다.

베드로라는 인물에 대해 쓰면서 두 번째로 날 망설이게 하는 것은 예수님에 대한 그의 순수한 사랑과 헌신을 과연 내가 얼마만큼 이해할 수 있을지 자신감이 들지 않는다는 것이었다. 물론 베드로도 두려움과 공포로 하룻밤에 세 번이나 예수님을 부정한 바 있다. 하지만 곧 그 일에 대해 깊이 후회하고 그 후 예수님을 닮기 위해 어떤 어려움도 마다하지 않는 위대한 사람이 되지 않았던가.

반면 나는 어떤가. 절대자에 대한 내 사랑과 헌신이 얼마나 초라한지 잘 아는 내가 예수님을 향한 베드로의 깊은 사랑에 대해 감히 뭐라고 언급할 수 있을까.

사람 낚는 어부

물론 베드로도 처음부터 그런 위대한 사랑을 실천했던 인물은 아니었다. 예수님이라는 거대한 존재를 곁에서 지켜보며 마치 아이가 걸음마를 익히듯 사랑을 하나씩 배우고 키워 나갔으니, 참사랑의 존재에 대해 제대로 알지 못하고 실천도 하지 못하는 이들에게 그나마 작은 가능성의 여지를 남겨준 셈이다. 평범한 어부였던 그가 자신이 세계 역사를 바꿀 거대한 교회의 반석이 되리라는 사실을 꿈속에선들 상상이나 해 보았을까? 그는 어쩌면 이사야의 예언이 무언이지조차 제대로 알지 못했을 정도로 평범한 인물이었다.

그러나 베드로는 사람 낚는 어부로 만들어 주시겠다는 예수님의 말씀 하나로 위대한 일을 할 사람으로 성장한다. 예수님이 베드로의 집에 가셔서 그 장모의 열병을 낫게 해주셨을 때(마태 8,14-15)만 해도, 베드로는 그저 정말 대단한 예언자를 모시게 되었다고 으쓱해진 채 마음이 들떠 있었을 것이다.

하지만 예수님은 장차 베드로와 다른 제자들에게 닥칠 곤경을 암시하시면서 엄격한 생활 수칙을 제시하시고 완전한 사랑의 투신을 요구하신다. "'나 때문에 총독들과 임금들 앞에 끌려가, 그들과 다른 민족들에게 증언할 것이다. 사람들이 너희를 넘길 때, 어떻게 말할까, 무엇을 말할까 걱정하지 마라. 너희가 무엇을 말해야 할지, 그때에 너희에게 일러 주실 것이다. 사실 말하는 이는 너희가 아니라 너희 안에서 말씀하시는 아버지의 영이시다.…그리고 너희는 내 이름 때문에 모든 사람에게 미움을 받을 것이다. 그러나 끝까지 견디는 이는 구원을 받을 것이다.…' '육신은 죽여도 영혼은 죽이지 못하는 자들을 두려워하지 마라. 오히려 영혼도 육신도 지옥에서 멸망시킬 수 있는 분을 두려워하여라.…누구든지 사람들 앞에서 나를 모른다고 하면, 나도 하늘에 계신 내 아버지 앞에서 그를 모른다고 할 것이다.…아버지나 어머니를 나보다 더 사랑하는 사람은 나에게 합당하지 않다. 아들이나 딸을 나보다 더 사랑하는 사람도 나에게 합당하지 않다. 또 제 십자가를 지고 나를 따르지 않는 사람도 나에게 합당하지 않다. 제 목숨을 얻으려는 사람은 목숨을 잃고, 나 때문에 제 목숨을 잃는 사람은 목숨을 얻을 것이다.'"(마태 10,18-39)

만약 지금 누군가 이런 경고와 요구를 하면서 완전한 사랑에의 투신을 요구한다면, 우리는 모두 큰 두려움과 불안감에 휩싸일 것이다. 장차 나의 운명이 어떻게 될는지, 어떤 고통이 닥치기에 이런 무서운 경고를 하고 있는 것인지 이해하기 힘들 듯싶다.

예수님은 "너희의 눈은 볼 수 있으니 행복하고, 너희의 귀는 들을 수 있으니 행복하다"(마태 13,16)라고 분명히 말씀하셨지만, 베드로는 그 깊은 뜻을 처음부터 알고 깨닫지는 못했다. 베드로는 "스승님은 살아 계신 하느님의 아드님 그리스도이십니다"(마태 16,16)라고 말은 쉽게 했지만, 예수님이 자신은 대사제들과 율법학자들에게 많은 고난을 받고 그들의 손에 죽었다가 사흘 만에 다시 살아날 것이라고 알려주시자, "맙소사, 주님! 그런 일은 주님께 결코 일어나지 않을 것입니다"(마태 16,22)하고 말린다. 이에 예수님은 베드로에게 "사탄아, 내게서 물러가라. 너는 나에게 걸림돌이다. 너는 하느님의

∴ 베드로는 경비대장에게 예수님을 모른다고 세 번 부인한다(by Caravaggio)
∴ 〈출처:(CC)Saint. Peter at en.wikipedia.org〉

일은 생각하지 않고 사람의 일만 생각하는구나!"(마태 16,23)라며 꾸중하신다.

베드로는 실제로 큰일을 덥석 맡아 해 나가기에는 자기가 여러 가지로 자격이 되지 않는다고 생각했던 겁쟁이로 시작했다. 예수님이 겐네사렛 호숫가에서 설교하신 후, 그의 배가 가득 차게 고기를 잡게 해주시자 발 앞에 엎드려 "주님, 저에게서 떠나 주십시오. 저는 죄 많은 사람입니다"(루카 5,8) 하고 발뺌하였을 정도다.

한편으로는 자기가 예수님을 위해 아주 큰 희생이나 해온 것처럼 뻐기고 싶어 하는 마음도 없지 않았다. 베드로는 나서서 "보시다시피 저희는 모든 것을 버리고 스승님을 따랐습니다"(마르 10,28)라고 공치사를 하기도 한다. 또 엘리야가 모세와 함께 나타나서 예수님과 이야기하고 있는 모습을 보고는 흥분한 채 예수님을 기쁘게 해 드리려고, "스승님, 저희가 여기에서 지내면 좋겠습니다. 저희가 초막 셋을 지어 하나는 스승님께, 하나는 모세께, 또 하나는 엘리야께 드리겠습니다"라고 말한다. 그러나 아마도 베드로는 이미 제자들 사이에서 겁쟁이로 찍혔던지, 성경 저자는 이런 베드로의 행동을 "사실 베드로는 무슨 말을 해야 할지 몰랐던 것이다. 제자들이 모두 겁에 질려 있었기 때문이다"(마르 9,2-6)라고 기록한다.

실제로 예수님을 가장 사랑하는 제자임을 자처하였던 베드로는 막상 예수님이 떠나실 때는 전혀 도움이 되지 못한다. "모두 스승님에게서 떨어져 나갈지라도, 저는 결코 떨어져 나가지 않을 것입니다."(마태 26,33) "저는 주님과 함께라면 감옥에 갈 준비도 되어 있고 죽을 준비도 되어 있습니다."(루카 22,33) "주님을 위해서라면 저는 목숨까지 내놓겠습니다"(요한 13,37)라고 큰소리는 쳤지만, 예수님이 다가올 죽음을 대비하시면서 겟세마네에서 피땀 흘리며 기도드리시는 순간에도 베드로는 무심히 그저 잠만 잤을 뿐이다.

쿠오 바디스 도미네?

반면에 예수님은, 베드로가 자신을 세 번이나 부인할 것이라는 점을 경고하셨음에도, 베드로에 대한 사랑은 변함이 없으셨다. 오히려 베드로의 배신과 무심함까지도 감싸 안고 용서하실 뿐이다. 부활하신 후 갈릴래아에 있는 산에서 제자들에게 나타나셔서도 "내가 세상 끝 날까지 언제나 너희와 함께 있겠다"(마태 28,20) "내 이름으로 마귀들을 쫓아내고…독을 마셔도 아무런 해도 입지 않으며, 또 병자들에게 손을 얹으면 병이 나을 것이다"(마르 16,17-18) 하시며, "손을 드시어 그들에게 강복하셨다"(루카 24,50)고 기록되어 있다.

특히 베드로에게는 "너는 이들이 나를 사랑하는 것보다 더 나를 사랑하느냐?"(요한 21,15)라고 세 번이나 거듭 물어보신다. 이는 베드로가 예수님과의 관계를 세 번 부인한 사실을 질책하시기 위함은 아닐 것이다. 그보다는 베드로를 진심으로 사랑하시고, 베드로의 세 번에 걸친 부정을 씻어 준 것이 아닐까. 이어서 "네가 젊었을 때에는 스스로 허리띠를 매고 원하는 곳으로 다녔다. 그러나 늙어서는 네가 두 팔을 벌리면 다른 이들이 너에게 허리띠를 매어 주고서, 네가 원하지 않는 곳으로 데려갈 것이다"(요한 21,18)라고 말씀하시는데, 이는 베드로가 장차 어떻게 죽어서 하느님의 영광을 드러내게 될 것인가를 암시하는 대목이다.

: 부활하신 예수님께 "주여, 어디로 가시나이까?" 묻는 베드로(by Annibale Carracci) 〈
: 출처 : (CC)Saint. Peter at en.wikipedia.org〉

실제로 베드로는 사제들과 성전 경비대장과 사두가이들 그리고 헤로데에게 붙잡혀 감옥에서 여러 번 매질을 당하기도 한다.(사도 4,1-23;5,17-42;12,1-5) 그러나 신약성경에는 베드로가 어떻게 죽었는지에 대한 명확한 언급이 없다. 단지 96년경 로마에서 쓰인 클레멘스의 서간에 "옳지 못한 질시 때문에 법정에 섰고, 그가 해야 할 영광스러운 일을 했다"라는 내용이 나오고, 이냐시오의 서간에 베드로가 로마 교회를 맡고 있었다는 기록이 나올 뿐이다. 마네시아의 마카리오는 '베드로가 몇 달 동안 그의 신도들을 돌보다 십자가에 못 박혔다'는 신플라톤주의자인 포르피리오스(Porphyrios)의 증언을 기록했다. 이 밖에도 다른 외경이나 오리게네스의 전설 등은 베드로가 박해를 피하려 도망치다가 예수님을 만나 "주님, 어디로 가시나이까(Quo Vadis Domine)?"라고 묻고는 다시 로마로 돌아가 십자가에 거꾸로 매달려 죽임을 당했다고 전한다.

또 베드로의 제자로 전해지는 마르첼리노(Marcellinus)는 「베드로와 바오로의 정열」이라는 기록[21]에서 전설처럼 흥미로운 일화를 전한다. 시몬 마구스(Simon Magus)라는 자가 나타나 자신이 그리스도라고 말하면서 속임수로 머리를 자른 후 3일 만에 나타나는 등 여러 가지 마술을 부려 네로 황제의 환심을 산다. 이때 베드로는 시몬 마구스의 마음을 읽는 등의 기적을 행한다. 그러자 마구스는 악마의 힘만 믿고 자신이 날 수 있다고 뻐기며 높은 탑에서 뛰어내리지만

---

21)   Ed, by Freedman, D.N.(1992), 같은 책 Vol 5, pp.280~282

베드로와 바오로의 기도로 결국 목숨을 잃게 된다. 이 때문에 노한 네로 황제는 사도들을 박해하여 바오로는 오스티아(Ostia) 길거리에 머리가 잘린 채 버려지고, 베드로는 거꾸로 매달려 죽임을 당하게 된다는 것이다.

어린 시절 전설같이 들었던 베드로에 얽힌 일화 하나가 지금도 내 머릿속에는 깊게 각인되어 있다. 예수님의 존재를 세 번이나 부정한 회한으로 베드로는 너무나 오랫동안 울고 또 울어 뺨에 눈물 자국이 깊게 패었고, 십자가에 거꾸로 매달려 죽음을 당할 때에야 비로소 그 자책감에서 벗어나 기쁜 마음으로 하늘로 올라갔다는 다소 동화적인 이야기였다. 어린 마음에도 도대체 얼마나 깊이 슬퍼했으면 눈물 자국이 얼굴 살을 깎았을까 하고 애달프게 생각했던 기억이 난다.

십자기에 거꾸로 못 박혀 죽은 베드로나 그 이후의 수많은 순교자들의 용기가 지식이나 명예 같은 현실적인 욕심에 집착하는 일반 사람에게 어떤 울림을 줄 수 있는지는 받아들이는 사람의 마음에 달린 것일 수도 있다.

성경 속의
이방인들

예수님은 기본적으로 혈연이나 인종 등 세속의 끈을 철저히
부정하신다. 심지어는 자신을 만나러 온 어머니 마리아와 다
른 형제들에게 "누가 내 어머니고 누가 내 형제들이냐?" 하고
묻고는 제자들을 가리키며 "이들이 내 어머니고 내 형제들이
다" 하고 말씀하신다. 마치 해탈을 위해서라면 모든 인연을
끊어야 한다는 부처님의 가르침과 비슷하지 않은가.

선민의식을 배척하고

나도 가끔 갈등하는 문제지만, 동양인에게 그리스도교라는 종교는 근본적으로 이질적인 남의 나라의 산물이라는 생각이 가끔 든다. 역사적으로 보면, 선교사들이 먼저 약소국에 들어가 길을 닦아 놓은 뒤 서양의 제국주의 세력이 그 길을 따라 밀려들어 갔고, 결국에는 그 약소국이 주권을 내준 경우가 적지 않았던 것도 사실이다. 자존심 강하고 보수적인 사람들 중에는 구호물자 나부랭이를 나눠 주면서 교회로 나오라고 했던 선교사를 기억하면서, 그리스도교를 믿는 것은 한민족으로서의 정통성과 자존심을 잃어버리는 것이라고 생각하는 경우도 있다.

구한말과 일제강점기 시대 선교사의 기록을 보면 우리나라에 기여한 바가 많은 서양인조차 우리나라의 전통에 대한 몰이해로 조선이라는 나라와 사람을 멸시하는 듯한 요지의 글을 남겨 놓아 속상할 때가 많았다. 이런저런 이유로 그리스도교라는 종교는 어디까지나 서양인의 문화적 산물이라고 주장할 때, 어떻게 한민족으로서의 자기 정체성을 잃지 않고 신앙생활을 해 나갈 것인지에 대해서는 많은 논의가 있어야 할 듯싶다.

따지고 보면 샤머니즘을 제외한 불교, 유교, 도교 등 우리나라의 거의 모든 종교는 그 뿌리가 외국에 있다. 민족종교라고 하는 원불교나 대종교도 자세히 보면 유교와 불교, 도교의 모든 색깔을 취합해 담고 있다. 결국 다양한 종교가 오랜 세월 동안 토착화와 재해석의 과정을 거치면서 우리 고유의 문화이자 종교로 자리 잡으며 성장한 것이다.

반면 그리스도교는 17세기 이후 우리나라에 전파되었기 때문에 아직까지도 이질적인 외래 문명의 얼굴을 많이 갖고 있는 편이다. 그런 면에서 근래에 들어 토착화에 대한 연구와 실천이 활발히 이루어지고 있다는 교회 소식은 큰 의의를 지닌다고 본다. 예수 그리스도를 아예 흑인 혹은 토착 인디오처럼 묘사하거나, 자신들의 전통 의상을 입고 사제직을 수행하고 있는 것처럼 그리고 있는 아프리카나 라틴 아메리카의 경우도 눈여겨볼 만한 가치가 있다.

앞에서 언급한 과제를 풀어 주는 성경 구절로 백인대장, 즉 로마 병사의 예(마태 8,5-13; 루카 7,1-10; 요한 4,43-54) 또는 가나안 여자(마태 15,21-28; 마르 7,24-30)와 예수님의 만남에 대한 일화를 들고 싶다.

"예수님께서 카파르나움에 들어가셨을 때에 한 백인대장이 다가와 도움을 청하였다. 그가 이렇게 말하였다. '주님, 제 종이 중풍으로 집에 드러누워 있는데 몹시 괴로워하고 있습니다.' 예수님께서 '내가 가서 그를 고쳐주마' 하시자, 백인대장이 대답하였다. '주님, 저는 주님을 제 지붕 아래로 모실 자격이 없습니다. 그저 한 말씀만 해 주십시오. 그러면 제 종이 나을 것입니다.'"(마태 8,5-8)

압제자의 무리 중 하나인 로마 군인이 예수님에게 도움을 청한 것이다. 이에 예수님은 "많은 사람이 동쪽과 서쪽에서 모여 와, 하늘나라에서 아브라함과 이사악과 야곱과 함께 잔칫상에 자리 잡을 것이다. 그러나 하느님 나라의 상속자들은 바깥 어둠 속으로 쫓겨나, 거기에서 울며 이를 갈 것이다"(마태 8,11-12)라고 말씀하신다. 적지 않은 사람들, 특히 그들의 지도자가 발끈하며 불온하다고 말할 만한

: 백인대장의 종의 병을 고치신 예수님(by Paolo Veronese)
: 〈출처 : (CC)Matthew 8,5 at en.wikipedia.org〉

선언이 아닐 수 없다.

여기서 '백인대장'은 100인의 대장, 즉 'Centurion(100명가량으로 된 로마 군단의 최소 단위인 백인대의 지휘관)'의 번역으로, 로마 군인으로 상징되는 이방인을 의미한다. 백인대장이 자신의 종을 구해 달라고 예수님을 찾아온 이 사건은 얼핏 그저 지나가는 우연으로 보이지만, 때가 되면 백인대장과 예수님의 만남이 큰 의미를 갖고 있다는 것을 알게 된다.

자신이 속한 공동체에서 존경받는 다른 종교 지도자와 달리 예수님은 특히 고향과 친척과 집안에서 더 배척받고 박해받았다(마르 6,4-5). 어떤 장소, 어떤 시간에 맞추어 기도해야 한다는 고루한 믿음을 갖고 있던 그 시대의 유다인에게 예수님은 "너희가 이 산도 아니고 예루살렘도 아닌 곳에서 아버지께 예배를 드릴 때가 온다"(요한 4,21)라는 말씀을 남기신다. 결국 중요한 것은 장소나 민족이 아니라 믿음 그 자체라는 뜻이다. 그러나 이 말씀의 속 깊은 의미를 알아들은 사람이 과연 몇 명이나 되었을까. 그리스도교가 그들만 선택하고 이방인은 배척하는 닫힌 종교가 아니라, 지금처럼 세계 종교로 자라나리라는 예언임을 알아챌 수 있었던 이스라엘 사람이 몇 명이나 되었을까.

선민의식에 사로잡혀 이방인을 일단 배척하고 경원시했던 바리사이나 사두가이의 입장도 이해가 가지 않는 것은 아니다. 바빌론, 이집트, 그리스, 로마 등 강대국의 틈새에서 생존을 위해 처절한 노력을 해야 했던 이스라엘인들로서는 자신들의 귀한 신앙을 남과 나누기는 고사하고, 이방인과의 만남조차 원하지 않았을 것이다(지금도 가끔 비판의 도마 위에 오르는 대원군의 쇄국 정책도 당시 나라의 운명이 경각에 달려 있다는 위기감으로 말미암은 피해의식에서 잘못 내린 판단이 아니겠는가).

로마인이건 사마리아인이건 따지지 않고 믿음만 있다면 당신의 품에 포용하시겠다는 예수님의 가르침은, 국수주의적이다 못해 극단적으로 폐쇄적인 민족주의적 신념을 갖고 있던 그들의 지도자에게 충격적이었지만, 그만큼 수천 년을 뛰어넘는 지혜와 힘을 지닌 것이었다.

당시 그저 예수님을 뵙게만 해달라고 간청하는 그리스 혹은 로마 사람도 있을 정도여서, 바리사이들이 "이제 다 글렀소. 보시오, 온 세상이 그의 뒤를 따라가고 있지 않소"(요한 12,19) 하고 걱정하기도 했었다.

예수님은 "사람의 아들이 영광스럽게 될 때가 왔다.…자기 목숨을 사랑하는 사람은 목숨을 잃을 것이고, 이 세상에서 자기 목숨을 미워하는 사람은 영원한 생명에 이르도록 목숨을 간직할 것이다. 누구든지 나를 섬기려면 나를 따라야 한다. 내가 있는 곳에 나를 섬기는 사람도 함께 있을 것이다. 누구든지 나를 섬기면 아버지께서 그를 존중해 주실 것이다"(요한 12,23-26)라고 말씀하시며 이방인을 따뜻하게 받아들이신다.

이런 열린 태도는 그리스도교가 세계에 보편적으로 퍼질 수 있게 되는 결정적인 시작이리라. 이 때문에 예수님이 세상을 떠나신 후에도 바오로는 로마 시민으로서 예수님의 가르침을 널리 전파할 수 있었고, 바르나바, 실라스, 티모테오 등 다른 사도들과 함께 안티오키아, 키프로스, 이코니온, 리스트라, 아테네, 코린토 등 장소를 가리지 않고 용감하게 선교할 수 있었다.[22]

혈연과 인종을 뛰어넘는 예수님의 사랑

예수님은 기본적으로 혈연이나 인종 등 세속의 끈을 철저히 부정하신다. 심지어는 자신을 만나러 온 어머니 마리아와 다른 형제들에게 "누가 내 어머니고 누가 내 형제들이냐?" 하고 묻고는 제자들을 가리키시며 "이들이 내 어머니고 내 형제들이다"(마태 12,46-50) 하고 말씀하신다. 마치 해탈을 위해서라면 모든 인연을 끊어야 한다는 부처님의 가르침과 비슷하지 않은가.

하지만 성경의 저자들은 결국 그 이방인들이 예수님을 박해하였다고 기록한다. 총독 관저에서 사형 판결을 받고 나자 총독의 병사인 로마인들은 "…가시나무로 관을 엮어 그분 머리에 씌우고 오른손에 갈대를 들리고서는, 그분 앞에 무릎을 꿇고 '유다인들의 임금님, 만세!' 하며 조롱하였다. 또 그분께 침을 뱉고 갈대를 빼앗아 그분의 머리를 때렸다."(마태 27,27-30) 그러나 예수님의 죽음을 지켜보면서 "참으로 이분은 하느님의 아드님이셨다"(마태 27,54) 하는 백인대장과 같은 인물도 있었다. 로마인의 이런 두 가지 얼굴은 이후 2000년 동안 역사에 기록된 그리스도교 국가 혹은 국민이 역사에 남긴 이중성, 즉 선행과 잔인성의 두 가지 측면에 대한 예언이기도 하다.

---

22)   Ed, by Kenneth, L. Barker., 『NIV Study Bible』, Grand Rapis Zondervan Publishing Company, pp.2224~2230

철저하게 이스라엘인 중심으로 기록된 구약성경과 달리 신약성경에서는 이방인, 특히 로마인의 활동이 확실하게 부각된다. 예수님의 승천 후, 코르넬리우스라는 로마 군대의 백인대장은 베드로에게 자신이 살고 있는 카이사리아로 와서 예수님의 복음을 전해 달라고 간곡히 청한다.

"신심이 깊은 그는 온 집안과 함께 하느님을 경외하며, 유다 백성에게 많은 자선을 베풀고 늘 하느님께 기도하였다.…베드로가 들어서자 코르넬리우스는 그에게 마주 나와 그의 발 앞에 엎드려 절하였다. 그러자 베드로가 그를 일으키며, '일어나십시오. 나도 사람입니다' 하고 말하였다. 그리고…그들에게 말하였다. '유다 사람에게는 다른 민족 사람과 어울리거나 찾아가는 일이 불법임을 여러분도 알고 있습니다. 그러나 하느님께서는 나에게 사람을 속되다거나 더럽다고 하면 안 된다는 것을 보여주셨습니다.…' 그러자 코르넬리우스가 대답하였다. '…갑자기 눈부신 옷을 입은 어떤 사람이 제 앞에 서서 이렇게 말하였습니다. 코르넬리우스야, 하느님께서 너의 기도를 들어주셨고 너의 자선을 기억하고 계시다. 그러니 야포로 사람들을 보내어 베드로라고 하는 시몬을 불러오너라.'…지금 저희는 주님께서 선생님께 지시하신 모든 말씀을 들으려고 다 함께 하느님 앞에 모였습니다."(사도 10,2-33)

베드로는 이렇게 말을 시작하였다. "나는 이제 참으로 깨달았습니다. 하느님께서는 사람을 차별하지 않으시고, 어떤 민족에서건 당신을 경외하며 의로운 일을 하는 사람은 다 받아주십니다." 베드로가 이렇게 말하고 있는 동안 성령이 모든 청중에게 내려왔다. 베드로와 함께 왔던 할례받은 신자들은 성령의 은혜가 이방인들에게까지 내리는 것을 보고 깜짝 놀랐다.(사도 10,34-45) 이스라엘인을 억압하고 착취하던 로마의 군인이 한낱 어부 출신인 베드로에게 무릎을 꿇고 또 거기에 모여 있던 로마인들이 성령을 받아 하나가 되는 아름답고 장엄한 광경이 아닌가.

역사를 더듬어 올라가면 그리스도교는 서양인이 만든 종교가 아니라 근동, 즉 아시아에서 유래한 소수민족의 종교다. 로마인과 게르만인도 결국 한 조그만 나라의 믿음에 귀의한 것에 불과하니, 과거 일부 서양 선교사 혹은 서양 위정자들의 유럽 중심적 혹은 백인 중심적 거만한 선민의식 자체가 무의미하고 우스꽝스러울 뿐이다. 마치 물이 높은 곳에서 낮은 곳으로 흐르듯, 종교건 문화건 철학이건 좀 더 견고한 틀과 깊은 내용을 갖고 있는 쪽에서 그렇지 않은 쪽으로 전파되는 것은 어찌 보면 매우 당연하다.

그리스도교가 세속적인 권력과 욕망의 한 수단으로 타락하였던 서양의 과거사는 예수님의 가르침 자체와 서양 그리스도교 체제의 정치적 기능을 자칫 혼동하게 만들기 쉽다. 그리스도교를 잘못 해석하여 우리 전통을 무조건 우상 숭배라고 간주했던 서양인의 편협한 시각이나, 그리스도교는 서양인이 자기의 이익을 챙기기 위해 타 인종에게 강요하는 서구 중심의 종교라는 고정관념 모두 우리가 언젠가는 극복해야 할 숙제가 아닐까.

겸손하게 신앙을 고백하는 성경 속의 이방인들, 또 그들을 따뜻하게 품에 안은 예수님과 사도들의 성숙한 모습에 다시 한 번 경의를 표하게 된다.

밤하늘의
북극성 같은 여인
마리아 막달레나

예수님의 어머니인 마리아가 성스럽고 희생적인 모성성의
상징이라면, 마리아 막달레나는 끊임없이 신앙에 관해 질문
하면서 예수님을 통해 자신을 성숙시킨 지식인 여성을 상징
한다. 마리아 막달레나는 예수님의 사랑을 가장 많이 받은
여자요, 가장 결정적인 순간에 베드로처럼 비겁하게 몸을 피
하지 않고 십자가와 무덤을 끝까지 지킨 용감한 여자가 아
닌가.

가부장제 사회 속에서 폄하된 그 이름

각자 여성관의 차이에 따라 그 관점과 평가가 다르겠지만, 중세부터 지금까지 내려온 가톨릭교회의 가부장적 전통에 대해서만큼은 부인할 사람이 별로 없을 것이다. 교황님 이하 사제, 심지어 남성 신자에게는 높은 지위와 힘이 실리는 반면, 수녀님이나 다른 여성 신자에게는 순명과 겸손, 무조건적 희생이 가장 고귀한 덕목이니까. 물론 이런 가부장제의 전통이 반드시 가톨릭만의 특징이라고 할 수는 없고, 대부분의 문명국가에서도 근대까지 계속되어 온 점은 마찬가지이긴 하다. 유교, 불교, 이슬람교 심지어는 비교적 근대에 생성된 개신교에서도 여성은 남성의 권위에 순종하도록 교육받았고, 이런 불평등한 질서를 공고히 하는 데는 각 종교의 교리가 큰 기여를 했다.

특히 가톨릭교회에서 남녀 차별에 관한 이런 문제점을 일반 신자, 특히 여성 신자가 제기한다는 것은 매우 어려운 일이다. 누가 꼭 강요해서라기보다는 성모 마리아의 자기 헌신을 신앙의 궁극적인 목표로 자기의 삶 속에 내면화하기 때문에 교회의 권위에 저항하여 자기의 독특한 목소리를 내는 것은 결코 쉽지 않은 일이다.

이런 교회의 전통과 배경에 익숙한 사람에게 성경에 잠깐잠깐 등장하는 여자 마리아 막달레나는 때로 수수께끼처럼 알 수 없는 존재로 보인다. 예수님의 기라성 같은 제자들이 유다를 빼고도 열한 명이나 되는데 다 어디로 가고, 예수님의 임종을 지킨 이들이 이방인인 로마 병사들과 비천한 여자들뿐인가. 게다가 부활이라는 가장 중요하고도 장엄한 사건을 처음으로 증언한 이가 왜 하필이면 마리아 막달레나일까. 마리아 막달레나는 일곱 마귀에 들린 적이 있던(루카

8,2 ; 마르 16,9) 여자라는데, 요즘 식으로 말하자면 정신질환을 앓고 난 환자가 아닌가.

'마리아'라는 이름이 흔하다는 점 때문에 신약에 나오는 마리아가 과연 모두 동일 인물인지는 논의가 많은 것으로 알고 있다. 그럼에도 마리아 막달레나에 대한 예수님의 따뜻한 사랑은 특별하다고 할 수 있다. 특히 부활이라는 그 어마어마한 사건의 전파를, 무조건 의존적인 삶을 살도록 강요받았던 그 시대의 한 평범한 여성에게 맡기셨다는 것은 의미심장하다.

마리아 막달레나가 가장 먼저 부활을 전했다는 사실은 예수님의 제자들 이하 대부분의 남자에게 받아들여지지 않았다고 한다. 당시만 해도 여성의 증언이 공식적으로 받아들여지지 않을 만큼 여성은 한 인격체로 인정받지 못했던 것이다.

바오로는 그리스도의 부활에 대해 말하면서 "그리스도께서는 성경 말씀대로 우리의 죄 때문에 돌아가시고 묻히셨으며, 성경 말씀대로 사흗날에 되살아나시어, 케파에게, 또 이어서 열두 사도에게 나타나셨습니다. 그다음에는 한 번에 오백 명이 넘는 형제들에게 나타나셨는데,…맨 마지막으로 칠삭둥이 같은 나에게도 나타나셨습니다"(1코린 15,3-8)라고 증언할 뿐이지, 마리아에 대해서는 한 마디 언급을 하지 않아 다분히 의도적인 듯 보인다. 특히 예수님을 가까이서 모신 열두 사도에 대해 항상 의식했던(?) 바오로는 그저 '몇 명의 사람들'이라고 뭉뚱그렸을 가능성도 있다 한다. 바오로는 그리스도와 하나 되는 세례를 받은 우리는 다 그리스도인이라며, "그래서 유다인도 그리스인도 없고, 종도 자유인도 없으며, 남자도 여자도 없습니다"(갈라 3,27-28)라고 선언했지만, 그 역시 불평등의 벽을 넘지 못한 그 시대의 아들이었던 것이다.

6세기부터 교회에서 막달라 출신 여자 마리아의 모습은 심하게 왜곡된다. 일곱 마귀가 떨어져 나간 여자(루카 8,2), 예수님 발에 향유를 바르고 죄를 회개한 여자(루카 7,36-50), 간통죄를 저지르고 돌에 맞아 죽게 된 순간 예수님에게 구원된 여자(요한 8,1-11)를 베타니아의 마리아(요한 11,1-12,8;루카 10,38-42)와 동일 인물로 간주하려던 흐름은 마리아가 광인이자 죄인이었다는 것으로 해석할 수 있게 만든다.

그러나 성경의 다른 구절을 볼 때 마리아 막달레나가 '창녀'였다는 기록은 없으며 또 다른 여자와 동일 인물이라는 증거도 찾을 수 없다. 이는 어쩌면 바오로나 베드로와는 전혀 다른 처지에서 예수님을 사랑하였고, 마지막에는 부활의 영광을 가장 일찍 지켜볼 수 있었던 마리아라는 여자에 대한 고의적인 폄하일 수 있다.

마리아는 히브리어로 미르얌(Miriam, Mirjam)인데, 이 또한 예사롭게 보이지 않는다. 미르얌이라는 여자는 모세와 아론과 함께 이스라엘 사람들이 홍해를 건너게 하는 데 결정적인 역할을 한 여자 예언자였지만, 마지막에는 모세의 권위에 반기를 들었다는 이유로 "악성 피부병에 걸려 눈처럼 하얗게 된다."(민수 12,10) 성경은 철저히 모세의 시각에서, 미르얌을 '권위에 경솔하게 도전하다 벌을 받는 사람'으로 기술한다. 미르얌은 영어의 'Mire' 라는 어간, 즉 '더러운' '진흙이 묻은 이'라는 단어의 기원은 혹시 아니었을까. 미르얌이 걸린 병이 백선, 건선, 나병들 중 하나였다면, 피부질환에 대한 이후 사람들의 무의식적인 태도를 엿볼 수 있다.

314

그러나 적지 않은 여성 신학자나 외경 연구가들은 미르얌이 모세만큼이나 깊은 신앙심을 가지고 있던 훌륭한 지도자였다고 주장한다. 마치 신라 시대의 원화나 먼 상고 시대 동양의 무당이 종교적인 힘과 세속적인 권력을 함께 가지고 있었던 것과 유사하지 않았겠느냐고 추측하는 이들도 있다. 미르얌이 모세에게 예언자로서의 권위를 빼앗긴 것처럼 마리아 막달레나도 어쩌면 가장 중요한 사건을 증거했다는 역할 자체를 교회와 가부장제라는 권위에 의해서 박탈당한 것은 아닐까.

예수님의 사랑을 받았던 마리아 막달레나의 나머지 숨은 이야기는 외경이나 다른 전설 속에 그대로 남게 된다. 2세기쯤 쓰인 『베드로 복음서(Gospel of Peter)』라는 외경에서 마리아는 예수님의 여성 제자 중 한 명으로 그려진다. 또 콥트어(3세기부터 15세기까지의 이집트어)로 쓰인 『토마스 복음서(Gospel of Thomas)』에는 베드로와 마리아가 서로 경쟁 관계였다는 기록이 있다고 한다. 베드로가, 마리아는 여자니 제자로 삼지 말고 떠나 보내자며 예수님을 조르자, 예수님이 "내가 마리아를 너희들 남자와 같이 만들어 줄 것이다. 그래서 마리아 역시 너희들 남자와 같이 살아 있는 영혼을 얻게 되리라"라고 말씀하셨다는 것이다.

3세기경에 쓰인 『피스티스 소피아(Pistis Sophia, Wisdom Faith)』라는 외경에서 마리아는 예수님께 끊임없이 예리한 질문을 던지는 훌륭한 지성인으로 묘사된다. 또한 마리아가 다른 제자들이나 예수님을 수행하는 평범한 여자들에 비해 신앙심이 남달리 깊고 뛰어났다고 기록되어 있다. 이 문서에도 역시 베드로와 마리아가 서로 견제

했다는 기록이 있다.[23]

부활의 첫 목격자

부활을 처음 목격하는 장면에 대한 묘사가 네 복음서마다 조금씩 다르지만, 그 누구보다도 마리아 막달레나가 처음으로 부활을 증거하였다는 점에 있어서는 공통적이다. 이에 해당하는 네 복음서의 구절을 각각 살펴보면 다음과 같다.

마리아 막달레나를 비롯한 여자들이 무덤을 찾아갔더니 예수님의 시신은 보이지 않고 천사들이 나타나 "서둘러 그분의 제자들에게 가서 이렇게 일러라. '그분께서 죽은 이들 가운데에서 되살아나셨습니다. 이제 여러분보다 먼저 갈릴래아로 가실 터이니, 여러분은 그분을 거기에서 뵙게 될 것입니다'"(마태 28,5-7)라고 말한다. 여자들이 급히 이 소식을 전하려 하자 뜻밖에도 예수님이 그 여자들을 향해 걸어오셔서 "평안하냐?"라고 말씀하셨고, 여자들은 가까이 가서 그분의 두 발을 붙잡고 엎드려 그분의 발을 붙잡고 절한다. 예수님은 "두려워하지 마라. 가서 내 형제들에게 갈릴래아로 가라고 전하여라. 그들은 거기에서 나를 보게 될 것이다"라고 말씀하신다.(마태 28,9-10)

마리아 막달레나와 야고보의 어머니 마리아와 살로메가 무덤에 갔더니 커다란 돌이 굴려져 있고, 대신 한 젊은이가 오른편에 앉아 있다가 예수님이 갈릴래아로 가실 것이니 거기서 기다리라고 베드

---

23)   Ed, by Freedman, D.N.(1992), 같은 책 Vol 5, pp.375~376

: 예수님은 마리아 막달레나 앞에 나타나 자신의 부활을 알렸다
: (by Alexander Andreyevich Ivanov) 〈출처 : (CC)Jesus at en.wikipedia.org〉

로와 제자들에게 전하라 한다. 주간 첫날 매우 이른 아침, 예수님이 부활하신 후 마리아 막달레나에게 처음으로 나타나셨는데, 마리아가 사람들에게 이 소식을 전해 주어도 예수님의 부활을 믿으려 하지 않는다. 그 뒤에도 예수님이 제자들 가운데 두 사람에게 나타나셨지만, 이때 역시 다른 제자들이 믿지 않으려고 한다.(마르 16,1-13)

마리아 막달레나, 요안나, 야고보의 어머니 마리아 등 여자들이 무덤을 찾아갔는데 눈부신 옷을 입은 두 사람이 예수님이 다시 살아나셨다는 말을 전해 준다. 그들은 이 소식을 제자들과 여러 사람들에게 전하지만 아무도 믿지 않았고, 베드로만이 무덤으로 달려갔는데 수의밖에 없었다. 얼마 후 그날 모였던 사람들 중 엠마오를 향해 가던 클레오파스와 또 다른 한 사람에게 예수님이 나타나신다.(루카 24,1-35)

마리아 막달레나가 무덤에 가서 돌이 치워져 있는 것을 보고, 베드로와 예수님의 사랑을 받던 또 한 제자에게 가서 누군가 예수님을 무덤에서 꺼내 갔다는 소식을 전해 준다. 이에 두 제자가 달려가 무덤이 빈 것을 보지만, 아직은 예수님이 죽었다가 살아나실 것이라는 성경 말씀을 깨닫지 못하고 집으로 돌아간다. 무덤 밖에서 울고 서 있던 마리아가 무덤 속을 들여다보니 흰옷을 입은 천사들이 있었고, 뒤를 돌아다보니 예수님이 거기 서 계셨지만 미처 알아보지 못한다. 이에 예수님이 "마리아야!" 하고 부르시자 마리아는 예수님에게 돌아서서 히브리 말로 "라뿌니('스승님'이라는 뜻)" 하고 부른다. 마리아 막달레나는 제자들에게 가서 주님을 만나 뵌 일과 주님이 일러 주신 말을 전한다.(요한 20,1-18)

지식인 여성의 상징

이렇게 중요한 역할을 했던 마리아 막달레나의 존재는 세월이 흘러 성직자의 힘이 막강했던 가부장적 중세 시대를 거치면서 서서히 희미해지고 퇴색된다. 심지어 지금도 적지 않은 사람이 예수님의 부활을 가장 먼저 접한 사람은 마리아 막달레나가 아니라 베드로라고 믿고 있다. 부활이라는 어마어마한 사건, 예수님이 이 땅에 오신 의미를 완성시켜 준 가장 큰 사건의 첫 목격자가 배경도 학식도 없는 한 여자, (이견이 있지만) 한때는 마귀에 들렸다고 소문난 광녀였다는 사실을 도저히 받아들일 수 없었기 때문일까.

마리아 막달레나가 외경이나 이단적인 교단에서는 오히려 크게 부각되고 사도 중심의 정통 교단에서는 소외되는 사실은 중세에서 근대로 넘어오는 시기에 기승했던 '마녀 사냥'과 어떤 연관이 있는 것처럼 보인다. 마녀 사냥의 제물이 되어 십자가에 매달린 채 화형당한 이들이 대부분 정신질환 증상이 있던 젊은 여성이었다는 점에서, 그들을 한때 일곱 마귀가 들어간 바 있던 광녀 마리아의 후계라고 보았다면 지나친 것일까.

예수님의 어머니인 마리아가 성스럽고 희생적인 모성성의 상징이라면, 마리아 막달레나는 끊임없이 신앙에 관해 질문하면서 예수님을 통해 자신을 성숙시킨 지식인 여성을 상징한다. 마리아 막달레나는 예수님의 사랑을 가장 많이 받은 여자였고, 가장 결정적인 순간에 베드로처럼 비겁하게 몸을 피하지 않고 십자가와 무덤을 끝까지 지킨 용감한 여자가 아닌가. 그런 의미에서 그녀는 다른 신화에 나오는 지혜의 여신이나 구약성경 아가에 나오는 지혜롭고 어여쁜

술람밋 여인과 유사하다.

아담에게 하와는 '지혜'를 갖게 만든 촉진자(Facilitator)라면 『베롤리네시스 외경(Codex Berolinensis)』에는 아예 창조의 과정에 참여한 주재자로서 지혜의 여신 소피아(Sophia)가 서술되고 있다.[24] 남성 중심 가부장적인 권력 체제가 서서히 무너져 가고 있는 요즘, 다른 어떤 집단보다 그 구성원 가운데 여성의 수가 많으면서도 여성 문제에 관해서는 매우 보수적인 가톨릭교회 내에서, 외경의 소피아에도 관심을 가져보고 마리아 막달레나라는 인물을 한 번쯤 재조명해 보면 어떨까 하는 생각을 해 보았다. 여성이 지금보다 훨씬 비참하게 살아야 했던 시대에 낮은 자리에 있던 한 비천한 여성에게 가장 좋고 귀한 몫을 남겨 놓으신 예수님의 배려는, 수천 년 동안 지속되었던 남녀 차별을 과연 우리가 어떤 식으로 극복해야 할지에 대한 방향을 제시해 주는 것은 아닐까.

여성으로서 발휘할 수 있는 진정한 용기는 무엇인가. 깊은 신앙에서 우러나오는 사랑의 힘은 얼마나 강하고 아름다운가. 휘장 속에 가려진 듯 모호하고 불분명한 언급임에도 그 성숙한 신앙의 깊이를 뚜렷이 읽을 수 있는 마리아 막달레나의 당당한 삶은, 허우적대며 이승의 삶을 꾸려야 하는 평범한 여성에게 어둔 밤하늘의 북극성처럼 빛으로 다가온다.

---

24) Ed, by King, K.L.(1988), 『Images of the Feminine in Gnosticism』, Bloomsbury T&T Clark, pp.161~167

두 얼굴의
현자
바오로

인간적인 약점을 지녔으나 또한 흔들리지 않는 권위를 지닌 바오로는, 이른바 '존경하는 어른' 이미지와 가장 근접하다. 바로 그 때문에 그는 진보적인 신학자에게는 복잡한 애증의 대상이 되고, 보수적인 사목자에게는 든든한 뒷심으로 작용하기도 한다.

서양 문명의 정신적 토대를 세우다

도대체 지식이란 무엇이고 학문이란 무엇인가. 똑똑하다고 자부하는 우리가 안다고 믿는 게 과연 무엇인가. 성경에 등장하는 바오로의 족적을 조심스레 따라가면서 내 머릿속을 계속 어지럽혔던 생각이다. 성경에 등장하는 인물 중 가장 교양이 넘치는 지식인, 그러면서도 때로는 완고하고 때로는 소심한 바오로라는 사람은 특히 '지성'의 문제에 대해 내게 어려운 질문을 던진다. 바오로가 성경에서 차지하는 부분은 엄청나고, 그의 사상 또한 감히 그 깊이를 논할 수 없기 때문에 바오로를 모르고서는 성경을 이해할 길이 없다.

바오로는 유대인이 겪은 예수님에 대한 체험을 로마에서부터 리디아, 갈라티아 등의 소아시아와 마케도니아, 크레타 등의 유럽에까지 전파한 사람이다. 따라서 당시 유럽인은 예수님을 직접 만나지 못한 채 바오로가 전하고 가르치는 대로의 예수님을 믿기 시작했다. 그만큼 바오로의 한마디가 공동체 안에서 끼치는 영향력은 엄청 났을 뿐 아니라, 그의 편지와 족적은 지금까지 그리스도교를 지배하는 철학적, 신학적 기초가 되었다. 따라서 바오로의 성격과 인생 역정을 따라가는 작업은, 바오로가 살았던 초대 그리스도교 공동체뿐 아니라 현대의 서양 문명과 그리스도교인을 전반적으로 이해하는 일이기도 하다.

물론 바오로의 사상이 워낙 방대하기 때문에 나 같은 일반 신자는 그를 논할 자격이 없는지도 모른다. 적어도 바오로에 대해 한마디라도 할 수 있으려면, 그가 살았던 시대와 배경을 알아야 하고 또 신학적인 기초 지식이 있어야 하기 때문이다. 지금까지의 글도 그렇지만, 특히 바오로에 대한 내 글의 의미를 아주 좁게 축소하고 싶다. 이 글은 성경을 읽는 독자인 나라는 사람이 바오로를 만나면서 어떻게 마음의 움직임을 경험했는지에 대한 자기 고백 이상도 이하도 아님을 재삼 밝혀 둔다.

바오로의 회심

바오로는 기원후 10년경에 킬리키아의 타르수스에서 태어난 유대인이다.(사도 9,11) 하지만 그는 어려움을 겪을 때마다 자신이 로마 시민임을 강조한다.(사도 16,37-38; 22,25-29; 23,27; 28,18-19) 바오로의 이 같은 선택된 신분은 그가 신앙을 전파하면서 곤경에 처할 때마다 그를 도와주기도 하지만, 거꾸로 그를 혼란스럽고 곤혹스럽게 만드는 조건이 되기도 한다. 바오로의 국적에 대해 생각하면서, 나는 구한말 서재필이 일본의 압력을 피해 필립 제이슨이라는 이름을 쓰면서 미국인으로 살았던 사실을 생각했다. 서재필은 이 때문에 이후 한국인에게 오해와 배척을 받기도 했는데, 당시 바오로는 어땠을까. 어쩌면 로마인이나 유대인 모두에게 의심받는 형편은 아니었을까.

실제로 바오로는 보기 드물게 풍부한 교양과 학식을 쌓아 주위 사람들의 질시와 의심의 눈초리를 받으며 활동했던 것 같다. 그는 예수님의 음성을 직접 듣는 특별한 체험을 하기 전까지는 유대교인으로서의 학식을 쌓고 자신의 신념대로 그리스도교를 박해하고 없애버리려고 할 정도로 정통 유대인으로 충실히 살려고 했다.(1코린 15,9; 갈라 1,13; 필리 3,6) 회심 후에는 다마스쿠스를 시작으로 여러 곳을 돌아다니면서 선교하는데, 그의 신분이 공식적인 사절과 비슷했는

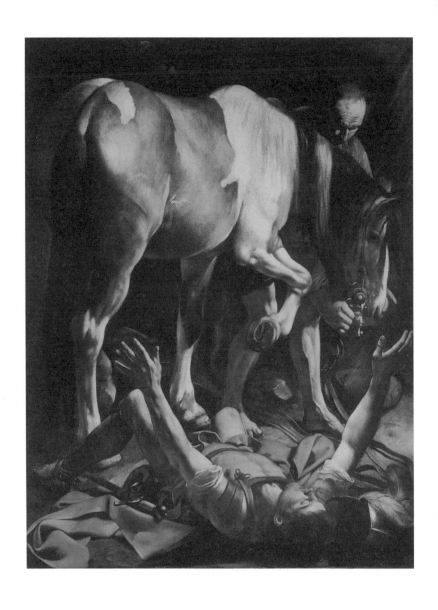

: 다마스쿠스 가는 길에서 바오로의 회심 체험(by by Caravaggio)
: 〈출처 : (CC)Paul the Apostle at en.wikipedia.org〉

지는 분명하게 확인되지 않는다. 어쨌거나 그리스어를 할 줄 아는 (사도 9,29) 로마 시민이라는 점을 십분 활용하였으니, 여러 외국어를 구사하는 코스모폴리탄적인 인재였던 셈이다. 심지어는 "공부를 너무 많이 해서 미치고 말았군"(사도 26,24)이라는 말을 들을 정도로 박식했다고 한다.

그러나 바오로는 자신이 전파하는 것이 세속적인 지식이 아니라 신앙임을 확실하게 못 박았다는 점에서, 자신의 지식을 출세와 명예의 수단으로 보는 일반인과는 구분된다. 그는 복음을 전하되 "이 일을 말재주로 하라는 것이 아니었으니"(1코린 1,17)라 하였고, 오히려 "지혜롭다는 자들의 지혜를 부수어 버리고 슬기롭다는 자들의 슬기를 치워 버리리라"(1코린 1,19)라고 말한다. "지혜로운 자들을 부끄럽게 하시려고 이 세상의 어리석은 것을 선택하셨습니다. 그리고 하느님께서는 강한 것을 부끄럽게 하시려고 이 세상의 약한 것을 선택하셨습니다"(1코린 1,27)라는 것을 깨달은 그는, 진정으로 지식의 한계를 아는 복된 사람이다.

정말 지혜로운 사람이 되려면 어리석은 이가 되어야 한다니!(1코린 3,18) 공부란 결국 자신이 무엇을 모른다는 점을 깨닫는 과정이고, 지혜란 자신의 어리석음을 진심으로 인정할 수 있을 때에만 홀연 우리를 찾아온다는 특별한 체험을 바오로는 신자들에게 이야기하고 싶었을 것이다.

하지만 바오로는 역시 하느님의 아들 예수님과는 너무나 다른 한 인간이다. 예컨대 "나는 결코 그 특출하다는 사도들보다 떨어진다고는 생각하지 않습니다. 내가 비록 말은 서툴러도 지식은 그렇지 않습니다"(2코린 11,5-6)라고 돌연 강조해서 자신의 권위를 확인시키는가 하면, "나의 내적 인간은 하느님의 법을 두고 기뻐합니다. 그러나 내 지체 안에는 다른 법이 있어 내 이성의 법과 대결하고 있음을 나는 봅니다. 그 다른 법이 나를 내 지체 안에 있는 죄의 법에 사로잡히게 합니다. 나는 과연 비참한 인간입니다"(로마 7,22-24)라고 고백하는 등 성경을 읽는 독자를 어리둥절하게 만드는 면도 없지 않다.

보수적이라는 편견에 대한 반론

그의 이런 복잡한 정신세계는 현대의 신학자들을 논쟁에 빠지게 한다. 우선 첫 번째는 바오로가 권위를 강조하다 보니 지배 체제에 순응적으로 비친다는 점이다. "사람은 누구나 위에서 다스리는 권위에 복종해야 합니다. 하느님에게서 나오지 않는 권위는 있을 수 없고, 현재의 권위들도 하느님께서 세우신 것입니다. 그러므로 권위에 맞서는 자는 하느님의 질서를 거스르는 것이고, 그렇게 거스르는 자들은 스스로 심판을 불러오게 됩니다.…지배자는 그대의 이익을 위하여 일하는 하느님의 일꾼입니다. 그러나 그대가 악을 행할 경우에는 두려워하십시오."(로마 13,1-4)

언뜻 권위만을 강조하는 보수 인사의 말처럼 들려서 젊은 진보주의자들은 고개를 갸우뚱할지도 모르겠다. 물론 교회는 이런 바오로의 태도가 모든 정치권력을 정당화하는 것이 아님을 못 박고 있다. 하지만 "너희가 세상에 속하지 않을 뿐만 아니라 내가 너희를 세상에서 뽑았기 때문에, 세상이 너희를 미워하는 것이다"(요한 15,19)라고 하셨던 예수님의 '세상과 거리두기'에 비하면 세속적으로 들린다는 관점도 있다.

두 번째 논쟁거리는 여성에 대한 그의 태도다. 예컨대 "남자는 하느님의 모상이며 영광이기 때문에 머리를 가려서는 안 됩니다. 여자는 남자의 영광입니다. 사실 남자가 여자에게서 나온 것이 아니라 여자가 남자에게서 나왔습니다. 또한 남자가 여자를 위하여 창조된 것이 아니라 여자가 남자를 위하여 창조되었습니다. 그러므로 여자는 천사들을 생각하여, 그 머리에 권한의 표지를 지니고 있어야 합니다"(1코린 11,7-10)나 "여자들은 교회 안에서 잠자코 있어야 합니다. 그들에게는 말하는 것이 허락되어 있지 않습니다. 율법에서도 말하듯이 여자들은 순종해야 합니다. 배우고 싶은 것이 있으면 집에서 남편에게 물어보십시오. 여자가 교회에서 말하는 것은 부끄러운 일입니다"(1코린 14,34-35)와 같은 구절을 오늘날 여성 신학자로서는 도저히 받아들일 수 없을 수도 있다.

그러나 바오로의 이 같은 발언을 전후 맥락과 시대적 배경에 대한 이해 없이 단순히 여성 차별적인 태도로 해석하는 것에는 찬성하지 않는다. 그는 여성의 복종을 가르치면서도 결국에는 "주님 안에서는 남자 없이 여자가 있을 수 없고 여자 없이 남자가 있을 수 없습니다"(1코린 11,11)라며 남녀평등을 단언하고, "여자가 남자에게서 나온 것과 마찬가지로 남자도 여자를 통하여 태어나기 때문입니다"(1코린 11,12)라고 말해, 남자의 우월성을 주장하는 것 자체가 무의미하다는 점을 일깨우기 때문이다.

예수님의 죽음을 끝까지 지키고 그분의 부활을 증거한 이들이 여자들이었기 때문에 초대 그리스도교에서는 여성들의 발언에 매우 큰 힘이 실려 있었을 수 있다. 또 예수님이 가부장제를 지나치게 강조했던 유대교의 불평등한 논리를 배격하시면서 어린 아이와 여성, 장애우 들을 차별하지 않으셨기 때문에, 초기 교회의 여자들이 그때까지의 억압에 반항하듯 공동체 내의 질서를 뒤흔들었던 것은 아니었을까 상상해 본다. 권위와 체면을 소중하게 생각한 바오로는 그런 무질서한 모습을 견디기 힘들었을 것이고, 따라서 그의 보수적인 가치관이 설교와 편지 곳곳에 묻어나게 되지는 않았을까.

세 번째로는 바오로의 성격이 다분히 복잡하고 때론 일관성이 없는 것처럼 보임에도, 성경 무오류론을 문자 그대로 믿는 후세의 일부 신학자가 바오로라는 인물을 절대적으로 신격화하기 때문에 야기되는 혼란이 있다. 그러나 성경 속에서 만나는 바오로는 일반 신자의 기대와는 달리 자신이 완벽하지 못함을 그대로 인정한다. 바오로는 "나는 내가 하는 것을 이해하지 못합니다. 나는 내가 바라는 것을 하지 않고 오히려 내가 싫어하는 것을 합니다.…내 육 안에 선이 자리 잡고 있지 않음을 나는 압니다. 나에게 원의가 있기는 하지만 그 좋은 것을 하지는 못합니다"(로마 7,15-18)라고 한다. 이는 공동체에서 신자를 가르치고 이끌어야 하는 자리에 있는 수장으로서는 참으로 하기 힘든 자기 고백이 아닐 수 없다.

더구나 당시 바오로가 한때 그리스도교를 박해했던 전력과 열두 사도와는 달리 예수님 생전에 직접 그분을 따르지 못하였다는 사실로 인해 겪었을 당시 공동체 안의 불안정한 위치를 생각해 보자. 자신의 이중성을 인정하고 약점을 비판적으로 반성하는 태도는 고대에서는 보기 힘든 현대인의 합리적 심성과 유사하다. 바로 이 때문에 현대인에게까지 바오로는 큰 영향을 미치고 있는 것이 아닐까.

인간적인 약점을 지녔으나 또한 흔들리지 않는 권위를 지닌 바오로는, 우리가 기대하는 이른바 '존경하는 어른' 이미지와 가장 근접하다. 바로 그 때문에 그는 진보적인 신학자에게는 복잡한 애증의 대상이 되고, 보수적인 사목자에게는 든든한 뒷심으로 작용하기도 한다.

바오로를 제대로 아는 일은 예수님을 이해하기 위한 고통스러운 관문 중 하나다. 세속적인 권위를 넘는 진정한 사랑, 지식의 한계를 극복하는 참된 신앙으로의 길고 험한 여정 중에, 엄하면서도 따뜻한, 겸손하면서도 자신이 겪은 고난의 세월을 자손들이 알아주었으면 하고 바라는, 현명하지만 어리숙한 할아버지 바오로가 우리를 기다리고 있다.

회의적인
현대인의 벗
토마스

토마스는 신앙에 있어 회의적인 현대인에게 충분한 설득력을 가지는 성격의 인물이다. 토마스가 멀고 먼 동방, 당시만 해도 정신문명과 물질문명 모두가 선진적이었던 인도와 시리아에서 선교했다는 외경의 내용으로 짐작해 본다면, 그는 우월한 문명 앞에서도 기가 죽지 않는 대담성과 명민함 그리고 논리적인 설득력을 가진 인물이었을 것이다.

쌍둥이라 불린 토마스

'증거에 입각한 의학(Evidence Based Medicine)'이라는 개념이 있다. 눈에 보이는 뚜렷한 무언가가 있지 않는 한 섣부른 추론이나 결론은 위험하다는 취지의 말이다. 하지만 굳이 이런 식으로 표현하기 전에, 인과 관계의 증거성은 현대 의학의 기본 정신이라고 할 수 있다. 현대 의학으로 고치지 못하는 불치의 병을 고쳐 보겠다는 신과학, 뉴에이지 운동 등을 대다수 의사는 신뢰하지 않는데, 그런 주장은 현미경이나 통계 등으로 검증되는 정확하고 확실한 근거가 없기 때문이다.

그렇다면 신앙의 측면은 어떨까. 산 사람치고 죽은 후의 세계에 대해 제대로 알고 있는 사람이 없으니, 세상의 누구도 확실하게 천국이나 지옥에 대한 증거를 대지는 못한다. 예수님, 부처님 말씀은 좋다고 말하지만, 내세나 부활, 윤회 같은 것에 대한 이야기가 나오면 입을 다물고 마는 사람이 대부분이다. 심지어는 공자조차 "이승에 대해서도 잘 모르는데 어떻게 저승에 대해 말할 수 있느냐?"라고 했으니까. 과학이라는 인식 구조가 모든 지적 활동의 기반이 되는 현대인에게는 특히 보이지 않고 들리지 않는 영적인 세계는 그저 불가사의한 것이며, 이해하기 어려워 두렵기까지 한 무엇이다. 그렇다면 이렇게 인간의 해석이나 추론보다 한 차원 높은 영적인 세계, 즉 불가해한 영역을 우리는 어떻게 자신의 인식 범주에 넣고 이해할 수 있을까.

예수님께 신자로서 가장 중요한 질문을 던져 신앙의 핵심을 이끌어 내고, 예수님의 옆구리와 손을 직접 만져본 후에야 부활이라는 사건을 믿게 되는 이야기의 주인공 토마스는 신앙에 있어 인식에 관한 숙제를 해결하는 실마리를 우리에게 던져주고 있다.

쌍둥이(Didymos)라고 불린 토마스가 과연 누구와 쌍둥이인지는 불분명하다. 외경은 그를 예수님의 쌍둥이 형제라고 하지만, 그것은 어디까지나 외경 저자의 주장이다. 그러나 그가 영적인 신앙보다는 육체적인 증거를 더욱 신뢰하고, 관념적인 이론보다는 유다로 돌아가 예수님과 죽음을 같이하자고 말한 바를 볼 때, 예수님의 쌍둥이라는 의미는 예수님이라는 영적 존재에 대비되는 '육체' 또는 '하늘'과 비교되는 '세상'의 상징이 아닐까도 짐작해 본다.

네 복음서가 토마스에 대해 비교적 제한된 정보만을 제공하고 있어서, 외경의 도움을 받지 않고 그에 대해 추측하기는 매우 어렵다. 바오로, 요한, 베드로, 안드레아, 토마스의 행적을 기록한 외경에 의하면, 토마스는 인도의 부유한 상인에게 팔려 가 시리아와 인도 서부에서 그리스도교를 전파한 인물이라고 한다.[25] 실제로 나는 토마스가 이주하여 그리스도교를 전파했다는 인도의 한 지역 출신 여성을 만난 적이 있다. 그는 소수 종교이지만 수천 년 동안의 전통을 자랑스럽게 생각하고 있었다. 토마스 외경은 특히 예수님 말씀을 '이해'하는 데 중점을 둔다는 점에서 역사적 실체로서 토마스의 철학적 역할도 가능하게 만든다.

---

25)   Tr, by Layton, B.(1987), 『The Gnostic Scriptures』, New York, Doulbleday, pp.366~370

질문을 통해 모르는 바를 이해하려던 토마스

흔히 토마스는, 예수님의 부활 소식을 듣고 나서도 직접 그분의 손에 있는 못 자국과 옆구리를 보지 않고서는 믿지 않겠다고 말하였기 때문에, 미숙한 신앙의 대표적인 인물로 부각되기도 한다. 그러나 한편으로는 비록 단편적인 삽화이기 하지만, 예수님과 함께 죽음까지 불사하겠다고 한, 꽤 용감하고 진취적인 인물로도 그려지고 있다. 예수님이 아끼셨던 사람이자 마리아, 마르타의 형제였던 라자로가 중한 병을 앓고 있다는 소식을 듣고 예수님이 그곳으로 가자고 말씀하셨을 때의 일화가 바로 그것이다.

제자들은 얼마 전까지 유다인들이 예수님을 돌로 치려고 했다며 그곳으로 돌아가자는 예수님의 제안에 반대한다. 그럼에도 예수님은 라자로의 일을 통해 제자들이 정말로 자신을 이해할 수 있을 것이라며 유다로 다시 가자고 하신다. 그때 쌍둥이라고 불리던 토마스가 "우리도 스승님과 함께 죽으러 갑시다" 하고 사뭇 용감하게 나선다.(요한 11,1-16) 예수님이 고난의 땅인 유다로 돌아간다고 하시자 두말 않고 그분과의 여행에 동참하겠다는 결연한 의지를 보여준 것이다. 아마 이때만 해도 토마스는 예수님을 불의의 세력과 싸우는 정의로운 인물 가운데 하나로서 자신의 생을 바쳐도 될 만한 존재라고 생각하였을지도 모른다. 그러나 부활의 영광을 눈앞에서 보리라고는 감히 생각하지 못했을 것이다.

이런 토마스는 예수님의 죽음 앞에 당황하고 방향을 잃는다. 십자가의 고행이 바로 눈앞에 닥치자, 세상에 남아 있게 될 제자들이 실망 끝에 좌절하고 방황할 것을 대비하여 예수님이 "너희 마음이 산

: 예수님의 부활을 의심하는 토마스(by Caravaggio)
: 〈출처:(CC)Doubting Thomas at en.wikipedia.org〉

란해지는 일이 없도록 하여라. 하느님을 믿고 또 나를 믿어라. 내 아버지의 집에는 거처할 곳이 많다. 그렇지 않으면 내가 너희를 위하여 자리를 마련하러 간다고 말하였겠느냐? 내가 가서 너희를 위하여 자리를 마련하면, 다시 와서 너희를 데려다가 내가 있는 곳에 너희도 같이 있게 하겠다. 너희는 내가 어디로 가는지 그 길을 알고 있다"(요한 14,1-4)라고 이야기를 시작하시자, 토마스는 불안한 자신의 마음을 솔직하게 그대로 드러내며 의문을 표한다. "주님, 저희는 주님께서 어디로 가시는지 알지도 못하는데, 어떻게 그 길을 알 수 있겠습니까?"(요한 14,5)

그러자 예수님은 "나는 길이요 진리요 생명이다. 나를 통하지 않고서는 아무도 아버지께 갈 수 없다. 너희가 나를 알게 되었으니 내 아버지도 알게 될 것이다. 이제부터 너희는 그분을 아는 것이고, 또 그분을 이미 뵌 것이다"(요한 14,6-7) 하고 말씀하신다. 여전히 그 숨은 의미를 모르는 필립보가 "주님, 저희가 아버지를 뵙게 해 주십시오. 저희에게는 그것으로 충분하겠습니다"(요한 14,8)라고 간청한다. 이에 예수님은 "내가 아버지 안에 있고 아버지께서 내 안에 계시다는 것을 너는 믿지 않느냐?"(요한 14,10)라고 반문하신다. 그리고 감동적인 설교를 이어 가신다.

요한복음 14장에서 16장까지 계속되는 예수님의 말씀을 읽을 때면 나는 항상 눈물이 난다. 역사 속의 어떤 인물이 이렇게 단순 명료한 방식으로 우리의 마음을 위로해 주었던가.

"나는 너희에게 평화를 남기고 간다. 내 평화를 너희에게 준다. 내가 주는 평화는 세상이 주는 평화와 같지 않다. 너희 마음이 산란해지는 일도, 겁을 내는 일도 없도록 하여라.…내가 너희를 사랑한 것처럼 너희도 서로 사랑하여라. 친구들을 위하여 목숨을 내놓는 것보다 더 큰 사랑은 없다. 내가 너희에게 명령하는 것을 실천하면 너희는 나의 친구가 된다. 나는 너희를 더 이상 종이라고 부르지 않는다. 종은 주인이 하는 일을 모르기 때문이다. 나는 너희를 친구라고 불렀다. 내가 내 아버지에게서 들은 것을 너희에게 모두 알려주었기 때문이다.…너희는 세상에서 고난을 겪을 것이다. 그러나 용기를 내어라. 내가 세상을 이겼다."(요한 14,27-16,33)

그런데 바로 이런 엄청난 신앙의 경지를 들을 수 있는 기회를 만들어 준 계기가 바로 주님이 가시는 길이 어떤 길인지 모르겠다는 토마스의 짧은 질문이었다는 점을 주목해 보자. 토마스는 예수님의 부활 소식을 듣고 자신이 직접 만져 보지 않고는 믿을 수 없다고 이야기했기 때문에 그저 의심 많고 따지기 좋아하는 사람으로만 간주되기 쉽다. 그러나 실제로 토마스는 자기 멋대로 함부로 믿는 것이 아니라 궁금한 바가 있으면 망설이지 않고 묻는 성의를 보여 신앙의 핵심을 도출시키는 매우 중요한 역할을 한 것이다. 적극적으로 직접 경험하고 확인해 보려고 하는 진취적인 성품이 아니었다면 예수님께 그런 질문을 하려는 생각조차 못했을 것이고, 또 그랬다면 예수님의 감동적인 말씀을 듣는 영광을 놓쳐 버렸을 것이다.

흔히 신앙은 따지는 것이 아니라 그저 무조건적으로 믿는 것이라고 한다. 주일학교 교리 교사를 지낸 사람이라면 답하기 어려운 질문을 자꾸 던지는 학생에게 성심껏 대답하려고 하다가 말이 막혀 곤혹스러웠던 경험을 한 경우가 있을 것이다. 그때 "왜 그렇게 의심이 많으냐, 그냥 믿어라" 하고 얼버무리지는 않았는가. 거꾸로 자기 자신의 내부에서도 신앙에 대해 잘 이해하지 못하는 부분이 있는데도, 뭔가 질문하고 해답을 구하기보다는 "신앙이라는 게 그렇지 뭐, 굳이 다 알 필요가 있나. 그냥 넘어가자" 하고 얼렁뚱땅 넘어가고 만 적이 있지 않은가.

나는 토마스에 대해 다시 한 번 읽고 묵상하면서 '신앙' 역시 의문이 나면, 자기보다 더 많이 알고 더 깊은 영적 체험을 한 사람의 말을 겸손하고 주의 깊게 듣고 배워야 한다고 생각하게 되었다. 또한 직접 귀로 듣고 몸으로 체험하는 작업이 얼마나 중요한가를 절감하기도 했다. 그리고 다른 무엇보다 일단 의심이 생기고 회의가 든다면 그 즉시 성경을 펼치고 예수님이 남기신 말씀 하나하나를 꼭꼭 씹어 삼키고 음미하다 보면 그 의문이 절로 풀리게 된다는 점을 다른 사람에게도 전해 주고 싶었다. 그야말로 기쁘고 행복한 소식을 살아 있는 현실 속에서 남과 나누고 싶은 그런 마음이 우러나오는 체험이었다.

진보적인 행동주의자

많은 철학자가 토마스를 이분법적논리로 설명한다. 토마스의 영적(Spiritual)이고 추상적(Abstract)인 '믿음'과 육체적(Physical)이고 구체적(Concrete)인 '행동'을 대비시키는 것이다. 그러나 조금만 더 들어가 보면, 그런 영적이고 추상적인 체험마저도 육체적이고 구체적인 사건을 통해서만 존재할 수 있다는 점을 깨닫게 된다. 굳이 그리스 철학자에 비유하자면, 바오로는 관념(Idea)을 그 핵심으로 생각하는 플라톤과 유사하고, 토마스는 구체적인 질료(Substance)를 중요하게 생각하였던 아리스토텔레스에 근접한다고 볼 수 있다.

특히 17세기 이후 과학이라는 패러다임이 신앙이나 영적인 영역마저 모두 먹어 치운 현 시점에서, 가장 결정적인 시기에 의문을 제기하는 역할을 수행했던 토마스는 신앙에 있어 회의적인 현대인에게 충분히 설득력을 가지는 인물이다. 토마스가 멀고 먼 동방, 당시만 해도 정신문명과 물질문명 모두가 선진적이었던 인도와 시리아에서 선교했다는 외경의 내용으로 짐작해 본다면, 그는 우월한 문명 앞에서도 기가 죽지 않는 대담성과 명민함 그리고 논리적인 설득력을 가진 인물이었을 것이다.

예수님은 토마스를 측은하게 바라보시면서 보지 않고도 믿는 이들은 훨씬 더 행복하다고 말씀하셨지만, 그 경지가 보통 사람들에게는 얼마나 멀고 높은 곳인가. 나는 나 자신의 한계와 생각의 단순함을 충분히 알고 있기에 그같이 장엄한 경험을 죽기 전에 할 수 있기를 감히 바랄 처지는 못 된다. 자신의 신앙에 대한 신뢰감은커녕 자신의 지식, 신념, 가치관 따위조차 굳게 믿지 못하기 때문이다. 절대불변의 진리라고 확신했던 것도 시간이 흘러 또 다른 경험을 하다 보면, '아, 그게 아니었구나' 하고 깨닫게 되는 경우가 너무 많다. 좋게 말하면 신중하다고 할 수 있지만 나쁘게 말하면 불투명하고 나약한 상대적인 회의주의라는 함정이 나를 기다리고 있는 것이다.

이럴 때 중심이 흔들리지 않게 나를 받쳐주는 길이 과연 무엇인가. 토마스는 바로 이런 측면에서 예수님께서 가시는 길이 어디냐고 물어본 것이 아닐까. 전설에 불과하지만, 예수님이 공생활을 시작하기 전, 인도로 가서 공부했다는 이야기가 전해진다. 또 동방박사들도 인도에서 온 현자라고도 한다. 토마스가 예수님의 부활 후 인도로 가서 지금까지 내려오는 토마스 공동체를 인도에 뿌리내리게 된다는 역사적 사실은 또 무엇을 의미하는가. 불경과 신약의 내용에 놀랄 만큼이나 유사한 점이 많다는 사실을 고려해 볼 때, 그리스도교와 불교의 아름다운 만남을 상상할 수도 있을 것 같다.

예수님은 보지 않고도 믿는 이들은 행복하다고 말씀하셨지만, 후세의 사람에게 한 차원 높은 신앙의 경지를 열어주고자 구도의 길을 포기하지 않고 길을 잘 닦아 놓은 토마스! 지금쯤 예수님 곁에 앉아 그분에게 '나의 가장 좋은 벗 중 하나'라는 칭찬을 듣고 있지 않을까.

내 안의
그림자
유다

인간이 갖고 있는 모든 어두운 심성의 상징이기도 한 유다의 본질을 잘 파악하려고 애쓰는 과정은, 그 결과나 결론을 떠나 우리 마음속에 깊이 숨어 있는 본능과 증오, 위선 등에 대한 천착이다. 우리 안에 숨어 있는 악마적 본성을 제대로 아는 일은 곧 상처와 욕심 등으로 손상된 우리의 일그러진 자아를 보다 건강한 모습으로 통합시키고 재건하는 어려운 과정이다.

내가 유다고 유다가 곧 나다

성경에 등장하는 많은 사람들 가운데 특히 유다는 우리 마음을 무척 복잡하고 착잡하게 만든다. 우리 마음에 있는 여러 가지 어둡고 부정적인 측면을 건드리기 때문이다. 유다는 실제로 존재하였던 사람이지만, 배반과 증오, 분노, 실망 등 인간이 가지고 있는 어두운 심성을 대표하는 상징이기도 하다. 또한 죄를 지은 후 깊은 자기혐오에 빠져 스스로 목숨을 끊었다는 점에서 가장 비극적인 인물인 만큼, 그는 우리 자신의 무의식에 숨어 있는 여러 가지 부정적인 감정과 우리를 만나게 한다.

유다 이스카리옷이라는 이름은 카리옷 사람 유다라는 의미다. 또한 이에 대해 여러 가지 설이 있는데, 그중 하나가 단검을 쓰는 암살자들로 구성된 열혈당(Zealot Party) 당원을 의미한다는 설이다. 이들은 로마의 압제에 저항하는 일종의 테러리스트가 아니었을까 짐작해 볼 수 있는데, 만약 유다가 폭력을 써서라도 사회 정의를 구현해 보겠다는 생각을 품고 있었다면, 인간의 왕국에는 관심을 두지 않은 채 하느님의 왕국을 선포하시는 예수님과는 애초부터 그 지향하는 바가 달랐으리라.

역시 유다는 마리아가 비싼 향유를 예수님의 발에 붓는 것을 보고 그 돈으로 가난한 사람을 도와야 한다고 주장했는데,(요한 12,3-5)아마 이때쯤 예수님에게 실망하고 그분을 배반할 생각을 굳히지 않았을까. 부자나 외부 침략자의 억압이 없는 평등하고 정의로운 사회를 지금 당장 이 자리에서 꼭 만들어야 한다고 믿는 그로서는 하느님 나라를 완성시키려는 예수님의 큰 계획을 이해할 수가 없었을 것

이다. 그러나 사도행전 저자는 그가 막상 예수님을 상대방에게 넘겨
준 후에 그 돈으로 밭을 샀다고 전한다.(사도 1,18-19) 열렬한 혁명가
의 한심한 말로라니.

요즘 식으로 이야기하자면, 사회정의와 평등한 세상을 외치던 정
치인이 개인적인 축재를 하거나 명예욕 혹은 비도덕적인 뒷모습을
갖고 있는 것으로 밝혀졌을 때, 다른 사람들이 느끼는 허탈감과 비
슷하다고나 할까.

그러나 문제는, 우리 모두에게 유다와 비슷한 심성이 조금씩은 있
다는 점이다. 나 자신도 매우 짧기는 했지만 학창 시절, 가난한 이들
에 대한 배려라는 이름으로 어떤 종류의 사치나 문화생활조차도 스
스로에게 용납하지 않았던 적이 있었다. 그 마음과는 좀 다르지만
명품에 집착하고 지나치게 호화롭게 사는 이들을 보면 마음이 불편
한 때도 있었다. 물론 이런 마음을 끝까지 지니고 평생을 성자처럼
살아도 매우 훌륭한 삶이라고 생각한다(부와 가난은 상대적인 개념이기
때문에 어느 누구도 절대적 부자 혹은 절대적 빈자에 속할 수는 없지만 말이다).

하지만 진심에서 우러나오는 실제적 사랑과 헌신이 아닌 머리에
서 나오는 구호로서의 평등과 자기희생이라면, 결코 오래 지속되지
도 못하거니와, 자신의 부족한 부분과의 갈등이나 자기모순 같은 것
을 외부로 투사하여 다른 이들을 비난하는 데에만 골몰하게 되는 것
같다.

다른 사람의 인간적인 모습을 철저히 자기 식의 도덕으로 하나하
나 재단하고 평가한다면, 자기 자신을 포함하여 이웃에 대한 참사랑
을 잃어버릴 수도 있을 듯싶다.

우리 안에 숨어 있는 악마적 본능

겉보기에 제아무리 선한 일, 정의로운 주장을 하더라도, 그 안에 진실한 마음과 사랑이 없을 경우 그 선행이 아무 소용이 없다는 것은, 유다뿐 아니라 하나니아스와 사피라의 일화(사도 5,1-11)에서도 절감하게 된다. 하나니아스는 아내 사피라와 함께 땅을 팔아 일부는 빼돌려 자기들이 갖고 나머지만 교회에 가져다 주면서 마치 모두 바친 양 말한다. 이 때문에 베드로가 그들을 엄하게 꾸짖고, 그 두 사람은 갑자기 쓰러져 숨지고 만다. 평범한 이들의 눈으로 보면 어쨌거나 좋은 일을 하려고 한 사람들인데 베드로가 왜 그렇게 격노하였을까 하고 의아해할지 모르겠다. 그러나 하느님 나라에서는 재산의 많고 적음, 자리의 높고 낮음이 아니라 얼마나 진실하게 사랑했느냐에 따라 그 자리가 정해진다는 사실을 되새겨 본다면, 그 의문은 그대로 풀릴 것 같다.

또 하나 내가 오랫동안 갖고 있던 의문 중 하나가, 성경의 여러 구절을 보면 예수님은 유다의 배반을 알고 계셨음이 분명한데, 유다의 그런 배반을 어떻게 그냥 두고 보실 수 있었느냐 하는 점이었다. 죄에 얽매여 사는 이 세상의 모든 사람이 불쌍해서 세상에 오셨고 십자가에 매달려 죽음을 당할 생각까지 하셨다면, 왜 유다를 불러 앉혀 그런 죄를 짓지 못하게 설득하시거나 아니면 그 전능으로 유다의 몸으로 들어간 사탄을 내쫓지 않으셨는지, 어린 마음으로는 도저히 이해가 되지 않던 기억이 있다.

그만큼 유다의 배반과 그로 인한 전지전능하신 하느님의 아들 예수님의 죽음은 세속의 상식과 잣대로는 이해하기 어려운 역사적 사실이라 할 수 있다.

사실 유다의 배반과 예수님의 죽음에 관해 제대로 이해할 수만 있다면, 인간이 갖고 있는 죄의 속성과 악의 뿌리를 제대로 볼 수 있을 것이고, 거기에서 더 나아가 하느님 나라의 신비를 감히 엿볼 수 있지 않을까.

그러나 불행하게도 그런 경지에 오른 이들은 흔치 않을 테고, 어쩌면 인간의 어두운 측면에 대한 천착은 죽을 때까지 계속되어야 하는 어려운 과제라는 점을 겸손하게 받아들여야 될 듯싶다.

인간이 갖고 있는 모든 어두운 심성의 상징이기도 한 유다의 본질을 잘 파악하려고 애쓰는 과정은, 그 결과나 결론을 떠나 우리의 마음속에 깊이 숨어 있는 본능과 증오, 위선 등에 대한 천착이기 때문에 대답을 즉시 하지 못해도 그 작업 자체에 의미가 있다.

우리 안에 숨어 있는 악마적 본성을 제대로 아는 일은 곧 상처와 욕심 등으로 손상된 우리의 일그러진 자아를 보다 건강한 모습으로 통합시키고 재건하는 어려운 과정이다. 이는 심리학에서 자신의 본능, 살의, 분노와 같이 어두운 심성을 감추고 있는 무의식을 제대로 보고 이를 의식화시켜 그 그림자로부터 우리 자신을 해방하는 일과도 일맥상통하는 것이다.

나의 자유의지는 내 스스로 통제해야

유다 이스카리옷은 네 복음서에 매우 여러 번 등장하고, 마침내 사도행전에는 그의 비참한 죽음이 기록된다(신약성경의 여러 등장인물 중에 예외적으로 그 죽음이 자세하게 서술된다). 남들에게 비난받아 괴로

위했겠지만 유다는 자신을 '친구'(마태 26,50)[26]라고까지 불러주었던 예수님을 죽음에 이르게 한 후 마침내 그 죄의식 때문에 스스로 목을 맨다.(마태 27,5)

사도행전 저자는 유다의 죽음을 마태오와는 조금 다르게 기록한다. "그자는 부정한 삯으로 밭을 산 뒤, 거꾸로 떨어져 배가 터지고 내장이 모조리 쏟아졌습니다.…그 밭이 그들의 지방 말로 '하켈 드마'라고 불리게 되었는데 '피밭'이라는 뜻입니다."(사도 1,18-19)[27] 유다가 목을 매어 자살했건, 아니면 땅에 떨어져 배가 갈라졌건 간에 그가 비참한 최후를 맞았다는 사실은 일치한다. 어쨌든 예수님을 죽음에 이르게 한 유다가 가능한 한 가장 끔찍하게 죽고 괴로움을 당해야 한다고 사도들과 일반 신자들은 믿고 있었으리라.

그러나 예수님의 마음은 조금 달랐던 것 같다. 유다에게 축복한 빵을 적셔 주시며 "네가 하려는 일을 어서 하여라"(요한 13,27) 하고 이르시는 대목은 물론, 마지막 순간 유다에게 "친구야, 네가 하러 온 일을 하여라"(마태 26,50)라고 말씀하시는 대목은 도저히 자기의 원수를 대하는 태도라고는 보이지 않는다. 자기를 죽음에 이르게 할 원수에게 '친구'라고 하다니! 평범한 사람들은 도저히 이해하지 못할 경지가 아닌가.

예수님 눈에 어쩌면 유다는 사탄에게 몸을 빌려주어 자신의 큰일

---

26) 마태오복음 22장 13절에 쓰인 '친구'는 약간의 거부와 힐난의 의미가 있기에 이때 쓰인 '친구'가 꼭 친밀하다는 의미만은 아니라는 점을 감안할 수는 있다.

27) 〈해와 달이 된 오누이〉에서 호랑이가 떨어져 죽은 곳이 피밭이 되어 붉은 수수밭이 되었다는 사실은 심리적으로 의미심장하다. 우리 '무의식의 그림자'를 보는 태도이기 때문이다.

∶ 유다의 키스(by Caravaggio) 〈출처∶(CC)Jesus at en.wikipedia.org〉

을 완성하는 하느님의 작고 연약한 도구로 보이지 않았을까. 그래서 그에게 연민을 느껴 '차라리 태어나지 않았으면 훨씬 좋았을 걸' 하고 탄식하신 건 아니었을까. "유다가 그 빵을 받자 사탄이 그에게 들어갔다"(요한 13,27)라고 기록된 대로 믿는다면, 어쩌면 유다는 성경의 다른 곳에 여러 번 언급되는 마귀 들린 병자에 불과하지 않았을까. 그렇다면 유다는 이미 하느님 나라에서 용서받은 건 아닐까.

물론 당시 예수님을 살리지 못한 자신들에 대한 분노와 한으로 사도들은 유다가 비참하게 죽어 지옥으로 갔으리라고 말했겠지만, 예수님의 마음은 제자들과는 확실히 달랐을 것 같다. 그러니 예수님의 눈에는, 유다를 일부러 설득하여 잘못을 뉘우치게 하여 자신에게 아무 일이 일어나지 않게 미연에 방지하는 일 따위는 사람들의 주관에서 나온 세속적이고 유치한 방식일 뿐이었으리라.

물론 여기서 한 가지 주의할 점이 있다. 그렇다면 모든 죄악은 다 사탄에게서 오는 것이니, 그것을 선택한 인간에게는 아무 잘못이 없다는 논리다. 물론 그렇지는 않다. 사탄의 유혹을 받아들여 그가 시키는 대로 행동할 때도 결국은 대부분이 자기의 자유의지로 동의한 것이라는 점을 잊지 말아야 한다.

사탄은, 마치 동화처럼 그 구체적인 존재가 인간 세계 밖에 있는 것이 아니라 인간 심성의 제어되지 않는 무분별한 욕망을 뜻하는 것으로 나는 이해하고 있다. 흔히 사탄이 들어오면 살인이나 강도처럼 끔찍한 죄를 저지른다고 생각할 수 있지만, 아주 작은 일로 유혹에 넘어 간다면, 사탄에게 자기 의지의 주도권을 넘긴 것이라고도 볼 수 있다. 그리고 그것이 죄라는 것도 알지 못하거나, 익히 알고 있더라도 아주 교묘하게 자신의 잘못을 합리화시킨다면 이 또한 사탄에게 영혼을 파는 행위라 할 수 있다. 어쩌면 유다도 지상의 왕국보다는 하느님 나라를 완성하시려는 예수님의 뜻을 제대로 이해하지 못하여, 압박받는 유대 민족을 위해서는 예수님 같은 평화주의자나 종교 운동가는 죽어야 한다고 자신의 죄를 합리화시키지 않았을까.

옛말에 "죄는 미워해도 사람은 미워하지 마라"라는 말이 있다. 자신과 적을 나누고 무자비한 목수와 징벌을 주장하는 서구적인 사고방식으로는, 두루뭉술하게 슬쩍 넘어가며 용서와 화해를 주장하는 동양적 심성을 이해하지 못할 수도 있다. 또한 자기 안의 유다를 보지 못하고 남에게서만 유다를 찾으려 하는 사람 역시, 유다를 하느님 나라를 완성하는 도구로 쓰신 예수님의 진심을 이해할 수 없으리라.

툭하면 싸우고 서로에게 상처를 입혀 결국에는 원수가 되고, 이 좁은 나라에서도 하는 일마다 분열되는 요즘, 입으로는 "나라와 사회를 위하여!"라고 외치지만 실제로는 자기 일신의 평안을 우선적으로 도모하는 사람들을 볼 때마다 유다의 존재에 대해 알려주고 싶을 때가 있다. "과연 지금 너의 이웃을 진심으로 사랑하고 있는가? 유다처럼 사탄에게 자신의 몸을 빌려주고 있는 것은 아닌가?"라고 물을 수도 있다.

그러나 남에 대한 비난의 말을 입에 올리기 이전에, 내 안에 숨어 있는 유다적 속성에 대해 겸허하게 인정하고 그것을 잘 다스려 나갈 때 진정으로 악의 유혹에서 해방되는 것이리라. 자신의 죄가 혐오스러울 때, 그 때문에 모든 것을 포기하고 싶을 때, 심지어는 구원받지 못한다는 절망에 빠져 자살을 고려할 때, 유다에 대해 묵상해 본다면 인생을 보는 눈이 보다 겸허하고 신중하게 변할 듯싶다.

그런 의미에서 유다는 당시의 유대인은 물론 후세의 우리에게 경고를 주고자 존재했던 우리의 그림자다. 그리고 그 그림자를 통합하지 못하는 한 우리의 작은 자아는 자아 콤플렉스에 사로잡혀 큰 자기와 만나지 못한다. 사회 역시 소수의 목소리, 어두운 사회의 뒷면에 대한 배려 없이 평화롭고 조화로운 공동체를 일궈내지 못한다. 성장과 성숙은 풍선처럼 빵빵하게 크는 것이 아니라 자기가 받은 상처와 약점, 그리고 자기에게 해를 주거나 자기를 핍박한 이들까지 넓은 마음으로 용서할 때 조금씩 깊은 심연으로 흐르는 물처럼 우리를 찾아온다.

성경 속의 죄 많고 어두운 인물을 우리가 만나 묵상하는 이유도 결국 우리 안의 그와 같은 어두움을 만나기 위함이다. 욥이 하느님을 직접 만나기 위해 사탄과 외롭고 어려운 싸움을 한 것도 바로 그런 긴 인생의 여정이었음에 다름 아니다.

참
고
문
헌

- 미르치아 엘리아데 지음, 이윤기 옮김(1992), 『샤머니즘』, 서울, 까치
- 요하네스 힐쉬베르거(Hirshberger, Johannes.)지음, 강성위 옮김, 『서양철학사(하)』, 서울, 이문출판사
- 조지프 캠벨 지음, 이윤기 옮김(1999), 『천의 얼굴을 가진 영웅(The Hero with a Thousand Faces)』, 서울, 민음사
- Baring, Anne. and Cashford,, Jules.(1993), 『The Myth of the Goddess : Evolution of an Image』, London, Arkana Penguin Book
- Coggins, R. J.(1976), 『The Books of Ezra and Nehemiah』, Cambridge, Cambridge University Press
- Compiled, by Bonnefoy, Yves.(1983), 『Asian Mythologies』, Chicago & London, The University of Chicago Press
- Ehrman, Bart. & Plese, Zlatko.(2011), 『The Apocryphal Gospels : Texts and Translations』, Oxford, Oxford University Press
- Ed, by Freedman, D.N.(1992), 『The Anchor Bible Dictionary Vol 2』, New York, Doubleday
- Ed, by Freedman, D.N.(1992), 『The Anchor Bible Dictionary Vol 4』, New York, Doubleday
- Ed, by Freedman, D.N.(1992), 『The Anchor Bible Dictionary Vol 5』, New York, Doubleday
- Ed, by Kenneth, L. Barker., 『NIV Study Bible』, Grand Rapis Zondervan Publishing Company

- Ed, by King, K.L.(1988), 『Images of the Feminine in Gnosticism』, Bloomsbury T&T Clark, pp161~167
- Ed, by Spretnak, C.(1982), 『The Politics of Women's Spirituality』, New York, Anchor Books, Doubleday and Company Inc, pp48~56
- Jaffé, Aniela.(1999), 『An Archetypal Approach to Death Dreams & Ghosts』, Toronto Daimon Publishers
- Jung, C.G. Tr. by Hull, R. R.(1974), 『Collected Works of C.G. Jung, Volume 4 : Freud & Psychoanalysis』, London, Routledge & Kegan Paul
- Koltuv, B.B.(1986), 『The Book of Lilith』, York Beach, Nicolas-Hay, Inc.
- Nelson, R.D.(1998), 『The Historical Books』, Nashville, Abingdon Press
- Ricoeur, Paul. Tr, by Savage, D.(1970), 『Freud and Philosophy : An Essay on Interpretation by Paul Ricoeur』, New Heaven and London, Yale University Press
- Tolle, Eckhart.(1980). 『Breakthrough : M. Eckhart's Creation Spritiruality, in New Translation』, New York, Image Books
- Trible, Phyllis.(2009), 『Naomi : Bible(Jewish Women : A comprehensive Historical Encyclopedia 20)』, Jewish Women's Archive
- Tr, by Layton, B.(1987), 『The Gnostic Scriptures』, New York, Doulbleday

성경으로 배우는 심리학

1판 1쇄 발행 2017년 2월 28일
1판 2쇄 발행 2017년 5월 1일

지은이 　이나미
펴낸이 　이영희
펴낸곳 　도서출판 이랑
주소 　서울시 마포구 독막로 10(합정동 373-4 성지빌딩), 608호
전화 　02-326-5535
팩스 　02-326-5536
이메일 　yirang55@naver.com
블로그 　http://blog.naver.com/yirang55
등록 　2009년 8월 4일 제313-2010-354호

ISBN 978-89-98746-26-1 (03180)

「이 도서의 국립중앙도서관 출판예정도서목록(CIP)은 서지정보유통지원시스템 홈페이지(http://seoji.nl.go.kr)와
국가자료공동목록시스템(http://www.nl.go.kr/kolisnet)에서 이용하실 수 있습니다.
(CIP제어번호: CIP2017001472)」